BLV GARTENBERATER

Martin Stangl **Stauden im Garten**

Auswahl · Pflanzung · Pflege

Vierte, überarbeitete Auflage

Die Deutsche Bibliothek – CIP-Einheitsaufnahme

Stangl, Martin:
Stauden im Garten: Auswahl, Pflanzung, Pflege / Martin Stangl. – 4., überarb. Aufl. – München; Wien; Zürich: BLV, 1993
 (BLV Gartenberater)
 ISBN 3-405-14577-5

Bildnachweis

Apel: 29, 36 o, 36 M, 38, 49 o, 53 o, 61 u, 64 o, 67 u, 81 u. 89 o, 124, 125 o, 130 u, 131, 143, 150 o, 158
Schacht D.: 64 u
Schacht W.: 55 r, 118, 155 o, 164 u
Seidl: 25, 44, 49 u, 51 r, 52 r, 53 u, 54 u, 66 l, 67 o, 94, 117, 119, 128, 129 u, 134, 137 o, 144, 155 M, 155 u, 171, 173
Stehling: 45, 66 r, 150 u, 152, 154, 169, 170, 176
Alle anderen Fotos von Martin Stangl
Grafiken: Marlene Gemke

Foto Seite 2:
Eine prächtige Staudenecke von nur wenigen Quadratmetern. Zu beiden Seiten des strahlendblauen Rittersporns *(Delphinium × belladonna* 'Piccolo') blühen Fingerhüte (links *Digitalis grandiflora*, rechts *D. purpurea*), davor die orangeroten Blüten von Lichtnelken *(Lychnis arkwrightii)*, das Blau des Orientalischen Waldmeisters *(Asperula orientalis)* und das leuchtende Gelb von Wucherblumen *(Chrysanthemum multicaule)*. Die beiden letztgenannten sind Einjahrsblumen, bei den übrigen handelt es sich um winterharte Stauden. Blüh-Höhepunkt: Juli.

Titelfoto:
Links oben Rittersporn (Delphinium malcultorum 'Schildknappe'), rechts daneben das gelbblühende Ochsenauge (Buphthalmum salicifolium), davor rosaroter Feinstrahl (Erigeron-Hybride 'Foersters Liebling'), in der linken unteren Ecke der großblättrige Frauenmantel (Alchemilla mollis).

BLV Verlagsgesellschaft mbH
München Wien Zürich
8000 München 40

Das Werk einschließlich aller seiner Teile ist urheberrechtlich geschützt. Jede Verwertung außerhalb der engen Grenzen des Urheberrechtsgesetzes ist ohne Zustimmung des Verlags unzulässig und strafbar. Das gilt insbesondere für Vervielfältigungen, Übersetzungen, Mikroverfilmungen und die Einspeicherung und Verarbeitung in elektronischen Systemen.

© BLV Verlagsgesellschaft mbH, München 1993

Gesamtherstellung: Pustet, Regensburg

Gedruckt auf chlorfrei gebleichtem Papier

Printed in Germany · ISBN 3-405-14577-5

Inhalt

7 Wir stellen uns vor
Treue Freunde 7
Wie finden wir uns mit den Namen zurecht? 8

9 Wie man sie bettet – Pflanzung
Das Pflanzmaterial 9
Bodenvorbereitung 11
Pflanzvorgang 12

14 Jäten, gießen, düngen ... – Pflege
Bodenpflege und Düngung 14
Pflanzenschutz 16
Das Schneiden von Stauden 17
Winterschutz 18

19 Aus eins mach' zwei – Vermehrung
Teilung 19
Aussaat 20
Stecklinge 22
Wurzelstecklinge 23
Rißlinge 23

24 Kinder der Sonne – Sonnenstauden
Farbenfroh und doch genügsam 24
Ein kleines Stückchen Heide 30
Zwanzig Quadratmeter Steppe 35

43 Blühen im Verborgenen – Schattenstauden
Fröhlich leuchtend im Schatten 44
Bodendecker und Blattpflanzen 65
Farne 68

71 Wir sind die Prächtigsten – Prachtstauden
Prachtstauden für Rabatten und andere offene Pflanzflächen 75
Wertvolle Prachtstauden für die Blumenvase 104

107 Edelsteine unter den Stauden
Iris 107
Taglilien 111
Lilien 114
Orchideen 117

120 Es quillt aus allen Fugen – Polster- und Steingartenstauden
Blühen am Wege 120
Die Trockenmauer 127

135 Rund um das Wasserbecken
Stauden am Wasserbecken 137
Einige Bodendecker für die Pflanzung am Wasserbecken 148
Pflanzen im Wasserbecken 150

157 Grazile Gräser
Gräser für den lichten Schatten 158
Gräser für den Heidegarten 160
Gräser für eine Pflanzung mit Steppencharakter 162
Gräser, die sich für die Zusammenpflanzung mit Prachtstauden eignen 164
Gräser für die Umgebung des Wasserbeckens 166

171 Individualisten

179 Der Staudengarten im Jahreslauf

188 Tabellen

196 Bezugsquellen

199 Register

Wir stellen uns vor

Wir, damit ist eine besonders farbenprächtige und vielgestaltige Pflanzengruppe gemeint: die Stauden. Wenn der große Kreis von Gartenfreunden das Wort Stauden liest oder hört, denkt er meist an alles andere, nur nicht an die vielen farbenprächtigen oder grazilen, sonnenhungrigen oder schattenliebenden Pflanzen, die hierzu zählen. Er denkt bei dem Wort Stauden viel eher an Gestrüpp, an dem er sich Hände und Füße zerkratzen kann; er denkt an Salat-»stauden« oder Holunder-»stauden«. So muß das Wort »Stauden« im allgemeinen Sprachgebrauch für alles mögliche herhalten. Wir wollen uns deshalb erst einmal darüber klarwerden, was der Gärtner unter Stauden versteht, welche Pflanzen wirklich unter diesen Begriff fallen.

Was Gehölze sind, weiß wohl jeder: ausdauernde, verholzende Pflanzen, also Bäume und Sträucher. Und was mit Sommerblumen gemeint ist, dürfte bei uns wohl auch allgemein bekannt sein: Pflanzen, die nur einen Sommer hindurch blühen, also jedes Jahr neu gesät oder gepflanzt werden müssen. Und Stauden? Nun, ich möchte sagen, sie stehen zwischen diesen beiden Pflanzengruppen: Sie vereinen eine mehr oder minder lange Lebensdauer mit dem Aussehen der Sommerblumen ..., und auf ihre Blütenpracht kommen wir noch zu sprechen.

Im Herbst sterben bei den meisten Stauden die oberirdischen Teile ab, im darauffolgenden Frühjahr erwachen sie wieder zu neuem Leben. Manche Stauden bleiben aber auch den Winter über grün, wie zum Beispiel verschiedene Bodendecker oder Polsterstauden. Der Glaube allerdings, daß Stauden nur einmal gepflanzt zu werden brauchen und dann ein ganzes Menschenleben überdauern, ist ein Irrglaube. In Wirklichkeit ist es so, daß verschiedene Stauden nur einige Jahre hindurch am Leben bleiben, andere dagegen über Jahrzehnte hinweg am gleichen Platz üppig blühen und einfach unverwüstlich sind. Auch die vielfach verbreitete Meinung, Stauden bedürften kaum einer Pflege, ist nicht richtig. Zum mindesten darf diese Ansicht nicht verallgemeinert werden. So brauchen Prachtstauden eine intensive Pflege, und auch die Wildstauden können wir nicht ganz sich selbst überlassen. Wer in seinem Garten Stauden an Stelle von Sommerblumen pflanzen möchte, um damit jeder Pflegearbeit zu entgehen, wird nicht glücklich dabei werden.

Treue Freunde

Da hier gerade das Wort »Sommerblumen« gefallen ist, möchte ich gleich diese Pflanzengruppe den Stauden gegenüberstellen. Mit Sommerblumen kann man massierte Farbwirkungen erreichen, aber nur für kurze Zeit. Jedes Jahr müssen wir sie neu pflanzen oder säen. Sommerblumen sind flüchtige Gäste. Zinnie oder Aster z. B. sind nach dem ersten Frost dahin. Stauden dagegen begleiten uns über Jahre, ja in besonderen Fällen sogar ein ganzes Leben hindurch. Jedes Frühjahr erwarten wir sie bereits, wir sehen das Wachsen und freuen uns an der Blüte. Und wenn sie im Herbst vergilben, dann wissen wir: Nächstes Jahr kommen sie wieder.

So werden uns manche Stauden zu treuen Begleitern, mit denen sich schöne Erinnerungen verbinden. Wir schließen Freundschaft mit der eleganten Silberkerze im lichten Schatten und dem feurigroten Sommerphlox an der Terrasse, Freundschaft mit dem Mädchenhaargras, dessen lange Grannen sich beim leisesten Windhauch bewegen, und der rosa Winteraster, deren Farbe ein letztes Aufleuchten in den spätherbstlichen Garten bringt. Durch ihr Verweilen geben uns manche Stauden Geborgenheit. Wir fühlen uns in ihrer Umgebung zu Hause.

Dabei ist das Reich der Stauden so umfassend, daß für jeden Verwendungszweck etwas dabei ist. Es gibt in einem Garten, ganz gleich ob groß oder klein, gar keine Stelle, an der nicht irgendwelche Staudenarten gedeihen würden. Manche Stauden fühlen sich in praller Sonne wohl, andere im lichten Schatten; es gibt Stauden für karge Böden und solche, die sich nur auf gut vorbereiteten, gedüngten und gepflegten Beeten zur vollen Schönheit entwickeln

Ein Staudengarten, »wie er im Buche steht«.

können. Zierliche, im Wind sich wiegende Gräser gehören ebenso in das Reich der Stauden wie zart gefiederte Farne, Wasser- und Sumpfpflanzen ebenso wie kleine, sich eng an den Stein anschmiegende Polsterpflanzen. Mit Stauden können wir lebendige, farbenfrohe Wegeinfassungen gestalten, wir können mit ihnen aber ebenso ein Heide- oder Steppenbild in den Garten zaubern. Zum Reich der Stauden gehören duftende Lilien, deren Blüten tropischen Orchideen gleichen. Und, nicht zu vergessen, die vielen Zwiebelpflanzen des Frühlings, angefangen von den zarten Schneeglöckchen bis hin zu den späten Tulpen.

Und all diese zarten und prächtigen Pflanzen faßt der Gärtner mit dem nüchternen Fachausdruck »Stauden« zusammen. Warum nur konnte für diese ausdauernden Pflanzen kein Name gefunden werden, der all ihre Schönheit und Vielfalt zum Klingen bringt?

Wie finden wir uns mit den Namen zurecht?

Bei allen Stauden auf den folgenden Seiten wird erst der deutsche Name genannt. Mit Veilchen, Pfingstrose, Rittersporn und Mohn verbinden sich bei uns klare Vorstellungen. Bei den meisten Stauden aber können wir mit dem deutschen Namen genausowenig anfangen wie mit der botanischen Bezeichnung. Darüber hinaus gibt es vielfach für ein und dieselbe Staude mehrere deutsche Namen, so daß leicht Verwechslungen unterlaufen können. Gerade bei Bestellungen ist es deshalb ratsam, nur die in Klammer gesetzten botanischen Namen zu verwenden. Diese sind international gültig, werden also in jedem Land und in jeder Staudengärtnerei verstanden.

Die botanische Bezeichnung setzt sich aus dem Gattungs- und dem Artnamen zusammen, z. B. *Digitalis purpurea* (Fingerhut). Der Gattungsname, in diesem Fall *Digitalis,* entstammt wie der Artname der lateinischen Sprache bzw. ist latinisiert. Der Artname sagt oft etwas über die Herkunft (z. B. *canadensis* = aus Kanada), die Wuchs- oder Blütenform (z. B. *repens* = kriechend), über die Farbe (z. B. *purpureus* = purpurrot) oder über andere Eigenschaften aus. An die botanische Bezeichnung schließt sich vielfach der meist deutsche Sortenname an, der in einfache Anführungszeichen gesetzt ist. Wenn zwischen dem ersten und dem zweiten botanischen Namen, also zwischen Gattung und Art, ein × steht, so heißt das, es handelt sich hier nicht um eine reine Art, sondern um einen Bastard. Die Abkürzung »Hybr.« bedeutet Hybride, d. h. durch Kreuzung entstanden, also von zweierlei Eltern stammend. Eine andere Abkürzung, die in Staudenbüchern und Katalogen vorkommt: »var.« = Varietät = eine frei in der Natur entstandene Form. Nach den internationalen Nomenklaturregeln ist nur der älteste, zuerst veröffentlichte Name gültig. Sofern bei verschiedenen Stauden noch ein anderer gebräuchlich ist, wurde er an zweiter Stelle genannt und davor die Abkürzung »syn.« = Synonym gesetzt.

Innerhalb der in diesem Buch besprochenen Pflanzgemeinschaften wurden die Stauden jeweils in der Reihenfolge ihrer Blütezeit geordnet. Von den deutschen Namen, die zum Teil je nach Gegend unterschiedlich sind, wurden nur die gebräuchlichsten genannt.

Wie man sie bettet – Pflanzung

Das Pflanzmaterial

Ehe wir das Pflanzmaterial zusammenstellen, müssen wir uns über Boden, Klima und Lichtverhältnisse in unserem Garten im klaren sein. Es hätte z. B. keinen Sinn, Stauden, die sich im Schatten oder Halbschatten wohl fühlen, an die Südseite des Hauses zu setzen. Ebenso verfehlt wäre es, trockenheitsliebende Katzenpfötchen in feuchten Boden zu pflanzen oder umgekehrt die Japanische Schwertlilie im trockenen Wurzelfilz einer Birke anzusiedeln. Verfehlt wäre es auch, zwischen die Prachtstauden niedrige Bodendecker zu pflanzen, denn diese hochgezüchteten Stauden wollen offenen Boden und intensive Pflege. Nur wenn wir solche Zusammenhänge beachten, werden wir Freude an der Pflanzung haben.

Wir sollten uns also je nach den vorhandenen Licht- und Bodenverhältnissen zu der einen oder anderen Pflanzengemeinschaft entschließen, wie sie in diesem Buch besprochen sind. Selbstverständlich sind auch manche Übergänge möglich, aber von krassen Gegensätzen ist abzuraten. Sind die gegebenen Verhältnisse nicht ideal, so brauchen wir trotzdem nicht zu resignieren. Durch Veränderung des Bodens mit Torf, Sand oder Lehm lassen sich die Voraussetzungen für eine bestimmte Pflanzengruppe weitgehend schaffen.

Wir pflanzen also nun keineswegs einfach alles, was uns im Katalog oder einer Selbstbedienungsgärtnerei gerade als verführerisch schön erscheint, kreuz und quer durcheinander in unser Staudenbeet, sondern fertigen uns vorher eine einfache Pflanzskizze an, nach der wir das Material bestellen und später auch pflanzen können. Die geringe Mühe lohnt sich! Mit dem Maßstab 1:50 oder 1:20 kommen wir gut zurecht. In einer solchen Skizze lassen sich nicht nur die einzelnen Arten und Sorten berücksichtigen, sondern auch Pflanzabstände, die Verteilung der Höhen und schließlich die Farben. Einige Pflanzpläne in diesem Buch sollen zu eigener Gestaltung anregen.

In Prachtstauden-Pflanzungen läßt es sich nicht vermeiden, nach einigen Jahren die eine oder andere Staude herauszunehmen, zu teilen und neu zu setzen. Dabei können bei der Pflanzung gemachte Fehler durchaus korrigiert werden. Markante Beetstauden aber, die sich erst nach längerer Zeit zu ihrer vollen Schönheit entwickeln, sollten in jedem Fall bereits bei der Pflanzung einen endgültigen Platz bekommen. Es wäre schade, wenn wir sie nach kurzer Zeit schon wieder stören müßten. Auch bei Arten mit pfahlartigen Wurzeln ist darauf zu achten.

Sehr wichtig: die Pflanzabstände! Vielfach werden sie zu eng bemessen. Die aus der Staudengärtnerei bezogenen Pflänzchen sehen noch recht bescheiden aus, und es ist für den Gartenfreund – vor allem für den Anfänger – schwer, sich die künftige Entwicklung vorzustellen. Bei hohen und in die Breite wachsenden Stauden genügen je Quadratmeter 1–3, bei mittelhohen 4–5 und bei niedrigen Stauden 6–8 Pflanzen. Von Bodendeckern (Sedum, Thymian, Sternmoos, Immergrün usw.) brauchen wir etwa 15–20 Pflänzchen je Quadratmeter; wenn wir uns etwas gedulden, genügen bei manchen Arten jedoch bereits 6–10 Stück. Dies alles wollen wir gleich auf unserer Pflanzskizze berücksichtigen.

Weitere Gesichtspunkte, die wir bei der Planung beachten sollten: Ein neu angelegter Garten erhält zuerst ein »Gerüst« aus Bäumen und Sträuchern. In Anlehnung an diese dauerhafte, grüne Kulisse, an Hauswände, Plattenwege, Terrasse, Wasserbecken und andere bauliche Elemente werden die Stauden gepflanzt. Eine schöne Staudenpflanzung soll in den Arten abwechslungsreich sein, ohne dabei aber unruhig zu wirken. Sie muß vor allem unterschiedliche Höhen aufweisen. Langweilig ist es, wenn z. B. entlang eines Weges vorne niedrige, dann mittelhohe und im Hintergrund schließlich nur hohe Stauden stehen. Das Ganze sieht dann wie ein langgezogenes Schreibpult aus. Früher war diese Pflanzweise allgemein üblich. Auch ich habe es einmal so gelernt. Heute verlieren unsere Gärten alle pedantische Steifheit, und auch die Staudenpflanzungen sind freier geworden.

Wir setzen auf die vorhandene Fläche nur wenige hohe Stauden, zahlreiche mittelhohe

Pflanzung

und noch viel mehr niedrige. Dies gilt für alle Staudenpflanzungen. Dabei brauchen die hohen Arten nicht nur im Hintergrund zu stehen. Im Gegenteil, die Pflanzung wird erst lebendig, wenn höhere Stauden auch einmal den Vordergrund betonen oder den Mittelpunkt bilden. Desgleichen dürfen niedrige Arten weit bis in den Hintergrund der Pflanzung zurückschwingen. In einer Pflanzung mit Steppen- oder Heidecharakter sieht es besonders hübsch aus, wenn aus einer großen Fläche von verschiedenfarbigen Bodendeckern nur einzelne mittelhohe Gruppen – vor allem auch Gräser – und nur ganz vereinzelt höhere Gestalten herausragen. Es wird dadurch auch auf kleinen Flächen der Eindruck der Weite vermittelt, wie er unseren Vorstellungen von Heide und Steppe entspricht. Für naturnahe Pflanzungen im schattigen Bereich gilt das gleiche.

Zu bedenken ist weiter, daß Stauden nicht einzeln gepflanzt werden sollen. Sie verlangen nach Gemeinschaft. Die höheren Arten machen eine Ausnahme. Sie können zu zweit, zu dritt, aber auch einzeln gestellt werden. Ist die Pflanzfläche groß genug, so sollten sie sich nach Möglichkeit wiederholen. Die Abstände zwischen den einzelnen Gruppen dürfen selbstverständlich verschieden groß gewählt werden, um keine Eintönigkeit aufkommen zu lassen. So kann man z. B. von Rittersporn einmal 3, dann 1, in einigem Abstand 2 Stück usw. pflanzen, dabei jede Gruppe in einer anderen Sorte, also in einem anderen Blauton. Bei mittelhohen Stauden dürfen die Gruppen durchaus fünf und mehr Pflanzen umfassen. Bei niedrigen Arten kann die Zahl noch größer sein, und Bodendecker können durchaus einen oder mehrere Quadratmeter bedecken, je nach den vorhandenen Platzverhältnissen. Grundsätzlich gilt hierfür: lieber weniger Arten und dafür größere Flächen! Auch der kleine Garten bekommt dadurch mehr Großzügigkeit und Weite. Befriedigt der Anblick in der Praxis nicht, so können wir im nächsten Jahr neu gruppieren. Wichtig ist, daß wir die Pflanzung dauernd beobachten und uns Notizen machen. Besonderes Augenmerk dabei auf Farbzusammenstellungen und Blütezeiten legen! In kleineren Gärten sollten wir uns auf wenige bewährte Arten und Sorten beschränken. Es kann hier nicht das ganze Jahr über gleichmäßig reich blühen. Wir sollten uns deshalb bereits bei der Planung auf einige zeitlich auseinanderliegende Blütenschwerpunkte festlegen.

Wenn wir nun wissen, welche Stauden und wieviel Stück wir von jeder Art brauchen, geben wir die Bestellung auf. Am besten lassen wir uns vorher den Katalog der vorgesehenen Staudengärtnerei zuschicken. So kann uns später die Rechnung nicht überraschen. Sollte uns der Gesamtpreis zu hoch erscheinen, so können wir den Rotstift an der Stückzahl derjenigen Arten ansetzen, die sich leicht vermehren lassen. Besonders Bodendecker, aber auch manche höhere Stauden fallen darunter (siehe Hinweise bei den einzelnen Kulturen). Statt der benötigten dreißig *Sedum spurium* 'Schorbuser Blut' bestellen wir dann eben nur fünf und vermehren selbst. Bereits im Jahr der Pflanzung läßt sich auf diese Weise die noch offene Fläche bedecken.

Tulpen und Narzissen gehören mit auf's Staudenbeet.

Pflanzung

Von einer anderen Art von Sparsamkeit möchte ich allerdings abraten: Tante Lina kommt zu Besuch und bringt drei Lupinen mit, die unter ihrem Forsythienstrauch aufgegangen sind. Außerdem zieht sie aus ihrer Tasche noch ein paar graufilzige Triebe von Wolligem Ziest *(Stachys byzantina)*, die zu üppig auf dem Plattenweg wucherten. Auch Nachbar Schulz hat einiges zu bieten: Seine langweilig-blassen Herbstastern haben sich so verbreitet, daß es an der Zeit ist, ein Stück abzustechen. Triebe der wuchernden Sonnenblume *(Helianthus rigidus)* erscheinen in seinem Garten an allen möglichen und unmöglichen Stellen. Es ist deshalb nicht nur ein Zug von Nächstenliebe, wenn er das Zuviel über den Zaun reicht. Und so kommen von allen Seiten die Stauden-Geschenke zusammen. Die vorgesehenen Flächen können, ohne daß wir auch nur einen Pfennig ausgeben, bepflanzt werden. Aber wie! Machen Sie das nicht! Gönnen Sie sich die Freude einer durchdachten, harmonischen Pflanzung. Ersparen Sie sich den Ärger über meist zweitrangige, wuchernde oder mit anderen Fehlern und Krankheiten behaftete Stauden. Nehmen Sie diese Geschenke ruhig entgegen und – machen Sie stillschweigend Kompost daraus!

Ich empfehle, die benötigten Pflanzen durch eine Staudengärtnerei zu beziehen, die berechtigt ist, das »Qualitätszeichen Stauden« zu führen (siehe S. 192). Solche Betriebe bieten weitgehend die Gewähr, einwandfreies Pflanzmaterial zu erhalten, das arten- und sortenecht sowie frei von Krankheiten und Schädlingen, Samen- und Wurzelunkräutern ist. Ebenso kann in einem Garten-Center mit gutem Sortiment oder in einer Garten-Baumschule gekauft werden.

Da die Staudengärtnereien zu den Versandzeiten mit Arbeit stark überlastet sind, sollte die Bestellung rechtzeitig aufgegeben werden. Damit tun wir nicht nur dem betreffenden Betrieb einen Gefallen, sondern auch uns selbst. Es ist nämlich recht ärgerlich, wenn wir eine Herbstpflanzung im November bei Schneegestöber durchführen müssen, nur weil wir unsere Bestellung reichlich spät aufgegeben haben. Die Lieferung erfolgt in der Reihenfolge der Eingänge, und bei der großen Nachfrage kann es viele Wochen dauern, bis wir unsere Pflanzen erhalten. Für die Herbstpflanzung deshalb bereits im Juli/August bestellen, für die Frühjahrspflanzung möglichst schon im Januar!

Noch ein Rat: Bei der Bestellung die botanischen Bezeichnungen verwenden! Auch der Sortenname darf nicht fehlen. Es kann vorkommen, daß eine bestellte Art oder Sorte ausverkauft ist. In diesem Fall liefert die Firma Ersatz. Wer dies nicht möchte, muß es in der Bestellung ausdrücklich vermerken. Da heute aber große Sortimente zur Verfügung stehen, werden uns auch Ersatzsorten in der Regel zufriedenstellen und keinen nachteiligen Einfluß auf das Gesamtbild unserer Pflanzung haben.

Bodenvorbereitung

Ganz gleich, ob wir eine Prachtstaudenrabatte anlegen oder nur eine kleine Fläche um das Wasserbecken, ob wir an ein Stückchen Heide denken oder den Wegesrand mit Polsterstauden zu verschönern beabsichtigen – immer bleiben diese Pflanzungen viele Jahre lang bestehen. Dies ist bei der Bodenvorbereitung zu berücksichtigen. Im Gemüseland oder bei Flächen für Einjahrsblumen lassen sich Fehler im nächsten Jahr ausgleichen, nicht aber bei Stauden.

Wenn bei der Neuanlage eines Gartens der Boden noch sehr hart und steinig oder durch Baumaschinen stark verdichtet ist, müssen wir die Pflanzflächen besonders sorgfältig vorbereiten. Es ist besser, wir warten ein halbes Jahr länger und arbeiten den Boden Quadratmeter für Quadratmeter gründlich durch, als daß wir die Staudenpflanzung überstürzt anlegen. Ich weiß, das ist keine leichte und schöne Arbeit, aber sie muß sein, wenn wir später Freude haben wollen.

Flächen, auf denen wir Prachtstauden pflanzen wollen, werden zwei Spaten tief bearbeitet. Auch bei den anderen Pflanzengemein-

Pflanzung

schaften sollte der Boden für tiefwurzelnde und hochwachsende Stauden auf 40–50 cm Tiefe gelockert werden. Dies gilt besonders für Solitärstauden. Für niedrige Arten, vor allem für Bodendecker, genügen 20–30 cm Tiefe. Größere Steine und besonders die Wurzeln von Dauerunkräutern wie Quecke, Giersch, Ackerwinde u. a. sind dabei sehr sorgfältig auszulesen. Auf jedes kleine Wurzelstückchen ist zu achten, denn sonst entsteht eine neue Pflanze, die wir später nur mehr schwer entfernen können. Nichts ist ärgerlicher, als wenn nach der Pflanzung solche Dauerunkräuter in die Wurzelstöcke der Stauden hineinwachsen. Es bleibt dann nichts anderes mehr übrig, als sämtliche Pflanzen herauszunehmen und die ganze Fläche neu anzulegen.

Wir sollten auch gleich vorsorgen, daß nicht später einmal aus der Nachbarschaft Dauerunkräuter zu uns herüberwuchern. Entlang des Zaunes graben wir deshalb bereits jetzt 40 cm breite Eternitstreifen senkrecht ein. Selbstverständlich können wir auch schmale Betonmäuerchen bis in diese Tiefe betonieren oder Dachpappestreifen in doppelter Stärke einlegen. Damit haben wir einen dauerhaften Schutzwall gegen Wurzelausläufer geschaffen.

Grenzt eine Staudenpflanzung unmittelbar an eine Rasenfläche an, so empfiehlt es sich, zwischen dem Rasen und der Pflanzung zusammenhängend Platten zu legen. Wir sparen uns dadurch das Kantenstechen und erleichtern uns das Rasenmähen. Sind die Pflanzflächen wie beschrieben durchgearbeitet, sollten wir sie verbessern. Mit Rindenhumus und anderen Torfersatzstoffen – nachdem Torf knapp zu werden beginnt –, lassen sich schwere Böden lockern und leichte Böden wasserhaltender und bindiger machen.

Haben wir leichten Sandboden, so kann zusätzlich Lehm oder Bentonit untergebracht werden, um ihn bindiger und dadurch wasser- und nährstoffhaltender zu machen – es sei denn, wir beschränken uns auf Stauden, die sich auf leichtem, trockenem Boden wohl fühlen; dann ist dies nicht nötig. Ist der Boden dagegen schwer, so können wir neben Torfersatzstoffen zusätzlich Sand einbringen, um ihn leichter und damit vor allem für eine Heide-, Steppen- oder Irispflanzung brauchbar zu machen. Die wichtigsten Verbesserungsmaterialien sind für uns also Rindenhumus und andere Torfersatzstoffe, denn Sand und Lehm lassen sich oft nur schwer oder mit zu großen Unkosten beschaffen. Je nach Bodenverhältnissen geben wir auf 10 m^2 mind. 1–2 Sack. Vor dem Verteilen wird das Material gut angefeuchtet und mit der Grabgabel eingearbeitet.

Um den Boden mit Nährstoffen zu versorgen bringen wir zusammen mit Bodenverbesserungsmitteln organische Düngemittel (Hornmehl, Knochenmehl) bzw. organischen oder mineralischen Volldünger ein. Die Menge je Quadratmeter ist auf der Packung angegeben. Genauen Aufschluß über das »Was« und »Wieviel« gibt eine Bodenuntersuchung.

Steht auch Komposterde zur Verfügung, so ist es wertvoll, wenn wir abschließend auf die Pflanzfläche hiervon noch eine etwa 5 cm hohe Schicht bringen. Sie darf nur flach eingearbeitet werden. Stallmist sollte in jedem Fall gut verrottet sein, sonst gibt es Geilstellen, also mastige Blätter und wenig Blüten. Wenn wir diesen raren Naturdünger bekommen können, strecken wir ihn am besten, indem wir ihn mit organischen Garten- und Küchenabfällen abwechselnd in 20 cm hohen Schichten aufsetzen. Dieser Haufen wird während eines Jahres ein- oder zweimal umgesetzt; dabei werden die Schichten vermischt. So bekommen wir einen wertvollen Stallmistkompost, den wir auf den vorgesehenen Staudenflächen ebenfalls nicht tief untergraben, sondern nur oberflächlich einarbeiten. Wenn wir den Boden so gründlich vorbereitet haben, wird uns das Pflanzen Spaß machen und ebenso die spätere Entwicklung der Stauden.

Pflanzvorgang

Stauden können im allgemeinen von Anfang März bis Mitte Mai und von Ende August bis Mitte November gepflanzt werden. Arten, die in Töpfen geliefert werden, wie Steingarten-,

Polsterstauden u. a., lassen sich über einen längeren Zeitraum hinweg pflanzen. Für Sumpf- und Wasserstauden ist ab Mai bis Mitte August die beste Zeit.

Auch die örtlichen Klima- und Bodenverhältnisse spielen eine Rolle. So sollte auf schweren Böden und in rauheren Lagen im Herbst auf keinen Fall zu spät gepflanzt werden. Die Stauden wurzeln sonst nicht mehr ein. Für folgende Arten ist eine Frühjahrspflanzung zu empfehlen: für einige Sorten der Herbstanemone, Goldkamille, Bergaster, Gartenchrysantheme, Großen Sommermargerite, Fackellilie, Lupine, Skabiose, Königskerze sowie für alle Ziergräser und Farne.

Nun zur Pflanzung selbst: Erst werden die hohen Arten auf der vorgesehenen Fläche ausgelegt (nach Pflanzskizze), dann die mittelhohen, schließlich folgt die Masse der niedrigen. So tun wir uns am leichtesten, denn die hohen Arten bleiben am längsten stehen, ihre Plätze müssen also besonders sorgfältig ausgewählt werden. Vor allem müssen sie genügend Abstand voneinander haben. Das Auslegen geschieht nicht in schnurgeraden Reihen, sondern immer zwanglos locker. Die ganze Anlage soll ja schließlich möglichst ungezwungen und natürlich aussehen. Dabei halten wir aber gleiche Pflanzabstände innerhalb der einzelnen Arten ein. Wenn alle Stauden ausgelegt sind, ergibt sich bereits ein erstes Bild. Korrekturen lassen sich jetzt noch leicht vornehmen.

Diese Arbeit sollte möglichst bei bedecktem Himmel und wenig Wind erfolgen. An sonnigen Tagen pflanzen wir am besten am Abend oder morgens. Andernfalls könnten die Pflanzen trotz gelegentlichen Überbrausens leiden. Bei größeren Flächen nehmen wir ein Brett zu Hilfe, damit die Erde beim Pflanzen nicht festgetreten wird.

Wichtig ist, daß die Wurzeln senkrecht in den Boden kommen und nicht nach oben umgebogen werden. Zu lange Wurzeln werden auf Handbreite gekürzt. Bei Stauden mit fleischigen Wurzeln, wie Lupinen, Tränendes Herz, Türkischer Mohn u. a., schneiden wir nur die beschädigten oder angefaulten Wurzeln bis auf die gesunden Teile zurück, bzw. kürzen nur um ein Drittel ein. Topfballenware nur gut durchfeuchtet pflanzen!

Erst werden die Stauden im richtigen Abstand auf der Fläche ausgelegt, dann wird gepflanzt.

Die einzelnen Stauden sollen so tief gepflanzt werden, wie sie auch vorher gestanden haben. Über Besonderheiten werden Hinweise bei den einzelnen Kulturen gegeben. Die meisten Stauden lassen sich bequem mit der Pflanzkelle setzen, bei einigen nehmen wir besser den Spaten zu Hilfe. Wichtig ist ein festes Pflanzen. Die Erde wird um die Pflanzen mit beiden Händen gut angedrückt. Sind wir mit der Arbeit fertig, so werden die einzelnen Stauden mit dem Gießrohr (also ohne Brause) durchdringend angegossen. Dadurch wird die Erde an die Wurzeln geschlämmt. Auch bei Regen kann auf das Angießen nicht verzichtet werden. Durch ein letztes Überbrausen wird die Erde von den verschmutzten Blättern gespült.

Sobald die Fläche abgetrocknet ist, wird der Boden zwischen den Stauden mit einem Lüfter oder Kultivator oberflächlich gelockert. In den Boden kommt Luft, das Anwachsen geht rascher vor sich. Bei sehr trockenem Wetter sollten wir das Angießen nach einigen Tagen wiederholen.

Jäten, gießen, düngen… – Pflege

Bodenpflege und Düngung

Durch fortwährende Züchtung hat es die Gruppe der Prachtstauden zu beachtlichen Blühleistungen gebracht; sie ist dabei aber auch sehr anspruchsvoll geworden. Wir müssen den Boden auf unserem Prachtstaudenbeet deshalb ständig bearbeiten. Wildstauden dagegen brauchen nur im ersten und vielleicht noch im zweiten Jahr nach der Pflanzung eine ähnlich aufmerksame Pflege; vor allem müssen die einjährigen Unkräuter entfernt werden. Dann aber machen sich die Stauden selbständig und bilden eine geschlossene Decke.

Wenn der Boden nach Regen oder öfterem Gießen leicht abgetrocknet ist, wird er mit einem der handlichen Geräte (Lüfter, Kultivator) oberflächlich gelockert. Wir bleiben bei dieser Arbeit auf dem Weg, denn der Boden soll möglichst nicht betreten werden. In einer sehr breiten Pflanzung sind wir jetzt dankbar für unauffällige Trittplatten, die bei der Anlage bereits in entsprechenden Abständen verlegt wurden. Diese oberflächliche Bodenlockerung führen wir den ganzen Sommer über wiederholt durch. Wir werden sehr bald selbst beobachten, wie gut diese kleine Mühe unseren Pflanzen bekommt.

Auch vor Wintereintritt wird der Boden nochmals gelockert. Wir nehmen dazu die Grabgabel und bearbeiten nur die Oberfläche. So werden die Wurzeln und die zarten, noch unsichtbaren Austriebe der Blumenzwiebeln nicht beschädigt.

Bei der herbstlichen Bodenbearbeitung entfernen wir auch sämtliche Unkräuter. Vor allem Dauerunkräuter, die vor der Pflanzung übersehen wurden, sind möglichst mit der ganzen Wurzel herauszuholen. Jetzt im Herbst, wenn die Prachtstauden bis zum Boden herunter abgeschnitten sind, haben wir den besten Überblick. Die gefährlichsten Unkräuter sind Giersch, Quecke und Ackerwinde, aber auch mit Löwenzahn, Disteln und Sauerampfer haben wir unsere Mühe, um sie samt ihren Pfahlwurzeln zu beseitigen.

Um die dauernde Unkrautbekämpfung und vor allem das wiederholte Lockern zwischen Prachtstauden zu ersparen, können wir die offenen Flächen mit organischer Masse bedecken. Mulchen ist der Fachausdruck hierfür. Allerdings sollten wir nicht eine dicke Schicht von frischgeschnittenem Gras und Unkräutern auf die offene Fläche bringen. Erstens würde darunter das gute Aussehen unserer Prachtstaudenpflanzung leiden, und zum anderen gäbe es neuen Unkrautwuchs durch den ausfallenden Samen. Besser ist es, wir decken den Boden mit halbverrottetem, grobem Kompost, grobfaserigem Torf oder Rindenmulch ab. Im Herbst gegeben, haben wir einen Schutz gegen Barfrost, auch trocknet im kommenden Jahr der Boden unter einer solchen Schicht nicht so leicht aus, er bleibt locker (auch bei stärkerem Regen), und der Unkrautwuchs wird unterdrückt. Zusätzlich wird das Bodenleben angeregt, was sich wiederum auf ein freudiges Wachstum der Stauden auswirkt.

Vom Gießen in den Sommermonaten gilt die Regel: Auch in Trockenperioden nicht allzu oft gießen, dafür aber durchdringend, möglichst morgens oder abends.

Hinsichtlich der Düngung müssen wir einen Unterschied machen zwischen Wildstauden und Prachtstauden. Da wir bereits bei der Pflanzung (siehe Pflanzgemeinschaften) eine weitgehende Trennung zwischen beiden Gruppen vorgenommen haben, ist dies nicht schwierig.

Wildstaudenpflanzungen, wie sie in diesem Buch für Schatten und volle Sonne zusammengestellt wurden, versorgen wir nur mit Kompost. Dadurch bleibt der natürliche Wuchscharakter erhalten, der durch eine mineralische Düngung bei manchen von ihnen verlorengehen würde. Für Arten, die auf mageren, sandigen Böden gedeihen, ist bereits Kompost zuviel. Sie verlieren dabei ihre typische Blattform und Färbung. Das trifft besonders für graufilzige Bodendecker zu.

Da wir alle abgestorbenen und abgeschnittenen Pflanzenteile auf den Kompost bringen, geben wir mit ihm all das wieder dem Boden zurück, was ihm entzogen wurde. Durch Kompost werden die Pflanzen nicht geil, schießen

Pflege

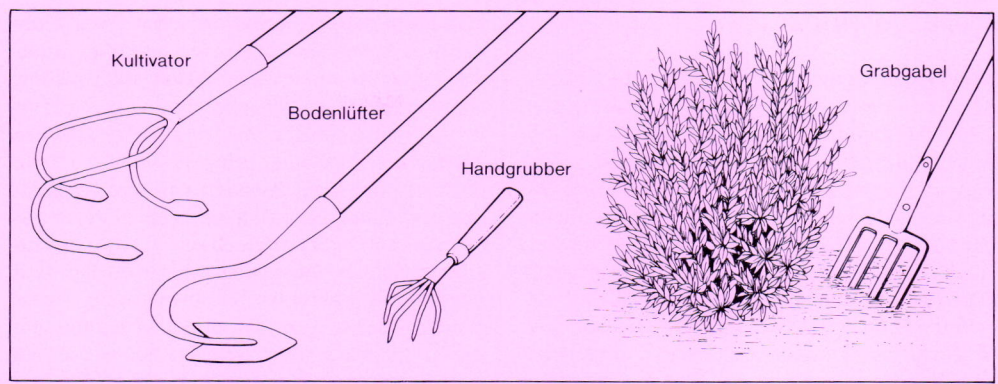

Die wichtigsten Arbeitsgeräte für den Staudengarten.

nicht ins Kraut, sondern behalten ihren natürlichen, gesunden Wuchs bei. Übrigens, der Komposthaufen sollte nicht so lange liegen bleiben, bis alle organischen Garten- und Küchenabfälle zu Erde geworden sind. Wir bringen vielmehr den Kompost in einer lockeren, grobflockigen Form auf die Staudenflächen, wo er dann durch die Bodenlebewesen abgebaut wird.

Hochgezüchtete Prachtstauden düngen wir zusätzlich. Auch züchterisch bearbeitete Schattenstauden wie Herbstanemonen, Astilben, Akelei, Eisenhut u. a. zählen hierzu. Besonders der Eisenhut ist unersättlich. Grundlage ist auch hier der Kompost. Um Nährstoffe in den Boden zu bringen, verwenden wir gern organische Düngemittel wie Horn-, Knochen- und Blutmehl oder organisch-mineralische Dünger wie Hornoska-Spezial, Manna-Spezial u. a. Wir streuen von ihnen im Frühjahr nach aufgedruckter Gebrauchsanweisung aus. Diese Düngemittel zersetzen sich nur langsam, sind dafür aber von langanhaltender Wirkung.

Durch jährliche Volldüngergaben sind manche Böden mit Phosphat und Kali reichlich versorgt. In diesem Fall beschränken wir uns auf Stickstoffdünger. Eine Bodenuntersuchung, alle 3–4 Jahre durchgeführt, gibt Aufschluß mit was und wieviel wir düngen sollen.

Stallmist können wir so verwenden, wie es bei der Bodenvorbereitung auf S. 12 beschrieben wurde. Stalljauche und Fäkalien sollten nur über den Komposthaufen, auf keinen Fall im frischen Zustand verwendet werden.

Selbstverständlich können wir auch mineralische Volldünger streuen, nachdem wir vorher (also im Herbst oder Frühjahr) Kompost auf die Fläche gebracht haben. Wir verwenden nur sogenannte »blaue« Volldünger, denn diese sind chlorfrei. Zu Beginn des Wachstums, also im Mai, geben wir je Quadratmeter gut eine halbe Handvoll. Im Laufe des Juni wird dies wiederholt. Das genügt für die meisten Arten. Stauden, die uns eine zweite Blüte bringen, wie z. B. Rittersporn u. a., düngen wir nach dem Herunterschneiden nochmals. Am besten wird bei Regenwetter gestreut oder zumindest anschließend gewässert. Selbstverständlich können wir die genannte Düngermenge auch flüssig geben, vor allem wenn wir uns etwas verspätet haben. Das macht zwar mehr Arbeit, aber die Wirkung wird schneller sichtbar. Anschließend brausen wir nach, damit keine Düngerreste auf den Blättern bleiben.

Warnen möchte ich vor einem Zuviel. Besonders bei den mineralischen Volldüngern ist diese Gefahr groß, und mancher Gartenfreund meint es zu gut mit seinen Pflanzen. Die Folge ist dann ein starkes Blattwachstum. Die Stauden treiben ungewöhnlich ins Kraut und fallen bei Regen und Wind leicht auseinander – ein Nachteil von zuviel Stickstoff. Abgesehen von der unbefriedigenden Blüte sieht solch ein überdüngtes Beet recht unordentlich aus.

Pflege

Pflanzenschutz

Wir wollen versuchen, möglichst ohne Chemie auszukommen, weil es uns widerstrebt, zwischen den bunten Blüten mit einer nüchternen Spritze auf dem Rücken herumzulaufen. Wir beugen darum am besten vor.

Wenn wir den Stauden den Standort im Garten geben, den sie brauchen, fühlen sie sich wohl, wachsen kräftig und können deshalb weniger von Schädlingen und Krankheiten heimgesucht werden als schwächliche Pflanzen. Die Wahl des richtigen Standortes bzw. umgekehrt die Zusammenstellung der Stauden aufgrund der gegebenen Verhältnisse (Boden und Licht), eine gründliche Bodenvorbereitung und richtige Ernährung sind die besten Vorbeugungsmaßnahmen gegen Krankheiten und Schädlinge. Trotzdem lassen sie sich nicht ganz vermeiden. Nehmen wir zuerst die wichtigsten Pilzkrankheiten unter die Lupe:

Pilzkrankheiten

Sehen unsere Pflanzen wie mit Mehl bestäubt aus, so handelt es sich um den Echten Mehltau. Vor allem Herbstastern, Goldrute und Rittersporn in der zweiten Blüte werden immer einmal wieder von dieser Pilzkrankheit befallen. Der Rost, wie er besonders an Malven vorkommt, ist an den rotbraunen Pusteln an Stengeln und Blättern erkenntlich. Bei feuchter Witterung und engem Stand werden diese Krankheiten gefördert. Wie sich vorbeugen läßt, wurde bereits erwähnt. Verschiedentlich lassen sich besonders anfällige Stauden auch durch andere Arten oder widerstandsfähigere Sorten ersetzen.

Tierische Schädlinge

An tierischen Schädlingen treten Larven, Raupen und Käfer auf, vor allem aber machen uns Schnecken, Blattläuse, Ameisen und Älchen zu schaffen. Schnecken können wir ohne Gift bekämpfen, indem wir sie absammeln, in eine Blechbüchse o. ä. geben und mit kochend heißem Wasser überbrühen. Sehr gut eignet sich zum Absammeln eine Spaghettizange. Wichtig ist, daß die Schnecken bereits im Frühling bekämpft werden, denn sie fallen über die zarten, jungen Triebe von Gemswurz, Rittersporn, Lilien, Goldruten, Sonnenbraut, Margeriten u. a. recht rigoros her. Blattläuse haben es besonders auf Brennende Liebe, Weiße Sommermargerite und Eisenhut abgesehen. Wer sie bekämpfen will, sollte dies mit einem zugelassenen Mittel (im Fachgeschäft erfragen!) tun, sofern nicht Nützlinge wie Marienkäferlarven u. a. vorhanden sind. Wegen der Bienen auf keinen Fall in die Blüten spritzen! Auch Raupen, Larven oder Käfer (z. B. Lilienhähnchen) lassen sich mit einem Insektizid bekämpfen, allerdings können dabei auch Marienkäfer, deren Larven und andere Nützlinge mit vernichtet werden. Gegen Älchen, wie sie besonders bei Sommerphlox auftreten, ist eine Bekämpfung schwierig. Stark anfällige Sorten sollte man am besten aus dem Garten entfernen und die in diesem Buch genannten verwenden, weil sie weitgehend widerstandsfähig gegen die mikroskopisch kleinen Älchen (dürres Laub!) sind. Gefährliche Schädlinge sind Mäuse. Gegen Haus- und Feldmäuse legen wir am besten Giftkörner aus, Wühlmäuse lassen sich mit Fallen (z. B. Augsburger Kippbügelfalle) erlegen.

Viruskrankheiten

Auch Viren können uns zu schaffen machen. Die Viren selbst werden erst bei stärkster mikroskopischer Vergrößerung sichtbar. Wenn sich Blätter ohne erkennbare Ursache gelb

Starker Mehltaubefall an Sommerphlox.

färben oder Triebe verkrüppeln, liegt der Verdacht auf Viren sehr nahe. Aber nur Pflanzenschutzämter können den Befall feststellen. Eine Bekämpfung ist nicht möglich. Wir müssen solche Pflanzen sofort entfernen, und zwar möglichst mit sämtlichen Wurzeln.

Das Schneiden von Stauden

Die meisten Prachtstauden – auch Beet- oder Rabattenstauden genannt – schneiden wir gleich nach der Hauptblüte zurück. Dadurch wird verhindert, daß Samen ausfallen, die bei verschiedenen Arten in den Wurzelstöcken keimen. Solche meist wertlosen, nicht sortenechten Sämlinge sind recht vital und verdrängen die Mutterpflanzen. Besonders bei hohem Sommerphlox, Rittersporn, Lupinen, Dreimasterblume u. a. läßt sich dies beobachten. Andererseits gibt es manche im Sommer oder Herbst blühende Staude, wie z. B. Sonnenbraut, deren bräunliche Fruchtstände die Pflanzung bereichern, besonders, wenn sie mit Sommerblumen (S. 74) und Gräsern kombiniert wurde. Erst im Oktober/November werden sämtliche Prachtstauden bis dicht über dem Boden zurückgeschnitten.
Bei manchen Beetstauden lohnt es sich, die verblühten Einzelblüten zu entfernen, da sich dann die Blütezeit erheblich verlängert, wie z. B. bei Sonnenauge und Skabiose. Bei Margeriten sollten die verblühten Teile mitsamt den Stielen abgeschnitten werden, damit sich die Pflanzen gut bestocken. Beim Wolligen Ziest werden die im Abblühen ohnehin unschön aussehenden Blüten entfernt, damit die silbriggrauen Polster dicht bleiben.
Durch einen kräftigen Rückschnitt nach der Blüte können wir bei folgenden Arten im Spätsommer eine Nachblüte erzielen: Rittersporn, Bunte Frühlingsmargerite *(Chrysanthemum coccineum)*, Feinstrahl, Lupine, Katzenminze und Salbei *(Salvia nemorosa)*. Zurückgeschnitten wird bis auf Handbreite über dem Boden. Lediglich bei Lupinen entfernen wir nur die Blütenstiele, während die Blätter geschont werden.

Wichtige Pflegearbeiten: Stäben und Schneiden.

Auch eine Reihe von Halbstauden, die normal nur 2 Jahre ausdauern, schneiden wir gleich nach der Blüte zurück. Wir können dadurch die Lebensdauer verlängern, denn diese Pflanzen treiben nochmals aus, um ihr Lebensziel – die Vermehrung durch Samen – zu erreichen. Hierzu zählen Malven, Nachtviole, Lichtnelke, Färberkamille. Manche Stauden blühen so überreich, daß sie nicht mehr dazu kommen, neue Triebknospen für das nächste Jahr zu bilden und diese dann ausbleiben. Wir schneiden deshalb zeitig im Herbst Blüten und Triebe bis auf den Boden herunter, um so die Bildung neuer Triebknospen anzuregen. Hierzu zählen Kokardenblume, Mädchenauge, Hohe Sommermargerite und Spornblume.
Unter den kriechenden Stauden gibt es welche, die ohne Rückschnitt nach einigen Jahren schütter werden und dann recht unschön aussehen. Genau betrachtet sind es gar keine Stauden, sondern Zwergsträucher, denn ihre Triebe sind verholzt. Im Frühjahr vor dem neuen Austrieb bzw. gleich nach der Blüte schneiden wir sie deshalb bis auf etwa Handbreite über dem Boden zurück. Meist genügt

17

Pflege

dies alle 2–3 Jahre. Hierzu gehören Sonnenröschen (gleich nach der Blüte zurückschneiden), Schneeheide, Heiligenpflanze *(Santolina)*, Thymian, Schleifenblume, Lavendel, Perowskie und Gamander *(Teucrium)*. Die beiden letztgenannten sollten jährlich im Frühjahr zurückgeschnitten werden. Schleifenblume, Lavendel, Perowskie und Gamander vertragen einen regelmäßigen Rückschnitt so gut, daß wir sie auch als niedrige Hecken ziehen können.

Durch Rückschnitt können wir bei einigen Stauden auch die Blütezeit verlängern bzw. verschieben. Bei Sommerphlox, Sonnenbraut *(Helenium)* und Herbstastern brauchen wir nur einen Teil (etwa ein Drittel) der Triebe um Handbreite einzukürzen, sobald sich die Blütenknospen zeigen. Es entstehen dann neue, seitliche Triebe, die einige Wochen später blühen. Man kann sogar – z. B. wenn man verreisen, aber auf die Blüte nicht verzichten will – so weit gehen und sämtliche Triebe mit Blütenknospen um Handbreite zurückschneiden, um auf diese Weise die Blütezeit zu verschieben.

Während sämtliche Prachtstauden im Herbst bis auf den Boden heruntergeschnitten werden, lassen wir naturnahe Pflanzungen mit Wildstauden im Herbst ungestört und säubern sie erst im Frühjahr. Dann erst wird auch das welke Laub entfernt.

Winterschutz bei Fackellilie (siehe auch S. 143).

Es wurde eingangs empfohlen, die verblühten Triebe zu entfernen. Aber keine Regel ohne Ausnahme! So lassen wir die Fruchtstände und Blätter vieler Gräser bis in den Spätwinter hinein stehen. Sie sind gerade bei Schnee und Rauhreif eine Zierde für unseren Garten. Auch Fruchtstände, wie z. B. die von Feuerlilie, Wiesenraute, Astilbe, Edeldistel, Statice *(Limonium)* u. a., bringen hübsche Akzente in den winterlichen Garten. Wer Mohnkapseln als Christbaumschmuck vergolden oder den Mohnsamen für Mohnkuchen verwenden will, muß die Fruchtstände natürlich ebenfalls ausreifen lassen.

Winterschutz

Einen »normalen« Winter mit Schnee überstehen die Stauden sehr gut. Kältegrade, wie sie bei uns üblich sind, richten keinen Schaden an. Gefährlich wird es für manche Arten nur, wenn Barfröste auftreten, also Kälte ohne Schnee. Das ist besonders nachteilig, wenn der Dezember naß und mild ist und anschließend der Boden gefriert, ohne daß es vorher geschneit hat. Auch scharfer Ostwind und die Gegensätze von frostklirrenden Nächten und sonnigen Mittagsstunden bekommen manchen Stauden schlecht, besonders den wintergrünen.

Da wir keine Wetterpropheten sind, tun wir gut daran, die empfindlicheren Arten zu schützen. Dazu gehören Pampasgras, Pfahlrohr, Fackellilie, Palmlilie und Japanische Anemone. Wie wir es machen, steht bei den einzelnen Arten.

Immergrüne Stauden, wie wir sie besonders in der Trockenmauer und im Steingarten verwenden, werden locker mit Fichtenzweigen bedeckt. Wir schützen sie nicht gegen Kälte, sondern nur vor dem Wechsel von sonnigen Tagen und kalten Nächten, sowie vor austrocknenden Winden. Der beste Schutz ist allerdings eine natürliche Schneedecke. Auch Stauden-Neupflanzungen, vor allem wenn wir sie spät im Herbst angelegt haben, sollten mit Fichtenzweigen locker abgedeckt werden.

Aus eins mach' zwei – Vermehrung

Wenn wir unseren Garten neu anlegen, braucht uns die Staudenvermehrung noch nicht zu interessieren. Wir beziehen das Pflanzgut von einer Staudengärtnerei. Haben wir aber größere Flächen zu bepflanzen, so können wir sparen, indem wir von den vorgesehenen Gattungen, Arten und Sorten nur wenige Stück beziehen, um diese dann im kommenden Jahr selbst weiter zu vermehren. Besonders bei bodendeckenden Pflanzen werden größere Stückzahlen benötigt.

Teilung

Die Teilung ist die leichteste Vermehrungsart. Meist genügen die wenigen Pflanzen, die wir dabei bekommen.

Frühjahrs- und Vorsommerblüher (Gelbe Frühlingsmargerite, Bunte Frühlingsmargerite u. a.) werden am besten gleich nach der Blüte geteilt. Dabei wird das Laub bis dicht über den Boden zurückgeschnitten. Die Pflanzen werden mit der Grabgabel herausgehoben, in höchstens faustgroße Stücke geteilt und auf gut vorbereitetem Boden neu aufgepflanzt. Spätblühende Stauden (Sommerphlox, Herbstastern, Sonnenbraut, Freilandchrysanthemen u. a.), vor allem auch Gräser, teilen wir am besten im Frühjahr. Die meisten Stauden aber lassen sich ebensogut im Frühjahr wie im Herbst teilen.

Stauden, die an ihren Trieben Wurzeln bilden, können das ganze Jahr über, also vom Frühjahr bis zum Herbst, geteilt werden. Sie werden aus dem Boden genommen und mit den Händen auseinandergerissen. Die einzelnen mit Wurzeln besetzten Triebe, oder mehrere in kleinen Büscheln zusammen, können dann sofort wieder gepflanzt werden. Hierzu gehören die teppichbildenden Arten wie Sternmoos, Katzenpfötchen, die verschiedenen Fetthenne-Arten, Pfennigkraut, Günsel, Ziest, Thymian u. a. Auch rosettenbildende Stauden wie Mannsschild *(Androsace)* und Hauswurz-Arten *(Sempervivum)* fallen darunter. Steinbrech-Arten und verschiedene Primeln sind allerdings etwas heikler in bezug auf das Anwachsen. Wir müssen diese Arten gut feucht und schattig halten, bis sie uns durch neuen Trieb anzeigen, daß sie gut eingewurzelt sind. Auch bodendeckende, wintergrüne Stauden für den Halbschatten, wie Immergrün, Haselwurz und Ysander lassen sich verhältnismäßig leicht durch Zerlegen in einzelne bewurzelte Triebe vermehren.

Besonderheiten sind bei der Pfingstrose und Schwertlilie *(Iris germanica)* zu beachten. Pfingstrosen teilen wir im Herbst (September), weil um diese Zeit die Blattköpfe gut ausgereift sind und im Frühjahr sofort ihr neues Leben beginnen können. Iris dagegen teilen wir im August, also gleich nach der Blüte. Um diese Zeit setzt nämlich die neue Wurzelbildung ein. Wir gehen dabei so vor, daß wir die Wurzelstöcke durch Abschneiden der Triebköpfe an einer Abschnürung teilen. Verbleibende Rhizome ohne Triebknospen sind wertlos.

Leicht zu teilen sind Eisenhut, Maiglöckchen, Lampionpflanze und alle schon genannten bodendeckenden Stauden. Sobald wir die drei zuerst genannten Stauden aus dem Boden nehmen, zerfallen sie bereits in einzelne Wurzelstücke bzw. Rhizome.

Mit der Hand oder unter gelegentlicher Zuhilfenahme eines Messers lassen sich folgende Stauden – besonders in jungem Zustand –

Viele Bodendecker u. a. lassen sich von Hand teilen.

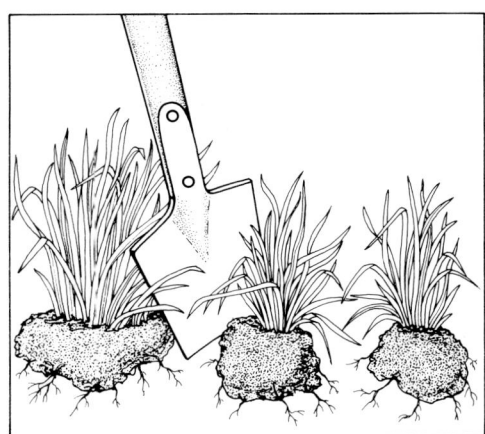
Bei kräftigem Wurzelstock teilt man mit dem Spaten.

leicht in bewurzelte Triebe zerlegen: Rote Schafgarbe, Glattblattaster, Große Sommermargerite, Gelbe Frühlingsmargerite, Sonnenbraut, Schwertlilie u. ä.
Stauden mit verholzten Wurzelstöcken zerlegen wir am besten mit dem scharfen Spaten in einzelne Teilstücke. Hierzu gehören: Goldgarbe 'Parker', Bergaster, Rauhblattaster, Prachtspiere, Rittersporn, Feinstrahl, Sonnenauge, Taglilie, Brennende Liebe, Pfingstrose, Hoher Sommerphlox.
Bei Stauden mit pfahlartigen Wurzeln müssen wir nach dem Ausgraben schon ein Messer zur Hand nehmen und die Pflanze so durchschneiden, daß jedes Teilstück (meist gibt es nur zwei) Wurzeln und Triebe hat. Manche dieser Stauden mit pfahlartigen Wurzeln, wie z. B. Akelei oder Edeldistel, lassen sich nur schlecht teilen. Zu dieser Gruppe gehören auch Lilienschweif, Lupine, Skabiose, Adonisröschen, Küchenschelle, Schleierkraut, Freiland-Gloxinie *(Incarvillea)* und Nachtkerze. Soweit bei der Teilung die fleischigen Wurzeln beschädigt werden, schneiden wir sie glatt. Dadurch wird eine bessere Verheilung erzielt und Fäulnis vermieden. Auch ein zusätzliches Einpudern der glatten Schnittstellen mit Holzkohlenpulver wirkt der Fäulnisgefahr entgegen.
Was noch beachtet werden sollte:
- Teilstücke sollten höchstens Faustgröße haben.
- Als Teilstücke, die wieder aufgepflanzt werden sollen, nehmen wir nur die äußeren, jungen Teile der großen Pflanzen.
- Jedes Teilstück muß Wurzeln und Triebknospen haben.
- Unkraut, das in den Wurzelstock hineingewachsen ist, wird bei der Teilung sorgfältig entfernt.
- Die Wurzeln der Teilstücke werden auf Handlänge eingekürzt. Auf keinen Fall dürfen wir die langen Wurzeln in die Erde zwängen und sie nach oben umbiegen.

Die Teilung ist für den Hobbygärtner die einfachste und damit wichtigste Vermehrungsart. Wir teilen Stauden aber auch aus anderen Gründen: So sollten eingewurzelte, starke Stauden nie verpflanzt werden, ohne daß man sie vorher teilt. Wenn Stauden mit dem Blühen und in ihrer Entwicklung nachlassen, nehmen wir sie aus dem Boden, zerlegen sie ebenfalls in faustgroße Teilstücke und pflanzen diese neu auf.

Aussaat

Viele Stauden können auch durch Samen vermehrt werden, vor allem Züchtungen von Beetstauden, deren Sämlinge sortenecht sind, und viele Wildstaudenarten. Aber auch die Aussaat von Stauden, die nicht treu aus Samen fallen, hat für den Liebhaber einen gewissen Reiz, denn es gibt unter solchen Sämlingen Überraschungen. Es ist wie bei einer Lotterie: Es können Nieten, Treffer und sogar Haupttreffer darunter sein. Pflanzen in einer Farbe, wie wir sie bei der betreffenden Art noch nie gesehen haben, können in unserem Garten aufblühen. Es gibt Neues zu entdecken!
Verschiedene Arten, wie Christrose, Leberblümchen, Tränendes Herz, Rittersporn u. a., keimen am besten, wenn sie sofort nach der Samenreife ausgesät werden. Andere wiederum, die sogenannten Frostkeimer, wollen die Einwirkung von Schnee und Kälte spüren. Hierzu gehören z. B. Eisenhut, Enzian, Primeln, Scheinmohn und Steinbrech. Wir säen sie im Dezember aus und stellen die Schalen oder Töpfe ins Freie, eventuell mit einem Drahtgeflecht gegen Vögel geschützt. Damit die Saat rasch keimt, holen wir die Saatgefäße

Vermehrung

bei Winterausgang, also im Februar/März ins warme Zimmer oder stellen sie ins Frühbeet. Nach dem Aufgehen werden die Sämlinge in Schalen oder flache Kistchen pikiert (verstupft) und am besten in einen kalten Frühbeetkasten gestellt, wo sie sich weiter entwickeln und bis zum Auspflanzen verbleiben.
Die meisten Stauden aber werden im Frühjahr ausgesät. Ebenso wie zu den bereits genannten Saat-Terminen verwenden wir dazu flache, handliche Holzkistchen, Schalen oder Blumentöpfe. Damit das Wasser gut abziehen kann, werden die Saatgefäße zuerst zu einem Drittel mit Topfscherben oder Steinchen gefüllt. Dann füllen wir die Gefäße bis zum Rand hin mit einer lauberdereichen Mischung oder aber mit sandiger Erde, der feingesiebter Torf beigemischt ist. Durch den Torf trocknet die Saat nicht so leicht aus, und die Sämlinge halten beim späteren Auspflanzen einen guten Ballen.
Nachdem die Erde mit einem Brettchen leicht angedrückt wurde, können grobe Sämereien direkt aus der Tüte oder mit Daumen und Zeigefinger breitwürfig, aber möglichst gleichmäßig ausgesät werden. Feine Sämereien dagegen geben wir erst in die scharfe Rille einer in der Mitte geknickten Postkarte. Diese nehmen wir zwischen Daumen und Mittelfinger und tippen mit dem Zeigefinger etwas auf die leicht schräg über das Saatgefäß gehaltene Postkarte. Ganz feine Sämereien werden nur leicht angedrückt. Die übrigen übersieben wir in der Stärke des Samens mit dem Erdgemisch und drücken leicht an.
Anschließend wird das Saatgefäß mit feiner Brause durchdringend angefeuchtet, ein Etikett mit dem Namen und Aussaattermin beigesteckt und an einen leicht schattigen Platz gebracht. Wer einen kalten Kasten zur Verfügung hat, sollte die Saatgefäße dort unterbringen. Wurde in Töpfe ausgesät, so kann man Plastikbeutel darüberstülpen und die Töpfe an

Die meisten Stauden lassen sich auch durch Aussaat vermehren. Diese Methode wenden wir vor allem bei Wildstauden an oder wenn größere Stückzahlen von einer Art benötigt werden.

Vermehrung

einem leicht schattigen Platz bis fast an den Topfrand einsenken.
Wichtig ist, daß die Aussaat immer gleichmäßig feucht gehalten wird. Nur mit feiner Brause gießen, damit die Samen nicht weggeschwemmt werden! Wenn die Saat während der Keimung trocken wird, ist der Erfolg dahin.
Sobald der Samen keimt, muß gelüftet werden. Wenn die Sämlinge sichtbar werden, entfernen wir die Fenster bzw. Plastikhüllen ganz und stellen schließlich die Saatgefäße an einen hellen, sonnigen Platz, damit die Sämlinge gedrungen heranwachsen können. Ein Pikieren ist meist nicht nötig, es sei denn, es wurde zu dicht gesät. Sobald die Pflanzen kräftig genug sind, setzen wir sie an die vorgesehenen Stellen. Dies ist meist ab Ende Mai der Fall.

Stecklinge

Durch Stecklinge lassen sich viele Stauden sortenecht vermehren. Diese Vermehrungsart kommt vor allem bei solchen Pflanzen in Frage, die entweder nicht oder schlecht zu teilen sind. Auch wenn eine größere Zahl von Jungpflanzen benötigt wird, kommen wir mit dieser Methode weiter als bei bloßer Teilung. Durch Stecklinge lassen sich vermehren: Hoher Sommerphlox, Sommer- und Herbstastern, Sonnenbraut, Schleifenblume, Steinkraut, Blaukissen, Gänsekresse, Katzenminze u. a.
Damit sich die Stecklinge bewurzeln können, wird eine gespannte Luft benötigt. Ist ein Frühbeet vorhanden, so bringen wir die Stecklinge in Schalen oder flache Holzkistchen, die wir dicht unter die Fenster stellen. Wenn wir nur einige Jungpflanzen brauchen, genügen auch Blumentöpfe. Das untere Drittel füllen wir mit Scherben oder kleineren Steinen, so daß das Wasser gut abziehen kann. Auf diese grobe Schicht kommt bis zum Topfrand gewaschener Sand, der mit Torf vermischt ist. Damit die Stecklinge einen guten Halt haben, wird diese Sand-Torf-Schicht mit einem Brettchen festgeklopft.
Als Stecklinge verwenden wir nur gesunde Triebspitzen, die möglichst kräftig sein sollen. Diese Triebspitzen müssen noch krautig (also nicht verholzt!) und möglichst ohne Blütenknospen sein. Eventuell vorhandene Blütenknospen werden herausgeschnitten. Die Stecklinge sollen etwa 2–3 Blattetagen haben. Sie überstehen dann die Zeit bis zur Wurzelbildung besser als zu lange Triebspitzen. Die unteren Blätter entfernen wir. Es läßt sich dann leichter stecken. Auf keinen Fall darf aber dabei der Knoten beschädigt werden. Bei den zwergigen Stecklingen von Polsterphlox, Blaukissen, Schleierkraut u. a. erübrigt sich das recht knifflige Entfernen der unteren Blättchen. Die noch vorhandenen Blätter können wir einkürzen, um die Verdunstung herabzusetzen; notwendig ist es aber nicht.
Es ist übrigens nicht in jedem Fall nötig, die Stecklinge fein säuberlich zurechtzuschneiden. Vielfach genügt es, die Triebspitzen einfach von der Mutterpflanze abzureißen, wobei ihnen noch ein kleines Stückchen von der Rinde anhaften soll. Lupinen, Astern, Feinstrahl, Steinkraut u. v. a. lassen sich auf diese Weise gut vermehren.

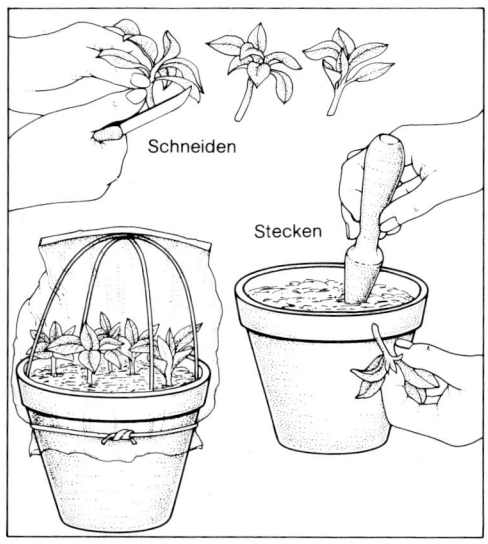

Durch Stecklinge können Stauden vermehrt werden, die sich nur schlecht teilen lassen.

Vermehrung

Schneiden wir Stecklinge von Wolfsmilch-Arten und Schleierkraut, so tritt an den Schnittstellen weißer Milchsaft hervor. Um dieses »Bluten« zu unterbinden, werfen wir die fertig geschnittenen Stecklinge kurz in warmes Wasser.

Mit einem kleinen Pikierholz, Bleistift o. ä. werden nun die zurechtgeschnittenen Stecklinge in die Töpfe oder Schalen gesteckt und leicht angedrückt. Nach dem Angießen werden sie in das Frühbeet dicht unter die Fenster gebracht und diese schattiert.

Steht uns kein Frühbeet zur Verfügung, so stülpen wir ganz einfach über die Blumentöpfe Plastikbeutel und bringen sie an einen leicht schattigen Platz bzw. ins Zimmer. Keinesfalls dürfen sie in die Sonne gestellt werden, da sonst die Stecklinge sehr rasch verbrennen würden.

In den ersten 2–3 Wochen sind die Stecklinge in geschlossener, gespannter Luft zu halten (Frühbeet oder Folienbeutel). Bei großer Hitze lüften wir ein wenig. Sobald dann ausreichend Wurzelbildung vorhanden ist, was wir an den straffen Blättern und beginnendem Triebwachstum erkennen, werden die Pflanzen ins Freie gesetzt.

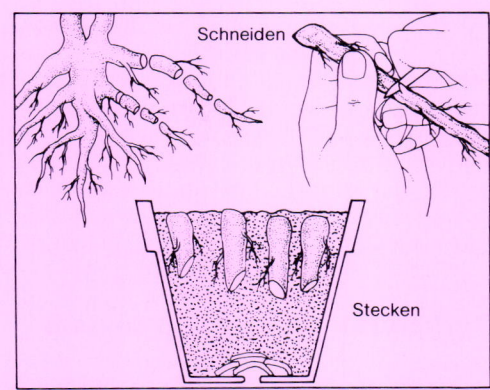

Einige Stauden vermehrt man durch Wurzelschnittlinge.

Wurzelschnittlinge

Die Vermehrung durch Wurzelschnittlinge können wir im Frühjahr vornehmen, sobald der Frost aus dem Boden ist. Auf diese Weise werden Türkischer Mohn, Kugeldistel und Japanische Anemonen vermehrt. Diese Arten lassen sich schlecht teilen und bringen bei Aussaat keine reine Nachkommenschaft.

Um Wurzelschnittlinge zu gewinnen, brauchen wir die Mutterpflanzen nicht aus dem Boden zu nehmen. Wir graben seitlich so tief in den Boden, daß einige längere Wurzelstücke abgenommen werden können. Diese werden dann in 4–6 cm lange Stücke geschnitten. Um eine Verwechslung zu vermeiden, wird das obere Ende waagerecht, das untere schräg geschnitten. Zum Schutz vor Fäulnis können wir die Schnittflächen in Holzkohlenstaub tauchen. Dann stecken wir die Wurzelstücke einzeln oder zu dreien in Blumentöpfe, die mit Gartenerde, Torf und Sand zu gleichen Teilen gefüllt sind. Die Töpfe werden dann ins Frühbeet oder im Freien plaziert.

Auch den hohen Sommerphlox können wir auf diese Weise vermehren. Bei älteren Pflanzen brauchen wir nicht lange zu graben, um das benötigte Wurzelmaterial zu bekommen, das wir in einzelne Stückchen der oben angegebenen Länge schneiden und in ein Kistchen oder in einen Topf mit Erde einlegen. Darauf kommt noch 2 cm Erde. Die Vermehrungsgefäße sind feucht zu halten. Nach erfolgtem Durchtrieb bringen wir diese sortenechten Pflanzen ins Freie.

Rißlinge

Diese lassen sich sehr einfach gewinnen. Wir brauchen nur nach dem Austrieb die Erde an manchen Stauden ein wenig wegzukratzen, um zu sehen, ob nicht einige der äußeren Triebe Wurzelbildung zeigen. Solche Triebe nehmen wir ab und können sie bis zur besseren Bewurzelung erst einmal in einem Frühbeet oder unter Folien kultivieren. Vielfach lassen sie sich aber auch gleich ins freie Land pflanzen. Verschiedene Nelkenarten, aber auch Polsterphlox und andere Stauden lassen sich so vermehren.

Kinder der Sonne – Sonnenstauden

Alle Stauden lieben mehr oder weniger Sonne, mit Ausnahme derer, die im Abschnitt »Die im Verborgenen blühen« vorgestellt werden. In diesem Kapitel sind solche zusammengestellt, die geradezu als Sonnenanbeter gelten können und dabei weitgehend genügsam sind. Ihre große Zahl wurde in drei Gruppen unterteilt, wie sie ihrem Wesen nach zusammenpassen und auch für unser Auge harmonisch wirken.

Farbenfroh und doch genügsam

Mit Stauden, die vor allem im Hochsommer und auch im Herbst prächtig blühen, lassen sich farbenfrohe Pflanzungen zusammenstellen. Sie brauchen Pflege und offenen Boden. Die meisten von ihnen sind züchterisch beeinflußt. Aus diesem Grunde lassen sich verschiedene von ihnen recht gut zu den im Abschnitt »Wir sind die Prächtigsten« genannten Prachtstauden pflanzen, die auch ähnliche Pflegeansprüche haben.

Die Zeit vom Frühling bis zur Blüte im Sommer sollten wir mit Tulpen, Narzissen und anderen Zwiebelpflanzen überbrücken. Sehr hübsch lassen sich Gräser zu dieser Staudengruppe gesellen, über die im Abschnitt »Grazile Gräser« alles Wissenswerte zu finden ist. Gut paßt in die Gemeinschaft beispielsweise der Atlasschwingel, Blaustrahlhafer, Chinaschilf und das Lampenputzergras. An kleinbleibenden Gehölzen lassen sich dieser Pflanzung die leuchtend gelb blühenden Formen des Fünffingerstrauches *(Potentilla fruticosa)* und die rotblätterige Berberitze *(Berberis thunbergii* 'Atropurpurea nana') zugesellen. Auch andere niedrige Halbsträucher passen in diese und in andere Pflanzgemeinschaften der vollen Sonne: Edelraute *(Artemisia abrotanum)*, Ysop *(Hyssopus officinalis)*, Lavendel *(Lavandula angustifolia)* und Heiligenpflanze *(Santolina chamaecyparissus)*.

Und hier nun einige Arten, die in diese Pflanzgemeinschaft passen, ihrer Blütezeit nach geordnet:

Genügsame Sonnenstauden: Königskerzen *(V. nigrum, V. chaixii* 'The Queen'), Schafgarbe ('Coronation Gold'), Frühlingsaster *(A. tongolensis)*, Brennende Liebe und mehrere Sorten von Feinstrahl. Im Vordergrund: Atlasschwingel.

Sonnenstauden

Nelke *(Dianthus)*

Ein sonniger, trockener Standort ist den verschiedenen ausdauernden Nelken gerade recht. Wir bringen die blaugrauen oder dunkelgrünen Polster an den Rand der Pflanzung oder in Gruppen zwischen die höheren in diesem Abschnitt genannten Stauden. Die Gartensorten werden durch Teilung oder Stecklinge vermehrt, die Wildarten durch Aussaat.

Pfingstnelke *(Dianthus gratianopolitanus, syn. D. caesius)*
Blütezeit: Mai–Juli; Höhe: 10–20 cm.

Diese Art bildet graugrüne bis blaugraue Polster und blüht reich.

Wertvolle Sorten:

Name	Farbe/Bemerkungen
'Blaureif'	zartrosa; Blätter stahlblau, flache Polster
'Nordstjernen'	rosarot; feste, stahlblaue Polster, breitet sich dicht rasenförmig aus, sehr wertvoll
'Blauigel'	hellpurpurrot; Blätter intensiv stahlblau, sehr reichblühend
'Feuerhexe'	leuchtend purpurrot; igelähnliche Polster
'Jutta'	leuchtend rot; Blüten halbgefüllt

Federnelke *(Dianthus plumarius)*
Blütezeit: Juni/Juli; Höhe: 20–30 cm.

Die duftenden, gefüllt blühenden Federnelken kann man häufig in Bauerngärten als polsterbildende Einfassung sehen.

Wertvolle Sorten:

Name	Farbe
'Diamant'	weiß, gefüllt
'Altrosa'	rosa, gefüllt
'Helen'	lachsrosa, gefüllt
'Pikes Pink'	cattleyenrosa, gefüllt
'Roseus Plenus'	dunkelrosa, gefüllt
'Heidi'	dunkelrot, gefüllt
'Diademe'	karminrot, gefüllt

Steppenkerze *(Eremurus)*
Blütezeit: Juni/Juli; Höhe: 100–150 cm.

Zu den in diesem Abschnitt beschriebenen Stauden passen am besten die kanariengelb blühende Art *E. bungei* sowie die 'Shelford-Hybriden' bzw. 'Ruiter-Hybriden' mit gelben, rosa- und orangefarbenen Blüten. Einzelheiten über Kultur usw. siehe S. 39.

Brennende Liebe *(Lychnis chalcedonica)*
Blütezeit: Juni/Juli; Höhe: 70–80 cm

Eine bekannte Staude mit weithin leuchtend roten Blüten! Ausführliche Besprechung auf S. 80.

Katzenminze *(Nepeta × faassenii)*
Blütezeit: Juni–September; Höhe: 20–30 cm

Unermüdlich blüht diese kleinbuschige Staude den ganzen Sommer über. Die zierliche graugrüne Belaubung und die lavendelblauen Blüten machen sie uns für die verschiedensten Zwecke unentbehrlich. Sie eignet sich als Partner für die ebenso genannten Stauden, hier in Verbindung mit Trockenmauern, an Wegen

Federnelke

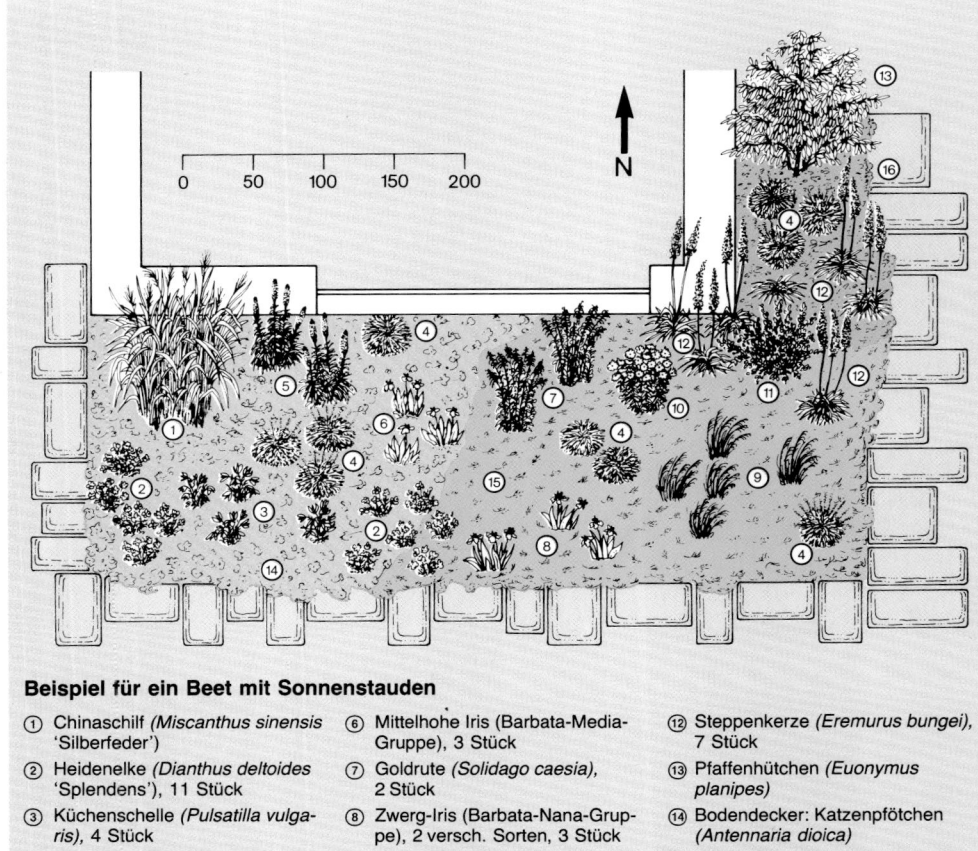

Beispiel für ein Beet mit Sonnenstauden

① Chinaschilf *(Miscanthus sinensis* 'Silberfeder')
② Heidenelke *(Dianthus deltoides* 'Splendens'), 11 Stück
③ Küchenschelle *(Pulsatilla vulgaris),* 4 Stück
④ Regenbogenschwingel *(Festuca amethystina),* 9 Stück
⑤ Prachtscharte *(Liatris spicata),* 2 Stück
⑥ Mittelhohe Iris (Barbata-Media-Gruppe), 3 Stück
⑦ Goldrute *(Solidago caesia),* 2 Stück
⑧ Zwerg-Iris (Barbata-Nana-Gruppe), 2 versch. Sorten, 3 Stück
⑨ Mädchenhaargras *(Stipa pennata* oder *St. ucrainica),* 5 Stück
⑩ Wild-Glattblattaster *(Aster laevis)*
⑪ Rote Zwergberberitze *(Berberis thunbergii* 'Atropurpurea Nana')
⑫ Steppenkerze *(Eremurus bungei),* 7 Stück
⑬ Pfaffenhütchen *(Euonymus planipes)*
⑭ Bodendecker: Katzenpfötchen *(Antennaria dioica)*
⑮ Habichtskraut *(Hieracium × rubrum)*
⑯ Thymian *(Thymus × citriodorus* 'Golden Dwarf')

oder zusammen mit Beetrosen. Dem Imker ist sie als Bienenfutterpflanze sehr willkommen. Wenn wir sie im Juli/August scharf zurückschneiden, blüht sie bis in den Herbst hinein unermüdlich weiter. Vermehrung durch Teilung, Stecklinge und Samen.
Nepeta × faassenii 'Six Hills Giant' (50 cm) mit lila Blüten ist starkwüchsiger, 'Superba' (20 cm) großblumiger. Beide blühen aber nicht so reich und fallen auch in der Gesamtwirkung gegenüber *N. × faassenii* ab. *N. grandiflora* 'Blue Beauty' bringt große, blau-violette Blüten und wird 60–100 cm hoch.

Spornblume *(Centranthus ruber)*
Blütezeit: Mai–Juli; Höhe: 60 cm.

Eine sehr anspruchslose, langblühende Staude, der man im Mittelmeerraum an trockenen Weinbergmauern begegnen kann. Sie liebt Sonne, Trockenheit und schotterigen, kalkhaltigen Boden. An solchen Standorten sät sie sich selbst aus. Die junge Pflanze ist von blaugrüner Farbe, die Blüte karminrot. Wir verwenden am besten die leuchtend scharlachrote Form *C. ruber* 'Coccineus'.
Vermehrung: Vorsichtig teilen oder Aussaat.

Sonnenstauden

Mädchenauge
(Coreopsis verticillata 'Grandiflora')
Blütezeit: Juni–September; Höhe: 60 cm

Alles Wissenswerte über diese unermüdlich blühende Staude ist auf S. 84 zu finden. Die Blüten sind gelb, die Blätter fast nadelartig. Noch wenig bekannt ist *C. verticillata* 'Moonbeam', die zur Staude des Jahres 92 gekürt wurde. Es handelt sich dabei um den Zufallsfund einer Gartenliebhaberin, die diese wunderschön hellzitronengelb blühende Pflanze mit dunklem Laub auf einem Beet kräftig gelber, also »normal« blühender Mädchenaugen vorfand. Es dauerte weiter zehn Jahre bis ein Staudengärtner diesen Schatz entdeckte.

Färberkamille *(Anthemis tinctoria)*
Blütezeit: Juni–September; Höhe: 60 cm

Eine reichblühende Staude für trockene Lagen. Die wertvolle Sorte 'Grallagh Gold', 60 cm, mit feingefiederten graugrünen Blättern wächst breitbuschig und duftet aromatisch. Die großen, goldgelben Blüten eignen sich vorzüglich zum Schnitt. Pflanze zeitig im Herbst zurückschneiden, damit sie sich bestocken und gut überwintern kann. Die Vermehrung erfolgt durch Teilung und Aussaat.

Unermüdlich blüht die duftige Katzenminze *(Nepeta × faassenii)* vom Frühsommer bis zum Herbst.

Salbei *(Salvia)*

Eine kalkliebende Staude, die sich gut für naturnahe Pflanzungen auf trockenen, sonnigen Standorten eignet. Die Vermehrung kann durch Teilung, Stecklinge oder Aussaat erfolgen. Folgende Arten sind zu empfehlen:

Wiesensalbei *(Salvia haematodes)*
Blütezeit: Juni–August; Höhe: 120 cm.

Im Garten verwenden wir meist nicht den eigentlichen Wiesensalbei *(S. pratensis)*, sondern die wertvollere Form *S. haematodes*.

Sommersalbei *(Salvia nemorosa)*
Blütezeit: Juni–September; Höhe: 40 cm und höher.

Eine breitbuschige Gartenstaude, die gar nicht genug empfohlen werden kann. Vom Sommer bis in den Herbst hinein blüht sie unermüdlich violettblau. Wenn wir die Pflanzen zeitig, also noch ehe sie ganz abgeblüht sind, bis scharf über dem Boden herunterschneiden, bringen sie im Herbst einen zweiten Flor.
Die Sorte 'Ostfriesland' blüht dunkelviolett. 'Mainacht' blüht bei Rückschnitt nach der ersten Blüte unentwegt bis in den Oktober hinein. Farbe: leuchtend nachtblau, 'Blauhügel' mittelblau. Diese Sorten lassen sich auch auf einem Prachtstaudenbeet gut verwenden.

Von der Spornblume gibt es neben der scharlachroten auch die weißblühende Form 'Albiflorus'.

Sommersalbei *(Salvia nemorosa)*.

Schafgarbe *(Achillea clypeolata)*.

Muskateller-Salbei *(Salvia sclarea)*
Blütezeit: Juli/August; Höhe: 100 cm.

Diese nur zweijährige Art bildet im 1. Jahr eine Rosette großer, rundlicher Blätter. Im 2. Jahr erscheint eine kräftige, verzweigte Rispe mit hellila Blüten, die von rosaroten Blättchen umgeben sind.

Diese sehr dekorative, breit aufgebaute Staude vermehrt sich an trockenen, sonnigen Plätzen durch Selbstaussaat.

Schafgarbe *(Achillea)*
Blütezeit: Juni–September; Höhe 30–120 cm (je nach Art).

Jeder Gartenboden ist ihr recht. Auch als Schnitt- und Trockenblume wird sie sehr geschätzt. Vermehren läßt sich die Schafgarbe durch Teilung und Aussaat.

Edeldistel *(Eryngium)*

Die Edeldistel, eine denkbar anspruchslose Staude, ist unempfindlich gegen Witterungseinflüsse und fühlt sich sogar auf steinigem Boden oder Sand recht wohl. Um ihre Schönheit voll entfalten zu können, braucht sie allerdings viel Sonne. Der Boden soll durchlässig und tiefgründig sein, damit die fleischigen Wurzeln tief nach unten dringen können. Die bizarren, kugeligen oder zylindrischen Blüten sind von blauvioletter Farbe. Sie sitzen an aufrechten Stengeln über lederartig-derben Blattrosetten.

Die Blüten eignen sich übrigens auch gut als Schnittblumen. In getrocknetem Zustand sind sie ein reizvoller Vasenschmuck. Vermehren können wir die Edeldisteln durch Wurzelschnittlinge, die reinen Arten auch durch Aussaat gleich nach der Samenernte.

Wertvolle Arten und Sorten von Schafgarben:

Name	Höhe	Blütezeit	Farbe	Bemerkungen
Achillea × taygetea	40 cm	Juni/Juli	schwefelgelb	kurzlebig, öfters teilen
Achillea filipendulina 'Parker'	120 cm	Juli–Sept.	goldgelb	siehe S. 88
Achillea filipendulina 'Coronation Gold'	70 cm	Juli–Sept.	goldgelb	siehe S. 88
Achillea clypeolata	60 cm	Juli/August	goldgelb	mit grausilbrigem Laub, bei zeitigem Rückschnitt erscheint im Sept./Okt. eine schöne zweite Blüte
Achillea millefolium 'Kelwayi'	40 cm	Juni–August	dunkelrot	kräftig rot blühende Form unserer heimischen Schafgarbe
Achillea millefolium 'Sammetriese'	80 cm	Juli–Sept.	dunkelrot	sehr gut zum Schnitt

Sonnenstauden

Eryngium bourgatii
Blütezeit: Juli/August; Höhe: 40 cm.

Eryngium sind auch unter dem deutschen Namen Mannstreu bekannt. Die oben genannte Art bringt blaue Blütenköpfe über weißgezeichneten, stark geteilten, lederartigen Blättern.

Eryngium planum
Blütezeit: Juli/August; Höhe: 80–100 cm.

Die zahlreichen, hellblauen Blüten sehen sehr zierlich aus. 'Blauer Zwerg' heißt eine nur 50 cm hohe Sorte mit intensiv blauen Blütenköpfen von Juni bis September.

Eryngium alpinum
Blütezeit: Juli/August; Höhe: 50–70 cm

Das Alpen-Mannstreu blüht violett. Die Sorte 'Blue Star' bringt leuchtend tiefblaue Blütenstände auf straffen Stielen, 'Opal' blüht auffallend silbrig-lila und 'Superbum' fällt durch große, stahlblaue Blütenstände auf.

Eryngium × zabelii
Blütezeit: Juni/Juli; Höhe: 60 cm.

Eine wertvolle Hybride mit herrlichen blauen Blütenköpfen! Gute Sorten sind 'Violetta' mit großen, rötlich-violetten und 'Juwel' mit tief stahlblauen Blütenköpfen.

Kugeldistel *(Echinops)*
Blütezeit: Juli–September; Höhe: 100–150 cm

Eine sehr widerstandsfähige und dabei dekorative Staude mit graugrünen Blättern und kugelig-stacheligen blauen oder weißlichen Blütenköpfen, gute Bienenfutterpflanze. Die Vermehrung erfolgt durch Teilung oder Wurzelschnittlinge, bei reinen Arten durch Aussaat.

Echinops bannaticus 'Taplow Blue'
100 cm, mit oberseits spinnwebartig überzogenen, an der Unterseite graufilzigen Blättern. Blüht reich und intensiv blau. Sehr empfehlenswert!

E. ritro 'Veitch's Blue'
80–100 cm, mit leuchtend stahlblau gefärbten Blütenköpfen.

Edeldistel *(Eryngium giganteum)*.

E. niveus
120 cm, ähnlich voriger, aber silberweiß; vorzüglich zum Schnitt.
Gute Nachbarn sind *Aster linosyris*, Mädchenauge *(Coropsis)*, Gelenkblume *(Physostegia)*, Sonnenhut *(Rudbeckia)* und Gräser.

Bergaster *(Aster amellus)*
Blütezeit: Juli/September; Höhe: 40–60 cm

Sie wird auch Heide- oder Kalkaster genannt und paßt sehr gut in die hier zusammengestellte Pflanzgemeinschaft. Wie die anderen Stauden dieser Gruppe liebt auch sie Sonne, Wärme und mäßige Trockenheit. Der Boden sollte kalkhaltig, möglichst lehmig und locker sein. Die beste Pflanzzeit ist das Frühjahr, da es sonst Ausfälle gibt. Die Vermehrung erfolgt durch Teilung und Stecklinge.

Wertvolle Sorten:

Name	Höhe	Blütezeit	Farbe
'Lady Hindlip'	60 cm	mittel	rosa
'Hermann Löns'	60 cm	früh	lavendel
'Dr. Otto Petschek'	60 cm	mittel	lavendel
'Sternkugel'	40 cm	spät	lavendel
'Breslau'	40 cm	früh	violett
'Veilchenkönigin'	50 cm	spät	violett
Aster × frikartii 'Wunder von Stäfa'	60 cm	spät	himmelblau mit gelber Mitte

Sonnenstauden

Ein kleines Stückchen Heide

Mit den hier genannten Stauden, einigen Gräsern und Gehölzen zusammen läßt sich auch im Garten eine Heidepflanzung anlegen. Prunkvolle Farben dürfen wir uns allerdings nicht erwarten. Alles ist auf die Stille abgestimmt, die nach unserer Vorstellung mit der Heide verbunden ist.

Von Gräsern wirken sehr hübsch die igeligen Polster des Bärenfellschwingels, Blauschwingel, Blaugras (*Sesleria*-Arten), Lampenputzergras u. a. Einige Nadelgehölze vervollständigen den Heideeindruck, wie Säulenwacholder (*Juniperus communis* 'Hibernica') oder *Juniperus communis* 'Hornibrookii', eine nur 40–45 cm hoch werdende, aber bis zu 2 m in die Breite wachsende Art. Hübsch sieht die unregelmäßig gebaute Mädchenkiefer (*Pinus parviflora* 'Glauca') mit ihren blaugrünen Nadeln und sehr vielen Zapfen aus. Sie wird nach vielen Jahren nur etwa 5 m hoch und ist daher auch für kleinere Gärten geeignet. Eine Zwergform der Weymouthskiefer (*Pinus strobus* 'Radiata' = *P.st.* 'Nana') läßt sich ebenfalls zur Belebung der Heidepflanzung verwenden. Sie wird nur 1–2 m hoch, entwickelt sich aber sehr in die Breite, so daß der Durchmesser ungefähr der Höhe entspricht. In größeren Gärten eignen sich auch Kiefern.

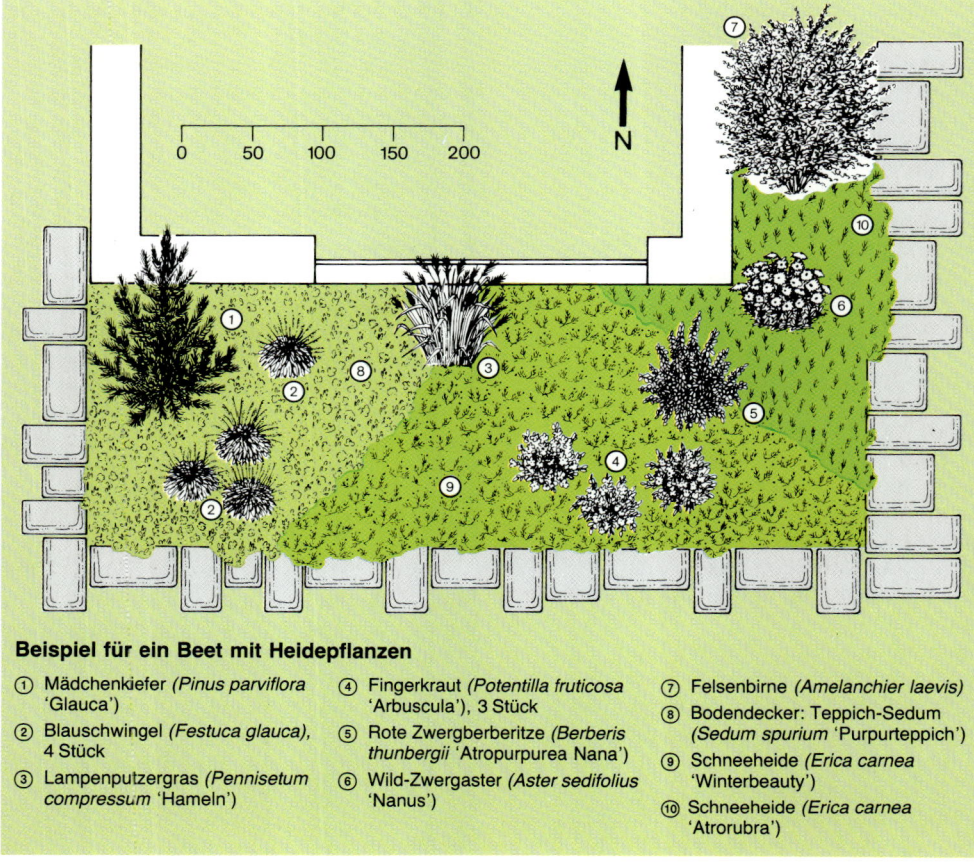

Beispiel für ein Beet mit Heidepflanzen

① Mädchenkiefer *(Pinus parviflora 'Glauca')*
② Blauschwingel *(Festuca glauca)*, 4 Stück
③ Lampenputzergras *(Pennisetum compressum 'Hameln')*
④ Fingerkraut *(Potentilla fruticosa 'Arbuscula')*, 3 Stück
⑤ Rote Zwergberberitze *(Berberis thunbergii 'Atropurpurea Nana')*
⑥ Wild-Zwergaster *(Aster sedifolius 'Nanus')*
⑦ Felsenbirne *(Amelanchier laevis)*
⑧ Bodendecker: Teppich-Sedum *(Sedum spurium 'Purpurteppich')*
⑨ Schneeheide *(Erica carnea 'Winterbeauty')*
⑩ Schneeheide *(Erica carnea 'Atrorubra')*

Heidepflanzung im September: Zwischen Perlkörbchen (vorne) und Pontischem Wermut *(Artemisia pontica)* blüht die rosa Fetthenne *(Sedum spectabile* 'Brillant'). Am Rand: Schafschwingel *(Festuca ovina).*

An Laubgehölzen ist die Felsenbirne *(Amelanchier)* zu nennen, die sich im Herbst prächtig feuerrot färbt. Hübsch nimmt sich in dieser Gemeinschaft die nur 60–90 cm hohe Wildrose *Rosa nitida* aus, die im Juni/Juli hellrosa blüht. Im Herbst färbt sie sich orangerot und sieht ganz bezaubernd auf dunkelgrünem Untergrund (z. B. *Erica carnea*) aus. Weithin leuchtende Farbtupfen bringt die kriechende Form des Fünffingerstrauches *(Potentilla fruticosa* 'Arbuscula') in unsere Heidelandschaft. Von Ende Mai bis tief in den Herbst hinein blüht diese Art unentwegt. Auch die Perowskie *(Perovskia abrotanoides)* dürfen wir nicht vergessen. Dieses Gehölz (Höhe: 100–130 cm) blüht bis in den Oktober hinein lila. Das Laub ist silbrig gefiedert.

Schneeheide *(Erica carnea)*
Blütezeit: Dezember–März; Höhe: 15–30 cm (je nach Sorte).

Sie ist eigentlich keine Staude, sondern ein reizendes Zwerggehölz. Das ganze Jahr über sieht sie gepflegt aus. Für unsere Heide-Ecke ist *E. carnea* in Verbindung mit anderen hier genannten Stauden einfach unentbehrlich. Die Urform wächst in den Alpen, hat also mit einer Lüneburger Heidelandschaft gar nichts zu tun. Aber warum sollten wir nicht ein wenig mogeln? Hauptsache, es entsteht eine Pflanzengemeinschaft, die an Heide erinnert und deren einzelne Arten im Aussehen und in ihren Ansprüchen zusammenpassen. Auf Grund ihrer Herkunft kann die Schneeheide etwas kalkhal-

Sonnenstauden

Wertvolle Sorten von *Erica*:

Name	Blattfärbung	Höhe	Blütezeit	Farbe/Bemerkungen
'Winterbeauty'	dunkelgrün	15 cm	Dez.–März	dunkelrosa, überaus reich blühend
'Vivelli'	braun, im Winter rotbraun	15 cm	Jan.–März	leuchtend karminrot
'Springwood'	hellgrün	30 cm	Jan.–März	weiß, starkwachsend

tigen Boden vertragen, der mit Rohhumus (Waldboden) oder Torfmull durchsetzt sein soll. Das Heidekraut *(Calluna vulgaris)*, auch Herbst- oder Besenheide genannt, wie wir es von der Lüneburger Heide her in Erinnerung haben, liebt dagegen einen kalkarmen, also sauren, sandigen Boden und paßt deshalb nicht in die hier vorgestellte Pflanzgemeinschaft.

Die Schneeheide ist recht winterhart. Bei Barfrösten kann es allerdings zu Schäden kommen. Wir brauchen sie dann nur zurückzuschneiden, um einen neuen Austrieb anzuregen. Wenn nach einigen Jahren die Zweige zu lang werden, schneiden wir ebenfalls nach der Blüte, aber noch vor dem neuen Austrieb, bis auf Handbreite über den Boden zurück.

Rosmarinseidelbast, Heideseidelbast *(Daphne cneorum)*

Blütezeit: April/Mai; Höhe: 10–30 cm.

Bei diesem immergrünen, kleinen Zwergstrauch sitzen die herrlich duftenden, karminrosa Blütendolden über den kleinen, dunkelgrünen Blättern. Sehr reich blühend.

Bergkamille *(Anthemis biebersteiniana)*

Blütezeit: Mai/Juni; Höhe: 20 cm.

Die silbergrauen, feinzerteilten Blätter sind bei dieser Staude seidig behaart. Es bilden sich schöne Polster, deren Wuchs allerdings nach Jahren zu wünschen übrig läßt. Die Blütenfarbe ist goldgelb. Vermehrung durch Teilung und Aussaat.

Riesenkatzenpfötchen *(Anaphalis triplinervis)*

Blütezeit: August/September; Höhe: 30 cm.

Ein anderer deutscher Name ist Perlkörbchen. Es sieht dem Katzenpfötchen *(Antennaria)* recht ähnlich, ist aber wesentlich höher. Die silbrig behaarten Blätter sind sehr zierlich. Die Blütenköpfchen sind weiß. Sorten: 'Sommerschnee', 25 cm, blüht bereits ab Juli, und 'Silberregen', 50 cm, spätblühend im September/Oktober. Vermehrung durch Teilung und Aussaat.

Wild-Zwergaster *(Aster sedifolius 'Nanus')*

Blütezeit: August–Oktober; Höhe: 25–30 cm.

Eine hübsche Aster für den Heidegarten! Diese zierliche Form blüht überaus reich. Gut

Bergkamille

sieht es aus, wenn sich im herbstlichen Garten zu dem lichten Blau dieser Aster das üppige Gelb von *Potentilla fruticosa* 'Arbuscula' sowie rote Farbtöne gesellen (z. B. *Berberis thunbergii* 'Atropurpurea Nana', *Amelanchier laevis* oder bodenbedeckende Stauden wie *Sedum spurium* 'Purpurteppich'). Vermehrung durch Teilung und Stecklinge.

Edelraute *(Artemisia)*
Höhe: 20–70 cm (je nach Art verschieden).

Mit ihrem silbergrauen Laub bringen verschiedene *Artemisia*-Arten interessante Farbkontraste in die Pflanzung. Die Blüten sind dagegen unscheinbar. Vermehrung durch Teilung.
A. schmidtiana 'Nana'
Wird nur 20–25 cm hoch. Das feingeteilte Laub ist leuchtend silbrig.
A. stelleriana
Erreicht eine Höhe von 40 cm und hat weißfilzige Blätter. Der Boden muß durchlässig sein, denn Winternässe wird schlecht vertragen.
A. albula 'Silver Queen'
Wird 70 cm hoch. Die Blätter sind silbergrau.

Goldrute *(Solidago caesia)*
Blütezeit: September/Oktober; Höhe: 60 cm.

Diese Art unterscheidet sich wesentlich von den für das Prachtstaudenbeet geeigneten Goldruten-Sorten. Die Pflanzen sind sehr zierlich, die Triebe bogig überhängend. Die gelben Blüten sitzen in kleinen Büscheln in den Blattachseln. Vermehrung durch Teilung.

Bodendeckende Stauden für die Heide-Ecke

Katzenpfötchen *(Antennaria)*
Blütezeit: Juni/Juli; Höhe: 5–20 cm (je nach Art).

Zur Bedeckung des Bodens ist dieser weißfilzige Teppichbildner bestens geeignet.

Wild-Glattaster *(A. laevis)* und Goldrute *(S. caesia)*.

A. dioica
Kriecht ganz flach am Boden (Höhe: 2–3 cm) und blüht weißlich-rosa. Die silbrigen Blättchen bilden eine Farbfläche, neben der sich andere Pflanzen gut abheben.
A. dioica 'Rubra'
Mit etwa 10 cm hohen, roten Blüten.
A. tomentosa
Im Aussehen ähnlich; weißliche Blüten. Bildet dichten, flachen Teppich.
A. parvifolia (syn. *A. aprica*)
Stärkerwachsend, bildet silbergraue Polster (10–15 cm hoch), Blütenköpfchen weiß.

Katzenpfötchen *(A. dioica,* dahinter *A. aprica)*.

Sonnenstauden

Fetthenne *(Sedum)*
Blütezeit und Höhe: je nach Art verschieden.

Aus der großen Zahl von Arten sollen hier nur einige genannt werden, die sich für unsere Heide-Ecke besonders eignen. Sehr wertvoll ist das Teppich-Sedum *(S. spurium)*. Es wächst leicht, ist sehr ausdauernd und wintergrün. Auch im Halbschatten läßt sich diese anspruchslose Art gut verwenden. Der je nach Sorte grüne oder rote Teppich wird nur 5 cm hoch, die Blüten im Juni/Juli erreichen eine Höhe von 15 cm.

Wertvolle Sorten:

Name	Blattfärbung	Blütenfarbe
'Coccineum'	rot	rot
'Fuldaglut'	dunkelrot	rot
'Purpurteppich'	dunkelpurpurrot	dunkelkarmin
'Schorbuser Blut'	bräunlich	rot
'Album Superbum'	frischgrün	weiß (blüht nur selten)

Eine weitere wertvolle Art ist *S. floriferum* 'Weihenstephaner Gold'. Die Blätter sind dunkelgrün und sehen das ganze Jahr über sauber aus. Höhe: etwa 20 cm. Im Juni bis August reichblühend, goldgelb.
Wesentlich höher werden *S. spectabile* und *S. telephium*. Im Gegensatz zu den vorhin genannten eignen sie sich nicht, um den Boden zu bedecken. Wir pflanzen sie vielmehr einzeln oder in kleinen Gruppen. Blütezeit August/September. Beide Arten lieben kräftigen Boden. Hübsche Sorten von *S. spectabile* sind 'Brillant', 'Carmen', 'Meteor' und 'Rosenteller', alle dunkelrosa.
Von *S. telephium* ist die Sorte 'Herbstfreude' sehr zu empfehlen. Sie wächst buschig und straff aufrecht (Höhe: 50 cm). Die bräunlichroten, flach gewölbten Blüten sehen auch den ganzen Winter über gut aus. Also erst im Frühjahr abschneiden! Wegen der hübschen Gestalt und Blüte läßt sich dieses *Sedum* auch in die Prachtstaudenpflanzung einfügen.

Selbst Treppenfugen genügen dem Wolligen Ziest.

Wolliger Ziest *(Stachys byzantina, syn. S. lanata)*
Blütezeit: Juni/Juli; Höhe: 30 cm.

Eine genügsame, kriechende Staude mit dicken, weißfilzigen Blättern, die sich gut zur Bodenbedeckung auch in extrem trockener Lage eignet. Sie kriecht flach dahin, nur die Blütenquirle werden an die 30 cm hoch. Im Abblühen sehen die Pflanzen unschön aus. Blüten darum rechtzeitig abschneiden! Die Sorten 'Silver Carpet' und 'Sheila McQueen' blühen kaum. Vermehrung erfolgt durch Teilung.

Habichtskraut *(Hieracium × rubrum)*
Blütezeit: Juni–August; Höhe: 10–20 cm.

Diese Art bildet keine so starken Ausläufer wie andere und läßt sich deshalb auch in kleineren Pflanzungen noch gut verwenden. Sie bedeckt den Boden und sieht mit den kleinen, leuchtend orangeroten Blüten hübsch aus. Eine gute Wirkung ergibt sich, wenn wir blauen Lein oder niedrige Gräser in diesen Teppich pflanzen oder das Habichtskraut mit andersfarbig blühenden Sonnenröschen *(Helianthemum)* kombinieren. Die Vermehrung durch Abnahme von Ausläufern und durch Teilung ist denkbar einfach.

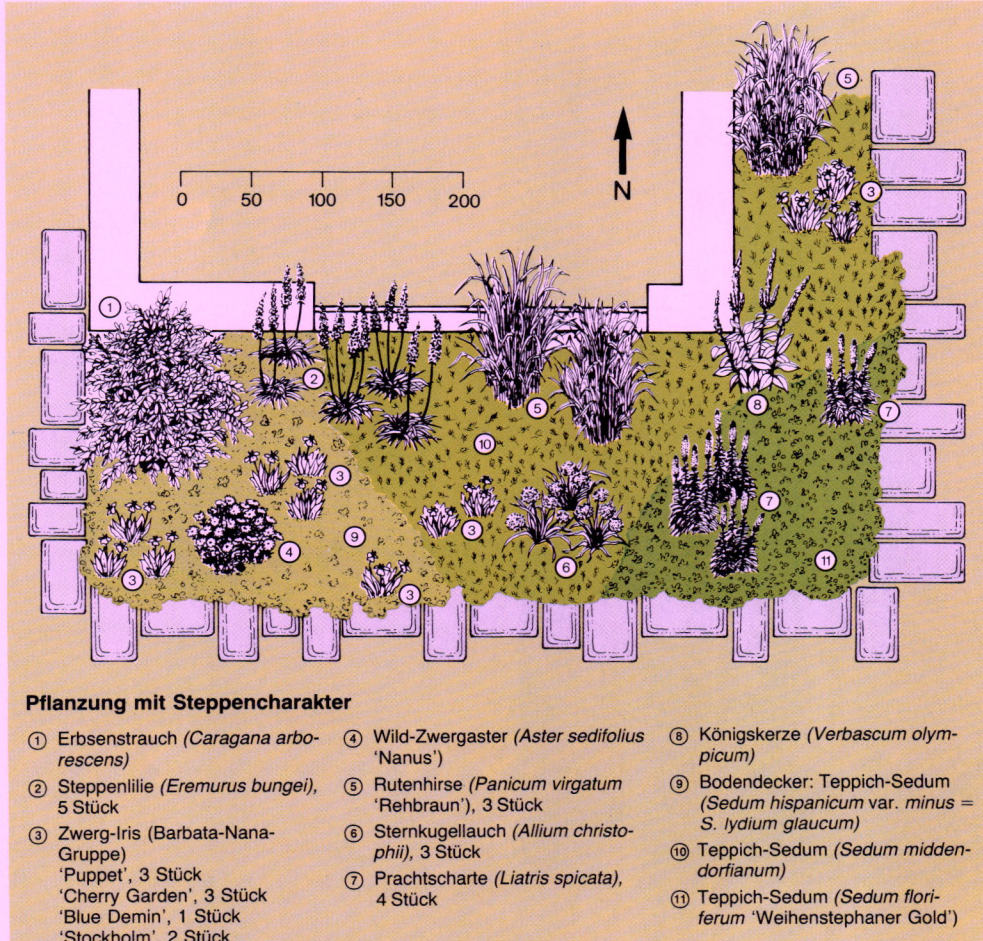

Pflanzung mit Steppencharakter

① Erbsenstrauch (Caragana arborescens)
② Steppenlilie (Eremurus bungei), 5 Stück
③ Zwerg-Iris (Barbata-Nana-Gruppe)
   'Puppet', 3 Stück
   'Cherry Garden', 3 Stück
   'Blue Demin', 1 Stück
   'Stockholm', 2 Stück
   'Tinker Bell', 3 Stück
④ Wild-Zwergaster (Aster sedifolius 'Nanus')
⑤ Rutenhirse (Panicum virgatum 'Rehbraun'), 3 Stück
⑥ Sternkugellauch (Allium christophii), 3 Stück
⑦ Prachtscharte (Liatris spicata), 4 Stück
⑧ Königskerze (Verbascum olympicum)
⑨ Bodendecker: Teppich-Sedum (Sedum hispanicum var. minus = S. lydium glaucum)
⑩ Teppich-Sedum (Sedum middendorfianum)
⑪ Teppich-Sedum (Sedum floriferum 'Weihenstephaner Gold')

Zwanzig Quadratmeter Steppe

Die Stauden dieser Pflanzgemeinschaft sind nicht laut in den Farben. Es gibt allerdings prächtige Gestalten darunter, wenn wir an die Steppenlilie, Palmlilie (Yucca – siehe S. 174) und das Pampasgras denken. Um den Eindruck der Weite zu erreichen, ist es wichtig, aus einem großflächigen Teppich von Bodendeckern nur einige kleine Gruppen oder einzelstehende höhere Arten herausragen zu lassen.

Was wäre die Steppe ohne Gräser! Bezaubernd sehen die verschiedenen Federgras-Arten aus, wenn ihre langen Grannen im Wind spielen. Der Blaustrahlhafer, Atlasschwingel und das Lampenputzergras lassen sich in Verbindung mit den noch näher beschriebenen Stauden verwenden. Das Sandrohr, die Hirse, das Silberfahnengras und das Pfeifengras passen in diese Gemeinschaft. Die Krönung der ganzen Steppenpflanzung sind dann im Spätherbst die weithin silbrig leuchtenden Federbüsche des Pampasgrases. Es wäre natürlich verfehlt, all die hier genannten Gräser in eine kleine Steppenpflanzung bringen zu wollen.

Adonisröschen

Küchenschelle

Kugelwolfsmilch

Der persönliche Geschmack eines jeden Gartenfreundes muß hier entscheiden, welche Arten er besonders liebt, denn »in der Beschränkung zeigt sich erst der Meister«!
An Gehölzen eignen sich für diese Gemeinschaft die Felsenbirne *(Amelanchier)*, die Pfaffenhütchen-Art *Euonymus planipes* mit prächtig roter Herbstfärbung und die Strauchmispel *Cotoneaster divancatus* u. a.
Im Frühjahr dürfen auf keinen Fall die Wildtulpen in der Steppenpflanzung fehlen. Einige besonders hübsche, aber weithin unbekannte Arten sind *Tulipa whittalli, Tulipa sylvestris, Tulipa acuminata* und *Tulipa marjolettii*.

Adonisröschen *(Adonis vernalis)*
Blütezeit: April/Mai; Höhe: 20 cm.

Es gehört zu den Stauden, die möglichst ungestört an ihrem Platz bleiben wollen. Die sehr großen, goldgelben Blüten stehen über feinem, zierlichem Laub. Vermehrung: Teilung nach der Blüte oder Aussaat sofort nach der Ernte. Die Sämlinge wachsen langsam heran.

Küchenschelle *(Pulsatilla vulgaris)*
Blütezeit: April/Mai; Höhe: 20 cm.

Eine bekannte niedrige Pflanze, die Sonne, Trockenheit und kalkhaltigen Boden liebt. Die Blätter entwickeln sich erst nach den violetten Blüten, die im Frühling mit ihren gelben Staubfäden entzückend aussehen. Bezaubernd sind vor allem auch die federigen Fruchtstände. Von den Staudengärtnereien werden auch weiße, rosa und rote Formen angeboten. Vermehrung durch Aussaat und Teilung.

Kugelwolfsmilch *(Euphorbia polychroma)*
Blütezeit: April/Mai; Höhe: 40 cm.

Wegen der leuchtendgelben Färbung im April/Mai wird sie auch Goldwolfsmilch genannt.

Sonnenstauden

Die kugeligen Büsche sehen sehr interessant aus und fallen bereits aus der Ferne auf. Gute Farbwirkungen lassen sich erzielen, wenn wir diese Wolfsmilch mit Stauden zusammenpflanzen, die zur gleichen Zeit blau oder rot blühen. Auch blaue Gräser *(Festuca glauca)*, oder die stahlblauen Polster einiger Nelken *(Dianthus gratianopolitanus* 'Nordstjernen') passen gut zu ihr. Aber nicht nur in der »Steppe« können wir diese Staude gut verwenden, sie ist auch für die Trockenmauer, für die Prachtstaudenpflanzung, zusammen mit kleinen, dunkelgrünen Nadelgehölzen und einzelstehend geeignet. Auch Halbschatten kann die Kugelwolfsmilch vertragen. So habe ich einmal diese gelbe Wolfsmilch mit dem rotblättrigen Japanischen Fächerahorn und dem blaublühenden Kaukasus-Vergißmeinnicht an absonniger Stelle zusammengepflanzt. Die Farbwirkung war erstaunlich.

Die Kugelwolfsmilch wird durch Teilung, Aussaat oder Stecklinge vermehrt.

Pfingstrose *(Paeonia tenuifolia).*

Pfingstrose *(Paeonia tenuifolia)*
Blütezeit: April/Mai; Höhe: 40 cm

Die Art *P. tenuifolia* paßt wegen ihrer geschlitzten, feinen Blätter gut in das Steppenmilieu. Sie blüht feuerrot. Kultur siehe S. 75.

Zwerg-Schwertlilie (Barbata-Nana-Gruppe).

Wie eine elegante Wildform wirkt die 50 cm hohe Iris 'Charlie Brown' inmitten einiger Horste von Gletscherschwingel *(Festuca glacialis).*

Zwerg-Schwertlilie, Zwerg-Bartiris *(Iris germanica, Barbata-Nana-Gruppe)*
Blütezeit: April/Mai; Höhe: 15–30 cm.

Die verschiedenen Sorten der Niedrigen Bartiris passen ausgezeichnet in unsere Steppenpflanzung. Kultur, Vermehrung usw. wie bei der Hohen Bartiris auf S. 107.

Es gibt heute auch wertvolle Sorten der Mittelhohen Bartiris *(Iris germanica,* Barbata-Media-Gruppe). Sie erreichen eine Höhe von 30–60 cm, blühen im Mai und lassen sich ebenfalls in die Steppenpflanzung oder in eine Irisfläche mit einbeziehen. Mehr über Neuzüchtungen kann in Katalogen nachgelesen werden.

Sonnenstauden

Wertvolle Sorten von Zwergiris:

Name	Höhe	Farbe/Bemerkungen
'Blue Demin'	30 cm	hellblau, weißer Bart, langblühend
'Tinker Bell'	30 cm	kräftig hellblau, sehr wüchsig und reichblühend
'Coerulea'	20 cm	himmelblau
'Puppet'	25 cm	lavendelblau mit braunem Bart
'Cyanea'	15 cm	violettblau
'Little Sunbeem'	15 cm	zitronengelb, sehr reichblühend
'Stockholm'	35 cm	klares Hellgelb mit blauem Bart
'Path of Gold'	20 cm	goldgelb
'Goblin'	15 cm	grünlich-goldgelb
'Orange Caper'	30 cm	orangegelb
'Cherry Garden'	30 cm	weinrot
'Fairy Ballet'	30 cm	orchideenweinrot
'Jerry Rubin'	30 cm	rubinrot
'Gingerbread Man'	30 cm	braun mit Goldbronze
'Little Buccaneer'	20 cm	dunkles Kastanienbraun
'Bright White'	15 cm	schneeweiß
'Die Braut'	25 cm	weiß
'Cotton Blossom'	25 cm	elfenbeinweiß
'Dale Denis'	35 cm	weiß, rosa Rand
'Knick Knack'	20 cm	weiß mit blauem Rand

Kreuzkraut *(Senecio adonidifolius)*

Blütezeit: Juni/Juli; Höhe: 30–40 cm.

Eine sehr anspruchslose, kaum bekannte Staude. Die zierlichen Blätter bleiben bis in den Winter hinein dunkelgrün. Sehr reichblühend (hellgelb)!
Während der Blütezeit geht es auf den Pflanzen lebhaft zu. Bienen, Schmetterlinge und andere Insekten tummeln sich in einer Zahl, wie mir dies von keiner anderen Pflanze her bekannt ist. Ähnlich wirkt die goldgelb blühende Art *S. abrotanifolius*. Vermehrung durch Teilung und Stecklinge.

Zierlauch *(Allium)*

Blütezeit und Höhe: je nach Art verschieden.

Eine recht anspruchslose Staude, von der es interessante Arten gibt. Mit diesen lassen sich der Steppenpflanzung einige i-Tüpfelchen aufsetzen. Sonne ist die Voraussetzung für ein gutes Gedeihen. Die hier genannten winterharten Arten ziehen sofort nach der Blüte ein. Die Zwiebeln werden im Frühjahr gepflanzt. Die Vermehrung erfolgt durch Brutzwiebeln und Aussaat.

Blauzungenlauch (A. karataviense)
Blütezeit: Mai; Höhe: 20 cm.
Die Blätter sind breit und stahlblau. Die großen lila-rosa Kugeln stehen auf sehr kurzem Stiel und sind auch noch später im Fruchtzustand eine Zierde.

Sternkugellauch (A. christophii, syn. A. albopilosum)
Blütezeit: Juni/Juli, Höhe: 30–40 cm
Die Blätter sind oberseits blaugrün. Die lilafarbenen, großen Blütenkugeln stehen auf kräftigen Stielen.

Riesenlauch (A. giganteum)
Blütezeit: Juni/Juli; Höhe: 120 cm und mehr.
Die sehr großen, violettblauen Blütenkugeln stehen auf festen Stielen. Möglichst Winterschutz (Fichtenzweige) geben!

Sternkugellauch *(Allium christophii)*.

Die violettblauen Blütenkugeln des Riesenlauchs *(Allium giganteum)* beherrschen zusammen mit den kanariengelben Kerzen der Steppenlilie diese Steppenpflanzung im Juni/Juli.

Stiellauch *(A. stipitatum)*
Blütezeit: Juni/Juli; Höhe: 100 cm
Auf hohen Stengeln stehen große, lila-rosa Blütenkugeln; winterhart.

Roter Hängelauch *(A. cirrhosum,* syn. *A. pulchellum)*
Blütezeit: Juli/August; Höhe: 40 cm.
Lilarote Blüten hängen in reicher Fülle an den Stielen.

Steppenlilie, Lilienschweif *(Eremurus)*
Blütezeit: Juni/Juli; Höhe: 100–200 cm (je nach Art).

Bereits der Name Steppenlilie oder Steppenkerze sagt uns, wo diese fremdartige Schönheit zu Hause ist. Sie ist auch unter der Bezeichnung Lilienschweif bekannt.
Wir pflanzen sie im Sommer oder Herbst, denn bereits im zeitigen Frühjahr beginnt diese auffallende Staude mit grünen Köpfen aus dem Boden zu treiben. Aber erschrecken Sie nicht, wenn Sie das Paket mit der Bestellung öffnen: es enthält keine riesigen Seesterne oder gar Polypen mit Fangarmen, sondern tatsächlich nur die fleischigen Wurzelstöcke der Steppenlilie. Dies wäre die erste Überraschung; die zweite folgt im nächsten Sommer, zur Blütezeit.
Wir pflanzen diese eigenartigen Wurzelstöcke nur 15–20 cm tief. Der Boden muß durchlässig sein. Also Sand beimischen! Guter Wasserabzug ist erforderlich. Auf schweren Böden bringen wir deshalb in 20–30 cm Tiefe eine Schotterschicht ein und geben darüber noch 3–5 cm hoch Sand. Auf diese Sandschicht werden die Wurzeln flach ausgebreitet und mit lockerer Erde bedeckt. Der junge Austrieb wird in Frostnächten mit Fichtenreisig, einem Blumentopf oder Pappkarton abgedeckt. Vor allem kalte Mainächte können schaden.
Wie riesige Spargelstangen schieben sich die Triebe aus dem Boden und entfalten sich rasch zu mächtigen Blattschöpfen. Bald danach, im Juni/Juli, können wir dann die exotisch anmu-

Sonnenstauden

tenden Blütenkerzen bewundern. Prachtvoll und einmalig schön! In Verbindung mit den anderen in diesem Abschnitt genannten Stauden bietet sich uns ein Steppenbild von eigenartigem Reiz.

Wir können Steppenkerzen aber auch auf das Prachtstaudenbeet pflanzen. Vor allem die 'Shelford Hybriden' und *E. bungei* passen in ihren gelben Farbtönen und den schlanken Kerzen gut zu blauem Rittersporn, zu Türkischem Mohn, Feinstrahl oder weißen, rosa und roten Pfingstrosen.

Nach einer kurzen Vegetationsdauer von drei Monaten ziehen sich die Steppenlilien wieder in den Boden zurück und bereiten dort die prächtigen Blütenkerzen für das kommende Jahr vor. Da wir in unserer Steppenpflanzung sehr viel mit Bodendeckern arbeiten, werden diese Kahlstellen kaum sichtbar.

Vermehrung: Ältere Pflanzen lassen sich im August vorsichtig teilen. Ausgesät werden Steppenlilien gleich nach der Samenernte, doch dauert es gut fünf Jahre, bis sie wirklich zum Blühen kommen.

Wertvolle Arten:
Eremurus robustus
Diese höchste Art – auch als Kleopatranadel bezeichnet – entwickelt im Juni/Juli bis 2,5 m hohe, hellrosa Blütenkerzen, die weiß verblühen. Sie hat graugrüne Blätter und ist frühblühend. Eine imposante Steppenkerze!
E. himalaicus
Mit grünen Blättern und weißen Blüten. Höhe etwa 1,20 m, Blütezeit Juni.
E. bungei
Wird 0,80–1,50 m hoch und sieht mit ihren schlanken, kanariengelben Blütenkerzen mit orangefarbenen Staubfäden bildhübsch aus. Blütezeit: Juni/Juli.
E. × isabellinus 'Shelford-Hybriden'
Sie werden 1–1,50 m hoch und blühen in verschiedenen Farben wie weiß, gelb, hell- und dunkelrosa, hell- oder dunkelorange; bei den 'Ruiter-Hybriden' noch größeres Farbspiel.

Ungewöhnlich und von eigener Schönheit zeigt sich die Steppenlilie bereits beim Austrieb. Ebenso ungewöhnlich ist der seesternähnliche Wurzelstock.

Königskerze *(Verbascum)*
Blütezeit: Juni–August;
Höhe: je nach Art verschieden.

Die meisten Arten sind nur zweijährig, samen sich aber selbst aus. Sie lieben leichten, durchlässigen Boden, sind also denkbar anspruchslos. Wir finden Königskerzen auf Bahndämmen und Schutthalden. Die höheren Arten wirken sehr dekorativ und sollten deshalb nur einzeln oder in kleinen Gruppen gepflanzt werden. Wenn wir nur kleinere Flächen mit Steppencharakter zu gestalten beabsichtigen, sollten wir uns besser auf die nachstehend

Königskerzen samen sich von selbst aus.

Die Prachtscharte wird gerne von Bienen beflogen.

genannten niedrigen Arten beschränken. Höhere Arten, die sich ebenfalls für die Steppenpflanzung eignen, siehe S. 172. Die Vermehrung kann durch Samen, Wurzelschnittlinge oder Wegnehmen der Nebenrosetten erfolgen.

Niedrige Arten:
V. phoeniceum
Höhe 60 cm, dunkelgrüne Blätter, violette Blüten.
Verbascum-Hybride 'Cotswold Queen'
Höhe 80–130 cm, Blüten bernsteinfarben-bronze getönt, hellila Staubfäden.
'Pink Domino'
Höhe 100 cm, rosa Blüten.

Prachtscharte *(Liatris spicata)*
Blütezeit: Juli–Oktober; Höhe 80 cm.

Eine eigenartige Staude, die gut in unsere Pflanzung mit Steppencharakter paßt. Über grasartigen Blattschöpfen stehen lila Blütenkolben, die interessanterweise von oben nach unten aufblühen. Starker Bienenbeflug! Die Sorte 'Kobold' wird nur 40 cm hoch. Leider ist der knollige Wurzelstock ein Leckerbissen für Wühlmäuse. Besondere Ansprüche stellt die Prachtscharte nicht, der Boden darf nur im Winter nicht zu naß sein. Vermehrung der Sorten durch Teilung, sonst auch durch Aussaat.

Goldaster *(Aster linosyris)*
Blütezeit: August/September; Höhe 30–60 cm.

Eine Astern-Wildform mit nadelförmigen Blättern und eine Unmenge goldgelber Blüten. Der Wuchs der Pflanzen ist straff aufrecht. Die einzelnen Büsche bekommen nahezu 1 m Durchmesser. Vermehrung durch Teilung und Aussaat.

Niedrige Stauden, die sich gut zur Bodenbedeckung in der Steppenpflanzung eignen

Wolliger Ziest *(Stachys byzantina, syn. S. lanata)*
Blütezeit: Juni/Juli; Höhe: 30 cm.

Blätter flach am Boden. Siehe S. 34.

Aus einem Teppich von grauem Ehrenpreis, goldbuntem Thymian (*Thymus citriodorus* 'Golden Dwarf') und rosa Grasnelke *(Armeria maritima)* leuchten an diesem sonnigen, trockenen Platz blaue Alpenastern.

Ehrenpreis *(Veronica incana)*
Blütezeit: Juni/Juli; Höhe: 30 cm.

Bei Verwendung in der Steppenpflanzung geht es uns bei dieser Art nicht so sehr um die dunkelblauen Blüten, die in zierlichen Kerzen zusammengefaßt sind. Interessant sind in diesem Zusammenhang vielmehr die silberweißen bis graufilzigen Blattrosetten, mit denen sich eine farblich wirkungsvolle Bodenbedeckung erzielen läßt. Lockerer, sandiger Boden sagt dieser Staude besonders zu. Vermehrung durch Teilung und Aussaat.

Habichtskraut *(Hieracium × rubrum)*
Blütezeit: Juni–August; Höhe: 10–20 cm.

Siehe S. 34.

Heidenelke *(Dianthus deltoides)*
Blütezeit: Juni–August; Höhe: 10–15 cm.

Die sehr zierlichen Pflanzen schmiegen sich dem Boden dicht an. Wertvoll sind die Sorten 'Brillant' mit glänzend grünen Blättern und zierlichen, leuchtend dunkelroten Blüten, und 'Splendens' mit karminroten Blüten. Die Sorte 'Albus' blüht weiß. Die Vermehrung erfolgt durch Selbstaussaat.

Thymian *(Thymus)*
Blütezeit: je nach Art verschieden; Höhe: 5–15 cm.

Ein wertvoller Bodendecker für trockene und magere Stellen. Die Blättchen duften sehr aromatisch. Vermehrung durch Teilung. Folgende Arten sind für unsere Zwecke geeignet:
Th. serpyllum
Bildet einen dichten, nur wenige Zentimeter hohen Teppich. Von Juli bis September wird die Fläche von den kleinen rosa Blüten bedeckt. Die Form 'Coccineus Major' bildet dunkelgrüne, dichte Rasen; Blüte tiefkarminrot.
Th. dörfleri 'Bressingham Seedling'
Sehr üppige, kompakte Polster; im Mai/Juni mit reinrosa Blüten überschüttet.
Th. × citriodorus 'Golden Dwarf'
Bildet hervorragende goldbunte Teppiche, die sehr ausdauernd sind. Wird die Pflanzung nach Jahren lückig, so läßt sich durch Rückschnitt ein neuer Austrieb erzielen.

Blühen im Verborgenen – Schattenstauden

Es geht hier um Stauden, die sich im Halbschatten, ja sogar im Schatten wohlfühlen. Oft sind Gartenliebhaber der Meinung, daß an solchen Stellen überhaupt nichts mehr wächst. Das Gegenteil ist der Fall, ja ich möchte sogar behaupten, daß sich gerade im schattigen Bereich besonders hübsche Pflanzungen zusammenstellen lassen. Die einzelnen Arten blühen zwar nicht so laut wie die Prachtstauden. Dafür geht es uns mit ihnen wie mit bescheidenen, zurückhaltenden Menschen: Je länger wir sie kennen, um so lieber gewinnen wir sie.

Der besseren Übersicht halber soll das Thema unterteilt werden in die Abschnitte »Fröhlich leuchtend«, »Bodendecker« und »Farne«. Was unter den zuletzt genannten Begriffen zu verstehen ist, bedarf wohl keiner Erklärung. Unter »Fröhlich leuchtend« werden züchterisch beeinflußte Stauden besprochen und auch Wildstauden, die aber nicht weniger hübsch sind. Erstere stellen höhere Pflegeansprüche, ähnlich den Prachtstauden. Sie eignen sich auch gut für Rabatten im leichten Schatten.

Zu den Wildstauden für den schattigen Bereich zählen Elfenblume, Salomonssiegel, Waldgeißbart, Dreiblatt, Silberkerze, Wiesenraute, Farne und viele andere.

Den Prachtstauden stehen besonders nahe die großblumigen, farbenfrohen Formen von Kissenprimel, Schlüsselblume, Teppichprimel, Akelei, Gemswurz oder Gelbe Frühlingsmargerite, Nelkenwurz, Purpurglöckchen, Astilben, Eisenhut, Herbstanemonen und Funkien.

Die Pflanzen beider Gruppen können kombiniert werden, Bodendecker müssen dann allerdings wegen der bei Beetstauden nötigen Bodenbearbeitung weitgehend ausscheiden. Pflanzen wir dagegen nur Wildstauden, so stellen die anspruchslosen Bodendecker geradezu das Salz in der Suppe dar.

Die meisten Stauden, die für die Bepflanzung schattiger Stellen in Frage kommen, sind Wildstauden, d. h. es sind die unverändert aus der Natur übernommenen Arten.

Im Hausschatten, also etwa an der Nordseite, lassen sich die meisten der hier genannten

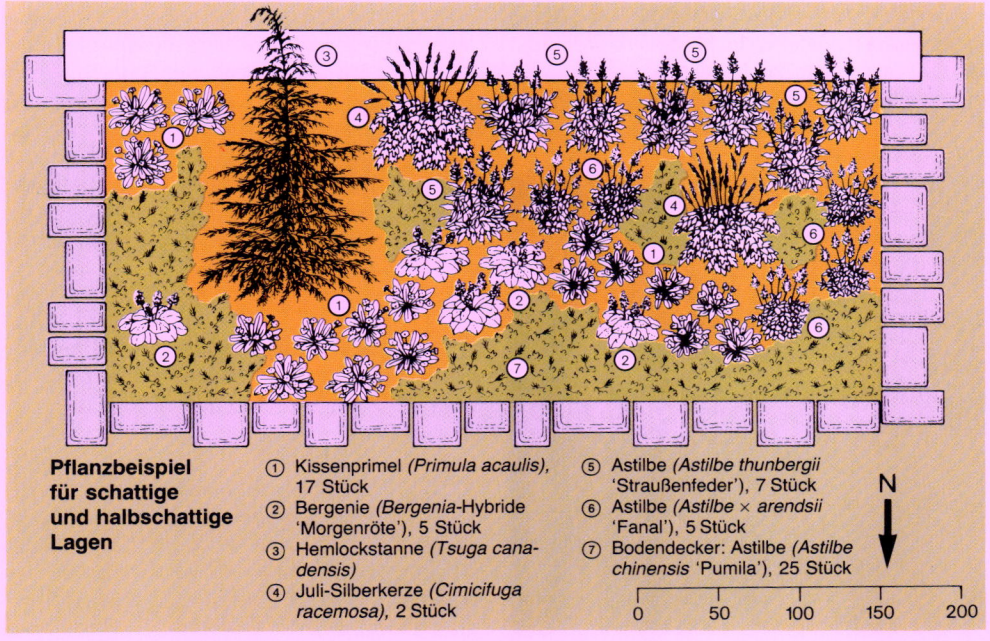

Pflanzbeispiel für schattige und halbschattige Lagen

① Kissenprimel *(Primula acaulis)*, 17 Stück
② Bergenie *(Bergenia-Hybride 'Morgenröte')*, 5 Stück
③ Hemlocktanne *(Tsuga canadensis)*
④ Juli-Silberkerze *(Cimicifuga racemosa)*, 2 Stück
⑤ Astilbe *(Astilbe thunbergii 'Straußenfeder')*, 7 Stück
⑥ Astilbe *(Astilbe × arendsii 'Fanal')*, 5 Stück
⑦ Bodendecker: Astilbe *(Astilbe chinensis 'Pumila')*, 25 Stück

Schattenstauden

Stauden verwenden. Schwieriger wird es an Gehölzrändern oder zwischen Gehölzen. Hier kommt zum Schatten noch die Wurzelkonkurrenz hinzu. Aber Primeln, Frühlings- und Herbstanemonen, Elfenblume, Akelei, Bergenien, Silberkerzen, Geißbart und viele Bodendecker wachsen auch hier. Empfindlich gegen Wurzeldruck sind besonders die züchterisch stark beeinflußten Astilben. Die Blätter werden im Sommer welk und dürr.

Auch unter Bäumen und Sträuchern lassen sich viele Wildstauden ansiedeln. Die Wurzeln alter Baumriesen dürfen allerdings nicht das ganze Erdreich durchziehen und so sehr an der Oberfläche liegen, daß es unmöglich ist, mit dem Spaten zu graben. Im tiefen Schatten von Fichten oder im Wurzelfilz älterer Birken gedeiht kaum etwas.

Unter Laubbäumen, die nicht zu flach wurzeln, können wir mit Erfolg Vorfrühlingsblüher pflanzen. Sie erreichen ihren Höhepunkt, wenn die Bäume noch ohne Laub sind, und ziehen anschließend ein. Zu nennen wären Schneeglöckchen, Winterling, Wildkrokus, Blausternchen, Traubenhyazinthen, Anemonen u. a. Von den Zwiebelgewächsen fühlen sich an lichten Stellen auch der Türkenbund und die im Mai blühende *Scilla hispanica* wohl. Hübsch ist auch die im April blühende Schachbrettblume *(Fritillaria meleagris)*, die etwas feuchten Boden braucht.

Auch zwischen älteren Sträuchern lassen sich schattenliebende Stauden gruppieren. Zu dicht darf aber das Gestrüpp nicht sein. Wir lichten deshalb erst einmal aus und entfernen zu eng stehende Sträucher ganz. Dann lockern wir den Boden, wobei reichlich Kompost eingebracht wird. Es läßt sich dabei nicht vermeiden, daß hin und wieder auch eine Wurzel abgestochen wird. Doch das überstehen die Sträucher.

Bei den höheren Stauden müssen wir die charakteristischen Wuchseigenschaften berücksichtigen. Waldgeißbart, Silberkerzen, Schaublatt, Herbstanemonen u. a. gehen stark in die Breite. Also nicht zu dicht pflanzen! Der Boden zwischen diesen hohen Arten wird mit flachwachsenden Stauden bedeckt. Dabei entscheiden wir uns bei einer kleineren Fläche am besten für nur eine Art. Vielerlei wirkt nur unruhig! Von den Sträuchern ausgehend legen wir zwischen die Bodendecker reichlich Vorfrühlingsblüher.

Bei der Pflanzung im Schattenbereich sollten auch einige Gräser nicht vergessen werden. Sehr hübsch und zierlich ist die Rasenschmiele, und zwar sowohl in der Blüte als auch vorher und nachher. Apart wirkt auch die große Waldsegge. Beide können verstreut, einzeln oder in kleinen Gruppen gepflanzt werden. Dicht an die Bäume lassen sich Hainsimsen pflanzen, die sogar im völlig ausgesaugten und ausgedörrten Boden unter Birken erstaunlich gut gedeihen.

Fröhlich leuchtend im Schatten

Veilchen *(Viola odorata)*
Blütezeit: März/April; Höhe: 10 cm.

Kein Frühling ohne Veilchen! Sie sind so bekannt, daß jedes weitere Wort überflüssig ist. Hübsch sieht es aus, wenn sich an sonnigen Märztagen ihr Blauviolett mit dem zarten Rosa der zierlichen *Primula rosea* vereinigt. Es sind verschiedene Sorten im Handel, wie

Wohlriechendes Veilchen.

die stark duftende 'Königin Charlotte', die ebenfalls stark duftende und großblumige 'Triumph', die purpurrote 'Red Charme' sowie gelbe und weiße Sorten. Vermehren läßt sich das Veilchen durch Teilung oder Aussaat nach der Blüte.

Leberblümchen *(Hepatica nobilis, syn. H. triloba)*
Blütezeit: März/April; Höhe: 5–10 cm.

Was wären die ersten Frühlingstage ohne das liebliche Blau der Leberblümchen? Dabei sind sie so bescheiden. Wir können sie unter Sträuchern oder an die Nordseite des Hauses pflanzen, denn sie lieben Schatten. Wenn wir ihnen etwas Gutes tun wollen, beschaffen wir lockeren, faserigen Humus aus dem Buchenwald und vermischen ihn mit der oberen Erdschicht, wo die flachstreichenden Wurzeln liegen. In diesem humusreichen Boden, der die Feuchtigkeit gut hält, pflanzen wir größere Gruppen von Leberblümchen und lassen sie verwildern. In wenigen Jahren schon können wir uns im Frühjahr an einer geschlossenen blauen Fläche freuen. Leberblümchen wollen nicht einzeln stehen. Auch an ihren natürlichen Standorten leben sie gesellig. In Verbindung mit Veilchen, Primeln und anderen frühblühenden Stauden läßt sich die Wirkung noch steigern.
Außer der blauen Farbe gibt es bei Leberblümchen noch rosa und weiß. Die Vermehrung kann durch Teilung oder Aussaat erfolgen.

Waldanemonen *(Anemone)*
Blütezeit: März–Mai (je nach Art); Höhe: 10–15 cm.

Wenn wir größere Flächen zur Verfügung haben, lassen sich Gruppen von Waldanemonen gut einfügen. Sie lieben Laubwald-Humusboden. Während der Blüte bekommen sie genügend Licht, weil zu dieser Zeit die Bäume noch nicht belaubt sind. Wie viele Schattenstauden, so eignen sich auch die Waldanemonen vorzüglich für den Naturgarten.

Blaues Buschwindröschen.

Buschwindröschen *(Anemone nemorosa)*
Die uns bekannteste Waldanemone ist wohl das Buschwindröschen. Es wird etwa 15 cm hoch, bedeckt den Boden und blüht im April/Mai mit weißen, zuweilen rosa überhauchten Blüten. Es hält ein ganzes Menschenleben am gleichen Platz aus und verbreitet sich immer weiter. Außer dieser uns von Laubwäldern her bekannten Art sind verschiedene Kulturformen (gefüllt, weiß, hellblau, dunkelblau, rosa) im Handel. Das im Herbst fallende Laub liegen lassen!

Blaues Buschwindröschen *(Anemone blanda)*
Es blüht bereits im März/April, also vor *A. nemorosa* und samt sich leicht aus. Ebenfalls blau blüht *A. apennina* (April/Mai).

Hainanemone *(Anemone sylvestris)*
Eine sehr ausdauernde, dunkelgrün beblätterte Art. Die großen weißen Blüten erscheinen im Mai/Juni auf etwa 30–40 cm hohen, zarten Stielen. Sie liebt halbschattigen oder sonnigen Standort und einen humusreichen, kalkhaltigen Boden. Eine Wildstaude, die sich auch für die Staudenrabatte eignet.

Kissenprimeln in vielerlei Farben leuchten zusammen mit Stiefmütterchen fröhlich im Frühlingsgarten.

Primeln *(Primula)*

Neben den Veilchen sind die Primeln, Schlüsselblumen oder Himmelsschlüssel, wie sie auch genannt werden, wohl die bekanntesten Frühlingsblumen in unseren Gärten. Ihre Farben sind so bunt, ihre Formen so lieblich, daß sie einfach nicht fehlen dürfen. Züchter haben in den letzten Jahren noch größere und farbenprächtigere Formen geschaffen, und aus den Primelbeständen Asiens kamen neue, entzückende Arten zu uns, die den Flor bis in den Sommer hinein verlängern. Über 500 verschiedene Primelarten sind bekannt. Nur über die allerschönsten und dankbarsten wollen wir uns kurz unterhalten.

Da sich die Kulturansprüche der meisten Primeln gleichen, erst das Grundsätzliche: Primeln leiden unter starker Sonnenbestrahlung, ja, sie sterben sogar ab. Der Boden soll besser etwas feucht als zu trocken sein. Gut ist es, wenn wir unserem Gartenboden Torf zugeben, damit die Feuchtigkeit gehalten wird.

Im Winter haben Primeln gerne Sonnenschutz. Wir lassen deshalb das Laub benachbarter Bäume und Sträucher auf ihnen liegen. Aber bitte, nicht des Guten zuviel! Unter einer dichten Laubschicht faulen die Primeln. Auch einige Fichtenzweige können wir locker darüberdecken. Über Winter werden die Primeln oft vom Frost hochgehoben. Wir müssen also beizeiten nachsehen, die Pflanzen in den Boden drücken und lockere Erde um sie herumstreuen. Die Frühjahrsblüher unter den Primeln sind gut winterhart und lassen sich auch von Schnee- und Graupelschauern nicht im Blühen stören.

Wenn wir Primeln pflanzen, so sollte das nicht einzeln geschehen. Je nach unseren Platzverhältnissen wollen wir kleinere oder größere Gruppen zusammenstellen. In Verbindung mit anderen Schattenstauden wie Salomonssiegel, Akelei, Leberblümchen, Lungenkraut, Haselwurz, Blausternchen usw. lassen sich hübsche Farbwirkungen erzielen.

Nun zu einigen wertvollen Arten, der Blütezeit nach geordnet.

Rosenprimel *(Primula rosea)*
Blütezeit: März/April; Höhe: 15–20 cm.

Sie ist eine der schönsten Primeln überhaupt. Bereits im März, noch ehe sich die schmalen Blätter entfaltet haben, leuchten uns an langen Stielen die kräftig rosafarbenen Blüten entgegen, gleich ob die Sonne scheint oder der Himmel bewölkt ist. Sehr hübsch sieht diese

Schattenstauden

Primel auch am Rande eines Wasserbeckens aus. Sie braucht lehmigen, feuchten Boden. Wenn sie längere Zeit trocken steht, geht sie ein. Im Wurzelfilz benachbarter Gehölze verschwindet sie. Es ist allerdings normal, daß im Herbst die Blätter absterben. Die Pflanze macht eine Ruhezeit durch, bis dann im Frühjahr ganz überraschend die dicken Blütenknospen zwischen dem herbstlichen Laub hervorschauen.

Es gibt Formen dieser Primel mit größeren Blüten, wie z. B. *P. rosea* 'Grandiflora'. Größere Pflanzen lassen sich gut durch Teilung vermehren. Die Aussaat muß sofort nach der Samenreife erfolgen, da die Keimkraft rasch dahin ist. Lichtkeimer!

Kissenprimel *(Primula acaulis, syn. P. vulgaris)*
Blütezeit: April/Mai; Höhe: 10 cm.
Auch zur Bepflanzung einer Rabatte geeignet.

Diese bekannte Art bleibt sehr niedrig und blüht in weißen, gelben, rosa, roten und sogar blauen Farbtönen. Besonders apart sind die blauen Töne. Sie sind aber auch empfindlicher als die anderen und gehen in schneelosen Wintern leicht ein. Es werden bei dieser Primel keine Namensorten, sondern nur Farben angeboten. Am schönsten sieht eine Gartenecke aus, wenn sie ganz bunt bepflanzt ist. Empfehlen möchte ich die großblumige Form *P. acaulis* 'Grandiflora'.

Vermehren können wir *P. acaulis* durch Teilung nach der Blüte. Dies geht sehr leicht, da sich die Pflanzen gut von Hand auseinanderziehen lassen. Die Frühjahrsaussaat ist bald nach der Samenreife vorzunehmen. Lichtkeimer!

Teppichprimel *(Primula juliae)*
Blütezeit: April/Mai; Höhe: 5–10 cm.

Diese Art sieht der soeben genannten sehr ähnlich, hat aber ganz flache Blattpolster und stengellose Blüten in purpur-violetter Farbe. Auf schweren, feuchten Böden ist sie so wüchsig, daß bereits wenige Pflanzen genügen, um 1m² zu bedecken. Bereits in wenigen Jahren haben die Pflanzen den Boden stark ausgezehrt und lassen in ihrer Schönheit nach. Wir brauchen sie dann nur nach der Blüte zu teilen und neu aufzupflanzen. In leichten Sandböden läßt die Blühwilligkeit zu wünschen übrig, dafür werden viele Ausläufer gebildet.

Teppichprimel *(Primula × pruhoniciana hort.)*
Blütezeit: April/Mai; Höhe: 5–10 cm.
Auch zur Bepflanzung einer Rabatte geeignet.

Die stengellose Kissenform dieser meist langlebigen Primel läßt sich leicht teilen. Es gibt Sorten mit rötlichen, rötlich-violetten, gelben und weißen Blüten.

Himmelsschlüssel, Schlüsselblume *(Primula × polyantha,* syn. *P.-Elatior-*Hybride)
Blütezeit: April/Mai; Höhe: 25 cm.
Auch zur Bepflanzung einer Rabatte geeignet.

Diese bekannte Art blüht etwas später als die vorigen. Die Blüten sitzen hier nicht zwischen den Blättern, sondern auf 20–30 cm langen Stielen. Deshalb eignet sie sich auch gut als Schnittblume. Durch Züchtung wurden größere Einzelblüten und lebhaftere Farben erzielt. Von der großblumigen Form *P. × polyantha* 'Grandiflora' gibt es vielerlei Herkünfte und

Kugelprimel und Narzissen.

Schattenstauden

Farbmischungen. Vermehrung durch Teilung und Aussaat im Frühjahr.

Kugelprimel *(Primula denticulata)*
Blütezeit: April/Mai; Höhe: 30 cm.
An ihren kugeligen Blüten auf langen, kräftigen Stielen ist sie leicht zu erkennen. Sie blüht hell bis dunkellila und weiß. Durch Züchtung stehen uns auch blauviolette und rotviolette Farbtöne zur Verfügung. Die Wurzeln sind erstaunlich kräftig und reichen tief in den Boden. Die Blattrosetten entwickeln sich erst nach der Blüte. In Gruppen gepflanzt lassen sich gute Wirkungen erzielen, vor allem, wenn wir in eine größere Zahl von blauvioletten Pflanzen einige weiße einstreuen. Die Vermehrung erfolgt durch Teilung nach der Blüte oder Aussaat im Frühjahr.

Siebold's Primel *(Primula sieboldii)*
Blütezeit: Mai/Juni; Höhe: 20 cm.
Diese Primel ist von fremdartigem Reiz. Die großen Blüten in Weiß bis Dunkelrot haben eine gewisse Ähnlichkeit mit einer im Glashaus kultivierten Topfprimel *(P. sinensis)*. Wie die anderen Primeln wollen auch sie halbschattig zwischen lichten Gehölzen und ähnlichen Plätzen stehen. Der Boden soll humusreich sein. Wir können ihn gegebenenfalls durch lockere Lauberde oder auch Torf verbessern. Die Blätter ziehen im Sommer ein, so daß wir die Primeln am besten zwischen Farne und sommergrüne Stauden pflanzen.

Etagenprimeln (verschiedene Arten)
Blütezeit: Juni/Juli; Höhe: 40–80 cm.
Sie werden verhältnismäßig hoch und lassen sich an mehreren übereinanderstehenden Blütenquirlen leicht von den bisher genannten Arten unterscheiden.
Unter der deutschen Sammelbezeichnung »Etagenprimeln« laufen die Arten *P. beesiana* (samtig lila-purpurfarben), *P. bulleyana* (orangegelb), die sehr winterharte *P. japonica* (karmin-purpurn, es sind aber auch andere Farben erhältlich) und *P. pulverulenta* mit weiß gepuderten Blütenstielen und Blütenkelchen. Letztere ist ähnlich schön und reichblühend wie *P. japonica*.
Alle die genannten Arten werden aber in der Schönheit und Vielfalt der Farben von *P. × bullesiana* übertroffen. Die Pastelltöne sind einfach bezaubernd und reichen von Gelb über Orange, Rosa, Kirschrot, Karminrot, bis zu Violett und Lila. Herrlich wirken sie zwischen halbschattigen Gehölzpartien in Verbindung mit Blattstauden und Farnen. Besonders in Rhododendronpflanzungen heben sich die freundlichen Farben gut von der dunkelgrünen Umgebung ab.
Wenn wir Freude an Etagenprimeln haben wollen, müssen wir ihnen allerdings einige Wünsche erfüllen: halbschattige Lage und feuchten Lehmboden, dem wir am besten Torf und Kompost beimischen. Dadurch wird die Feuchtigkeit auch im Hochsommer gut festgehalten, und der Boden bleibt locker. Wenn der Boden feucht ist, eignen sich Etagenprimeln auch für sonnige Stellen.
Etagenprimeln lassen sich durch Teilung vermehren, sehr leicht aber auch aus Samen, der möglichst bald nach der Ernte ausgesät werden soll, damit er nicht austrocknet. Wo die Pflanzung in Ruhe gelassen wird, entstehen oft Jungpflanzen durch Selbstaussaat.

Primula × bullesiana in vielerlei Pastelltönen.

Schattenstauden

Dreiblatt *(Trillium)*
Blütezeit: April/Mai; Höhe: 30 cm.

Eine sehr aparte Pflanze! Über drei schön geformten Blättern entfalten sich im April/Mai dreiteilige, weiße Blüten. Am besten pflanzen wir sie gruppenweise in den Schatten lichter Gehölze. Im Hochsommer ziehen die Pflanzen ein. Die zwei wertvollsten Arten dieser nordamerikanischen Waldblume sind *T. grandiflorum* mit großen, weißen Blüten und *T. sessile* 'Rubrum' mit besonders großen, roten Blüten. Eine Vermehrung durch Teilung ist nur in beschränktem Umfang möglich. Die Anzucht aus Samen ist sehr langwierig.

Dreiblatt

Elfenblume *(Epimedium)*
Blütezeit: April/Mai; Höhe: 40–50 cm.

Diese langlebige, anspruchslose Staude kann wegen ihrer reizvollen Blätter und Blüten nur empfohlen werden. Wenn auch die Blütezeit nur kurz ist, so bilden doch die zierlichen, lederartigen Blätter von dunkelgrünem oder bronzefarbenem Aussehen bis tief in den Winter hinein einen vorzüglichen Gartenschmuck. Nach Möglichkeit soll der Boden humos und frisch sein.

Der Austrieb erfolgt im Frühjahr erst spät und nur wenige Tage bevor die zarten, akeleiähnlichen Blüten erscheinen. Je nach Art ist die Farbe weiß, gelb oder rot. Die auch den Winter über ordentlich aussehenden Blätter werden erst im Frühjahr, kurz vor dem neuen Austrieb, bis auf den Boden zurückgeschnitten.

Eine besonders kräftige Art ist *E. pinnatum* var. *colchicum* 'Elegans' mit wintergrüner Belaubung und weißlichgelben Blüten. *E. × rubrum* bringt rote Blüten mit weißlichem Sporn, *E. × versicolor* 'Sulphureum' blüht schwefelgelb.

Durch Teilung im zeitigen Frühjahr beim Austrieb oder nach der Blüte läßt sich die Elfenblume leicht vermehren. Arten mit starker Rhizombildung eignen sich gut zum Verwildern.

Frühlingsplatterbse *(Lathyrus vernus)*
Blütezeit: April/Mai; Höhe: 30 cm.

Diese dichtbuschige, dauerhafte Waldstaude sieht im Frühling reizvoll aus, vor allem, wenn sie ganz vereinzelt zwischen bodendeckenden Schattenstauden steht. Die erbsenartigen Blüten sind violettlila. Die Form *L. vernus* 'Alboroseus' blüht weiß-rosa. Vermehrung: Teilung und Aussaat.

Frühlingsplatterbse

Bergenie 'Silberlicht'.

Kaukasus-Vergißmeinnicht

Bergenie *(Bergenia)*
Blütezeit: April/Mai; Höhe: 30–40 cm.

Die wintergrünen Bergenien sind äußerst anspruchslose, ja unverwüstliche Stauden. Sie sind mit jedem Boden und jedem Platz zufrieden und gedeihen selbst noch an Stellen, die das ganze Jahr über ohne Sonne sind. Auf etwas lehmigem Boden und bei genügender Feuchtigkeit werden die derben, fleischigen Blätter erstaunlich groß. An sonnigen, trockenen Standorten bleiben sie klein. Frische, aber nicht nasse Böden sind deshalb zu bevorzugen.
Die Verwendungsmöglichkeiten dieser sich rasch ausbreitenden Pflanzen sind schier unbegrenzt. Wir können sie in Verbindung mit Farnen und Gräsern unter lichten Gehölzen pflanzen oder an die Nordseite des Hauses, können mit ihnen den Gartenweg einfassen oder Treppenwangen verkleiden. Durch ihre saftig-grünen Blätter bieten Bergenien das ganze Jahr über einen hübschen Anblick.
Neben *B. cordifolia* mit herzförmigen Blättern und lilarosa Blüten gibt es Hybriden mit noch schöneren Blüten. So ist die leuchtend rosafarbene Sorte 'Morgenröte' besonders stark wachsend und blüht sehr lange nach. Sie ist die einzige, die regelmäßig im Sommer ein zweites Mal blüht. Auch 'Silberlicht' ist kräftig wachsend und erreicht 40 cm Höhe. Die weißen Blüten sind rosa überhaucht. Besonders hübsch ist die niedrige, sehr gedrungen wachsende Sorte 'Abendglut' mit purpurroten Blüten. Sie wird nur 25 cm hoch. Diese Sorte läßt sich gut als Einfassungspflanze und für die Trockenmauer verwenden. Zum Herbst hin verfärben sich die sattgrünen Blätter bronzebraun. Weitere wertvolle Sorten sind 'Abendglocken' (dunkelrot), 'Admiral' (rot, schöne Belaubung) und 'Schneekönigin' (zart apfelblütenrosa, sehr reich blühend). Die Vermehrung erfolgt durch Teilung.

Kaukasus-Vergißmeinnicht *(Brunnera macrophylla)*
Blütezeit: April–Mai; Höhe: 40–50 cm.

Eine beliebte Frühlingsstaude, die besonders auf halbschattigen, nicht zu trockenen Stellen gut gedeiht. Die Blüten erinnern sofort an Vergißmeinnicht. Diese Staude müßte in noch viel mehr Gärten Eingang finden, denn nicht nur während der langen Blütezeit sieht sie entzückend aus, sondern das ganze Jahr über machen ihre dunkelgrünen, herzförmigen Blätter einen gesunden Eindruck. Die zierlichen, blauen Blüten passen im Halbschatten zur Elfenblume, zu Primeln, Gelber Frühlingsmargerite und Farnen; sie fügt sich aber ebenso am Wasser neben goldgelben Trollblumen gut ein. Auf dem Prachtstaudenbeet steigert sie die Wirkung der Tulpen und Narzissen. Auch in Verbindung mit der orangeroten Nelkenwurz und dem Tränenden Herz lassen

Schattenstauden

sich sowohl in naturnahen Pflanzungen als auch auf dem Prachtstaudenbeet hübsche Motive schaffen. Vermehrung durch Teilung nach der Blüte.

Gemswurz, Gelbe Frühlingsmargerite *(Doronicum)*

Blütezeit: April/Mai; Höhe: 25–70 cm (je nach Sorte).
Auch zur Bepflanzung einer Rabatte geeignet.

Sie gehört zu den ersten weithin leuchtenden Stauden des Jahres. Das Gelb der Blüten ist so intensiv, daß es nicht übersehen werden kann. Der meist gebräuchliche Name »Gemswurz« deutet an, daß sie aus den Bergen stammt. Ich finde aber die Bezeichnung »Gelbe Frühlingsmargerite« glücklicher, denn sie vermittelt eine bessere Vorstellung. Durch ihre frühe und reiche Blüte ist diese Staude überall beliebt. Nicht nur im Garten, auch in der Vase halten sich die gelben Blüten sehr lange. Dabei stellt sie kaum Ansprüche. Am besten wächst sie aber im Halbschatten auf feuchtem Lehmboden. Wir setzen diese Staude in den Hintergrund der Pflanzung, da sie im Sommer unansehnlich wird. Die gelbe Farbe wirkt noch leuchtender neben dem hellblauen Kaukasus-Vergißmeinnicht und roten Tulpen.

Neben der Art *D. orientale* (syn. *D. caucasicum*) sind an Sorten zu empfehlen: 'Frühlingspracht' (gefüllt), 'Magnificum' (großblumig), 'Riedels Goldkranz' (großblumig, nur 35 cm hoch, für Gruppen) und 'Riedels Lichtspiegel' (wie vorige, jedoch 50 cm hoch und deshalb auch zum Schnitt wertvoll). Sehr empfehlenswert ist auch die erst im Mai blühende Art *D. plantagineum* 'Excelsum' mit 70 cm Höhe. Vermehren können wir diese Staude sehr leicht durch Teilung nach der Blüte.

Maiapfel *(Podophyllum hexandrum)*

Blütezeit: Mai; Höhe: 40 cm.

Diese eigenartige Schattenpflanze bringt im Mai anemonenähnliche Blüten. Beim Austrieb sind die handförmig gelappten Blätter bronzerot gefärbt. Die einzelnen Blüten stehen aufrecht und sind weiß oder hellrosa. Seltsam wirken vor allem die großen, leuchtend roten Früchte. Die Sorte 'Majus' ist in allen Teilen größer.
Diese sehr dekorative Staude eignet sich für Schatten und Halbschatten. Der Boden soll feucht und humusreich sein. Sie benötigt viel Raum, da sich die unterirdischen Rhizome ausbreiten. Wir setzen sie deshalb einzeln, und zwar so, daß wir diese eigenartige Pflanze

Gemswurz, dahinter Kaiserkronen.

Maiapfel

Schattenstauden

möglichst aus der Nähe beobachten können. Die Vermehrung erfolgt durch Teilung im Spätsommer.

Akelei *(Aquilegia)*
Blütezeit: Mai/Juni; Höhe: 60 cm.
Auch zur Bepflanzung einer Rabatte geeignet.

Die Akelei ist eine altbekannte Staude und von jeher in vielen Bauerngärten vertreten. Die Blüten sind ausgesprochen elegant. Die Züchtung hat diese Eleganz noch weiter zu steigern vermocht. So gibt es heute Formen in den verschiedensten Farbtönen und mit besonders langen Spornen.
Hohe Ansprüche stellt die Akelei nicht, sie gedeiht in jedem guten Gartenboden. Halbschatten sagt ihr sehr zu, vor allem halten sich hier die Blüten länger. Bei der Pflanzung wollen wir beachten, daß Akeleien nach der Blüte unansehnlich werden.
Die kurzspornige heimische Gartenakelei *(A. vulgaris)* gibt es in den Farben rot, weiß, blau und violett. Sie ist auch in gefülltblühenden Sorten erhältlich. Die Pflanzen werden zwar nur wenige Jahre alt, samen sich aber reichlich aus. Sie eignen sich vorzüglich für einen naturnahen Garten. Wer Freude an elegant geformten Blüten hat, dem sind die langspornigen Züchtungen (*A.-Caerulea*-Hybriden), vor allem die besonders großblumigen 'Mc. Kana' (80 cm) zu empfehlen. Die Farbskala reicht hier von Weiß über Gelb, Rosa, Rot bis Purpur und Blau.

Tränendes Herz *(Dicentra spectabilis)*
Blütezeit: Mai/Juni; Höhe: 80 cm.
Auch zur Bepflanzung einer Rabatte geeignet.

Diese Pflanze ist wohl jedem von uns von Kindheit an bekannt, ist doch die Blüte in Form kleiner Herzen sehr einprägsam. Im leichten Schatten, zusammen mit Elfenblume, Akelei, Farnen und anderen fühlt sie sich sehr wohl. Ganz reizend sieht es aus, wenn wir das Tränende Herz mit dem Kaukasus-Vergißmeinnicht zusammenpflanzen und noch eine Gruppe cremefarbiger Narzissen dazugesellen. Die Form *D. spectabilis* 'Alba', eine aparte Schnittblume, blüht weiß.

Tränendes Herz.

Akelei 'Mc. Kana Riesen'.

Das Tränende Herz gedeiht auch auf der Prachtstaudenrabatte. Sonne kann es durchaus vertragen, wenn nur der Boden nicht zu trocken ist. Allerdings sollten wir auf die Rabatte nicht mehr als ein oder zwei Pflanzen bringen, und diese mehr in den Hintergrund, denn bereits früh im Sommer zieht diese Staude ein und wird häßlich. Die Vermehrung erfolgt durch Teilung, Stecklinge und Samen.

Salomonssiegel *(Polygonatum multiflorum)*
Blütezeit: Mai/Juni; Höhe: 60 cm.

Salomonssiegel

Diese sehr dekorative Schattenstaude ist in erster Linie für größere Gärten geeignet. Doch auch auf kleinen Flächen läßt sie sich in wenigen Exemplaren verwenden. Hübsch sind die überhängenden Triebe, an denen die röhrenförmigen weißen Blütenglocken erscheinen. *P. commutatum* wird 120 cm hoch. *P.* × *hybridum* 'Weihenstephan', 90 cm hoch, ist besonders wüchsig. Vermehrt wird durch Teilung.

Trauerglocke *(Uvularia grandiflora)*
Blütezeit: Mai/Juni; Höhe: 30 cm.

Eine vornehm und bescheiden wirkende Staude. Die Blätter sind hellgrün, die länglichen Blüten gelb und hängend. Eine feine Pflanze für Einzelstellung im lichten Schatten, die sich allmählich ausbreitet. Die Vermehrung erfolgt durch Teilung nach der Blüte.

Trauerglocke

Christophskraut *(Actaea)*
Blütezeit: Mai/Juni; Höhe: 60 cm.

Eine wertvolle Staude für den Halbschatten, die im Herbst weiße Beeren trägt. Die weißlichen Blüten sind dagegen recht unscheinbar. *A. alba* ist im Fruchtstand wohl die schönste Art. Die weißen Beeren hängen bei ihr an roten Stielchen. Eine andere Art, *A. spicata* 'Rubra', bringt rote Beeren. Vermehrung durch Teilung und Aussaat.

Nelkenwurz *(Geum)*
Blütezeit: Mai–Juli; Höhe: 30–50 cm (je nach Sorte).

Die Blüten dieser Staude sind von großer Leuchtkraft. Sie haben eine Ähnlichkeit mit Anemonen. Die immergrünen Blätter liegen in Form einer Blattrosette dicht dem Boden auf.
Wertvoll ist *G. coccineum* 'Borisii' mit orangeroten Blüten von Juni bis September. 'Feuermeer', orangerot, blüht ebenfalls nach. Halb-

Nelkenwurz, dahinter *Anemone sylvestris*.

Wiesenraute *(Thalictrum dipterocarpum)*.

Fingerhut *(Digitalis purpurea)*.

gefüllte, großblumige, aber nicht sehr ausdauernde Sorten laufen unter der Bezeichnung *G.-Chiloense*-Hybriden. Wertvolle Sorten davon sind 'Dolly North' (dunkelorange), 'Fire Opal' (rotorange), 'Bernstein' (gelb), 'Goldball' (dunkelgelb), 'Prinzeß Juliana' (altgold), 'Rubin' (kaminrot). Hübsch ist auch *G. rivale* 'Leonard' mit kupfrigrosa Blüten. Zusammen mit Sumpfvergißmeinnicht wirkt sie gut an feuchten Stellen neben dem Wasserbecken. Vermehrung durch Teilung.

Wiesenraute *(Thalictrum)*
Blütezeit und Höhe: je nach Art verschieden.

Das auch als Amstelraute bekannte *Th. aquilegifolium* gleicht in seinem zierlichen Aufbau und der Blattform der Akelei. Die Wiesenraute wird 1 m hoch und darüber. Die federigen Blütenrispen in Lilapurpur sind bildhübsch und wirken ausgesprochen duftig. Sie erscheinen im Juni/Juli.
Im tiefen Schatten und auf zu trockenem Boden leidet sie manchmal unter Blattläusen. Wir pflanzen sie deshalb in den lichten Schatten, können sie aber auch in die volle Sonne bringen.
Im Juli–September blüht die andere wertvolle Art: *Th. dipterocarpum*. Diese elegante, dekorative Staude kann übermannshoch werden. Die mit zarten purpurlila Blüten besetzten Triebe fallen leicht um, müssen also gestäbt werden. Beide Arten lassen sich durch Teilung oder Aussaat vermehren.

Fingerhut *(Digitalis)*
Blütezeit: Juni/Juli; Höhe: 100–150 cm.

Alle Fingerhut-Arten sind äußerst dekorative Wildstauden, die sich für naturnahe Pflanzungen im Halbschatten, aber auch in der Sonne eignen. Daß sie giftig sind, dürfte bekannt sein. Wenn wir sie mit Farnen, Waldgeißbart und bodendeckenden Schattenstauden in größeren, lockeren Gruppen zusammenpflanzen, ergibt sich ein schöner Anblick. Die meisten

Schattenstauden

Arten sind nur zweijährig und sterben ab, wenn man sie nicht sofort nach der Blüte zurückschneidet. Sie säen sich aber selbst aus, so daß ständig für Nachwuchs gesorgt ist.
Wertvoll ist für uns die Art *D. purpurea,* die in rosa, roten und weißen Farbtönen blüht. Sie wird etwa 120 cm hoch. 'Gloxiniaeflora' blüht ähnlich wie die soeben genannte Art. Jeder Blütenstiel hat aber an seinem Ende noch eine große Einzelblüte, die einer Schale oder auch Glocke gleicht. Sie hat Ähnlichkeit mit einer Gloxinienblüte, daher auch der Name. Von der Nähe sieht dieses Gebilde recht apart aus, aus der Ferne finde ich allerdings die gewöhnlichen Fingerhüte eleganter.
Ausdauernd ist *D. lutea* mit 70 cm Höhe und gelblichen Blüten. *Digitalis × mertonensis,* 80 cm hoch, rosa, ist dagegen nur kurzlebig. Die Vermehrung von Fingerhut erfolgt im Juni durch Aussaat.

Waldgeißbart *(Aruncus sylvester)*
Blütezeit: Juni/Juli; Höhe: 180 cm.

Diese mächtige Staude will einzeln inmitten von Bodendeckern stehen. Erst dann kann sie sich voll entfalten und wirken. Die Blüten erscheinen in langen, weißen Rispen. Interessant, daß die Staude zweihäusig ist: Weibliche und männliche Blüten sind auf verschiedenen Pflanzen. Die männlichen Pflanzen ziehen wir vor, denn ihre Blüten sind reinweiß und zart. Die weiblichen Blütenstände sind dagegen gelblichweiß und plump. Der Waldgeißbart gehört zu unseren wertvollsten und ausdauerndsten Blütenstauden. Die Vermehrung erfolgt durch Teilung oder Aussaat.

Diptam *(Dictamnus albus)*
Blütezeit: Juni/Juli; Höhe: 60–80 cm

Diese Wildstaude verbreitet einen aromatischen Duft. Bei schwülem Wetter sondern die nicht reifen Fruchtstände ätherisches Öl ab, das wir an heißen, windstillen Tagen mit einem Streichholz entzünden können. Daher auch der Name »Moses' brennender Busch«. Der Diptam ist sehr langlebig. Er eignet sich besonders für kalkhaltige, trockene Böden im leichten, warmen Schatten, auch in voller Sonne, vor Gehölzen. Dort hebt sich die interessante, apart gezeichnete rosa Blüte gut ab. Die Vermehrung durch Teilung ist schwierig. Die Aussaat muß gleich nach der Ernte erfolgen.

Waldgeißbart zusammen mit Mohn und Steinkraut.

Diptam

Schattenstauden

Frauenmantel *(Alchemilla)*
Blütezeit: Juni/Juli; Höhe: 30–40 cm.

Die hübscheste Art für den Garten ist der Großblättrige Frauenmantel *(A. mollis)*. Alle Übergänge, vom leichten Schatten bis zur vollen Sonne, sind dieser Staude recht. Die ornamentalen Blätter sind graugrün und machen einen gesunden, üppigen Eindruck. Ihre besonderen Reize entfalten sie im Morgentau. Die zierlichen, gelben Blüten sind dagegen unscheinbar, eignen sich aber zum Schnitt. Vermehrung durch Teilung.

Purpurglöckchen *(Heuchera*-Hybriden)
Blütezeit: Juni/Juli; Höhe: 50–60 cm.
Auch zur Bepflanzung einer Rabatte geeignet.

Diese Staude verträgt leichten Schatten und ebenso Sonne. Die leuchtend rosa und knallroten zierlichen Blütenglöckchen hängen in eleganten Rispen über rundlich herzförmigen Blättern. Bei Pflanzung an sonnigen Stellen passen Katzenminze, Schleierkraut, Feinstrahl, Salbei und verschiedene Gräser gut zu ihr. Gegen Trockenheit ist das Purpurglöckchen empfindlich, sonst aber ist es mit jedem nahrhaften Gartenboden zufrieden. Einige wertvolle Sorten: In roten Tönen blühen 'Rakete', 'Red Spangles', 'Rosenrot', 'Ricard', 'Carmen', in Rosa 'Scintillation', 'Weserlachs', 'Pruhoniciana' und in Weiß 'Schneewittchen'. *H.* × *brizoides* 'Gracillima' mit polsterartigem Wuchs blüht hellrosa. Bei den 'Bressingham-Hybriden' sind die Blütenglöckchen hellrosa bis leuchtendrot. Vermehrung: Teilung.

Prachtspiere *(Astilbe)*
Blütezeit und Höhe: je nach Art verschieden.
Auch zur Bepflanzung einer Rabatte geeignet.

Astilben gehören zu unseren bekanntesten Schattenstauden. Ihre Blütezeit liegt gleich nach dem Rittersporn. Bereits der rote Austrieb der Blätter ist reizvoll. Das ganze Jahr über behalten die zierlichen Blätter ihr gesundes Aussehen.
Je nach Sorte erscheinen die graziösen, duftigen Blüten von Ende Juni bis in den September, ja Oktober hinein. Die Farbenskala reicht von Weiß und Creme über alle möglichen Rosatöne bis hin zu Karmin und dunkelstem Blutrot. Neben Sorten mit aufrechtstehenden Blütenrispen gibt es solche, deren Blütenzweige elegant überhängen.

Purpurglöckchen mit hübschen Blühpartnern: blaue und weiße Glockenblumen *(Campanula persicifolia)*.

Diese kleinen Schönheiten sind äußerst anspruchslos und fühlen sich gerade im Halbschatten, sogar im tiefen Schatten wohl. Der Boden sollte allerdings nahrhaft und möglichst etwas feucht sein. Verrotteter Pferdemist bekommt ihnen ausgezeichnet. Viel Sonne, längere Trockenheit und Nährstoffmangel bekommen ihnen nicht. In der Sonne befriedigen sie nur, wenn sie viel Feuchtigkeit haben. In diesem Fall also reichlich gießen, denn die großen Wurzelstöcke brauchen das Wasser rasch auf.

Sobald die Wurzelklumpen im Laufe von Jahren aus dem Boden herauswachsen, sollten wir Erde auffüllen. Wenn sie in der Mitte kahl werden, nehmen wir sie aus dem Boden und pflanzen sie geteilt neu auf. Die Vermehrung erfolgt ebenfalls durch Teilung mit dem Messer oder Spaten.

Astilben sollten möglichst in Gruppen gepflanzt werden. In Höhe und Farbe sind sie so unterschiedlich, daß wir auf Begleitpflanzen durchaus verzichten können. Gut passen aber Farne, Silberkerzen und Funkien dazu. Am schönsten wirken sie ihren Pastellfarben vor dunklen Gehölzen. Zu beachten ist bei der Pflanzung, daß sie nicht mit deren Wurzelfilz in Berührung kommen. In magerem und trockenem Boden reagieren sie nämlich ausgesprochen sauer: Die Blätter werden dürr, und die Pflanzen verkümmern.

Prächtig blühen hier die Astilbensorten 'Mainz' (lilarosa) und 'Brautschleier' im lichten Schatten.

Die eleganten Blüten in zarten Farben geben auch einen sehr hübschen Schmuck für die Vase ab. Die Blüten müssen aber beim Schnitt bereits geöffnet sein. Um die Haltbarkeit zu verlängern, werden die Stielenden zerquetscht.

Wertvolle Sorten von *Astilbe* × *arendsii* bzw. *A. chinensis*:

Name	Höhe	Blütezeit	Farbe
'Brautschleier'	70 cm	früh	weiß
'Weiße Gloria'	70 cm	mittel	weiß
'Grete Püngel'	80 cm	früh	hellrosa
'Cattleya'	100 cm	spät	hellrosa
'Finale'	40 cm	spät	hellrosa
'Bressingham Beauty'	120 cm	früh	leuchtend rosa
'Serenade'	40 cm	spät	leuchtend rosa
'Anita Pfeifer'	70 cm	mittel	dunkelrosa
'Fanal'	60 cm	früh	leuchtend rot
'Feuer'	80 cm	mittel	leuchtend rot
'Else Schluck'	70 cm	mittel	leuchtend rot
'Spinell'	90 cm	mittel	leuchtend rot
'Glut'	80 cm	spät	leuchtend rot
'Veronica Klose'	40 cm	spät	dunkelpurpur
'Amethyst'	100 cm	früh	violett

Schattenstauden

A. japonica
Blütezeit: Juni/Juli; Höhe: 50–70 cm.

Die Sorten von *A. japonica* blühen früh: 'Deutschland' (weiß, 50 cm), 'Mainz' (lilarosa, 50 cm), 'Red Sentinel' mit federartigen Blütenrispen (leuchtend tiefrot, 70 cm).

Astilbe × arendsii-Sorten
Blütezeit und Höhe: Je nach Sorte.

Werden höher als die bereits genannten. Sie sind wohl die edelsten Astilben und zeichnen sich durch üppigen, gesunden Wuchs, schöne Belaubung und leuchtende Blütenfarben aus. Die frühen Sorten blühen von Ende Juni bis Ende Juli, die mittleren von Mitte Juli bis Mitte August und die späten von Ende Juli bis in den September hinein.

Des weiteren werden noch einige sehr wertvolle Sorten von *A. thunbergii* auf dem Markt angeboten, die locker verzweigte, elegant überhängende Blütenrispen besitzen und im Juli/August blühen: 'Van der Wielen', reinweiß, entwickelt 120 cm hohe, breitausladende Blütenstände 'Straußenfeder', hellrosa, 100 cm hoch, besonders prunkvoll und 'Jo Ophorst', rubinrot, 90 cm hoch.

Auch von *A. simplicifolia* gibt es eine Reihe von bewährten Sorten, die den Katalogen von Staudengärtnereien entnommen werden können.

Storchschnabel *(Geranium)*
Blütezeit: Juni–September (je nach Art); Höhe: 40–60 cm.

Die hier genannten Arten stehen am besten zwischen weit gepflanzten Gehölzen oder vor ihnen. Sie vertragen leichten Schatten, wachsen aber auch in der Sonne gut und haben ausgesprochenen Wildpflanzencharakter. Sie sind dauerhaft und unempfindlich gegen Trokkenheit. Der Boden darf nur nicht zu schwer sein. Besonders in größeren Gärten lassen sie sich gut verwenden. Schön ist nicht nur die Blüte, sondern auch das Blattwerk, das sich bei einigen Arten im Herbst interessant verfärbt. Die Vermehrung erfolgt durch Teilung oder Aussaat.

G. grandiflorum
Blütezeit: Mai/Juni; Höhe: 40 cm.

Die violetten schalenförmigen Blüten der Sorte 'Johnson' sitzen an reich verzweigten Stengeln. Die tief eingeschnittenen Blätter werden allerdings früh abgeworfen.

G. × magnificum (syn. *G. platypetalum* hort.)
Blütezeit: Juni/Juli; Höhe: 50–60 cm.

Leuchtend blauviolett. Im Herbst färben sich die Blätter bei dieser Art feurig rot; unempfindlich gegen Trockenheit.

Storchschnabel *(Geranium meeboldii* 'Johnson'), zusammengepflanzt mit Großblättrigem Frauenmantel.

Eisenhut (*Aconitum napellus* 'Bicolor').

Lanzen-Silberkerze (*Cimicifuga cordifolia*).

Eisenhut *(Aconitum)*

Blütezeit: Juli–September (je nach Art);
Höhe: 80–150 cm (je nach Art).
Auch zur Bepflanzung einer Rabatte geeignet.

Wenn die blauen Töne des Rittersporns im Garten verklungen sind, beginnt der Eisenhut zu blühen. Diese bildschöne Pflanze mit den fingerförmig zerteilten Blättern und den helmartigen Blüten können wir zu Astilben und Silberkerzen gesellen. Auch für eine farbenfrohe Prachtstaudenpflanzung halte ich den Eisenhut unentbehrlich. Im Juli/August, also zur Blütezeit von *Aconitum napellus* und seiner empfehlenswerten Sorte 'Spark', fehlt uns nämlich die blaue Farbe in der Nachbarschaft von rosa und rotem Phlox, weißer Margeriten und gelbblühender Stauden. Auch *A. napellus* 'Bicolor' blüht um diese Zeit in Weißblau.
Eine besonders wertvolle, spätblühende Art (August–Oktober), deren Blau in Verbindung mit rosa oder weißen Herbstanemonen und spätblühenden Silberkerzen ganz bezaubernd aussieht, ist *A. wilsonii*. Höhe: 150 cm. Ebenfalls im September/Oktober blüht der nur 100 cm hohe *Aconitum × arendsii*. Auch diese dunkelblaue Art ist sehr wertvoll.
Ebenso wie Pfingstrosen, Phlox und Madonnenlilien gehört der Eisenhut zum eisernen Bestand alter Bauerngärten. Er zieht lichten Schatten der vollen Sonne vor. In kühler, frischer Lage fühlt er sich wohl. Für das gute Gedeihen dieser Staude ist eine kräftige Düngung besonders wichtig. Außerdem ist für Feuchtigkeit zu sorgen. In zu praller Sonne und bei Trockenheit treten häufig Blattläuse auf. Nach der Blüte werden die Triebe wie bei Rittersporn dicht über dem Boden abgeschnitten. Die Pflanzen wollen möglichst lange an ihrem Platz bleiben. Vermehrung: Die eigenartigen, rübenförmigen Wurzelstöcke lassen sich leicht mit der Hand teilen. Außerdem kann der Eisenhut durch Aussaat vermehrt werden.
Zu erwähnen bleibt noch die Giftigkeit dieser Staude für Mensch und Tier. Besonders die Wurzeln sind giftig, man kann aber ohne Gefahr mit ihnen umgehen. Wer empfindlich ist, wäscht sich anschließend die Hände.

Silberkerze *(Cimicifuga)*

Wie andere Stauden aus der Hahnenfußfamilie entwickeln auch die Silberkerzen erst nach Jahren ihre volle Schönheit. Am liebsten wol-

59

Schattenstauden

len sie jahrzehntelang am gleichen Platz bleiben. Auf einem humusreichen, eher feuchten als zu trockenen Boden wachsen sie zu auffälligen Pflanzenpersönlichkeiten heran. Der deutsche Name sagt bereits alles. Die hohen weißen Kerzen sind von solcher Eleganz, daß sie wirklich in keinem Garten fehlen sollten, soweit schattige Stellen vorhanden sind. Nicht nur aus der Nähe betrachtet sind sie hübsch, sie haben auch eine beachtliche Fernwirkung, besonders wenn sie sich von einem dunklen Hintergrund (Gehölze) abheben. Als Nachbarn sind Farne, Eisenhut und Herbstanemonen geeignet und selbstverständlich die verschiedensten schattenverträglichen Bodendecker, von denen eine Auswahl ab S. 65 zu finden ist.

Juli-Silberkerze *(Cimicifuga racemosa)*
Blütezeit: Juli; Höhe: 200 cm.

Das Blattwerk ist zierlich gefiedert, die hohen Blütenkerzen hängen leicht über.

Lanzen-Silberkerze *(Cimicifuga cordifolia)*
Blütezeit: August–Oktober; Höhe: 150 cm.

Eine Silberkerze mit besonders schönen, herzförmigen Blättern (des öfteren treten Blattkrankheiten auf) und cremeweißen, lanzenähnlichen Blüten auf eleganten Stielen.

September-Silberkerze *(Cimicifuga ramosa)*
Blütezeit: September; Höhe: 200 cm.

Eine mächtige Staude mit üppigem Blattwerk und langen, cremeweißen, kaum verzweigten Blütenkerzen. Wohl die schönste Art.
Die ebenfalls 200 cm hoch werdende Sorte 'Atropurpurea' schmückt sich mit braunroten Blättern, so daß die weißen Blütenkerzen in auffallendem Kontrast zum Laub stehen.

Oktober-Silberkerze *(Cimicifuga simplex* 'Armleuchter')
Blütezeit: September/Oktober; Höhe: 130 cm.

Reichverzweigte, leicht überhängende Blütenkerzen. Verschiedentlich wird die genannte Sorte auch unter dem Namen 'White Pearl' angeboten.

Funkie, Herzlilie *(Hosta)*
Blütezeit: Juli–September (je nach Sorte); Höhe: 30–80 cm (je nach Sorte).

Funkien zählen zu unseren dekorativsten Blattstauden. Die Blätter zeigen je nach Art verschiedene Farben. Sie können grün oder gelb, weißbunt oder stahlblau sein. Aber auch die violetten oder weißen Blüten sind bei einigen Sorten reizvoll.
Mit Funkien können wir schattige Stellen bepflanzen, selbst trostlose Hinterhöfe lassen sich mit ihnen farbenfroh gestalten. Dabei sind Funkien denkbar anspruchslos und gedeihen in jedem normalen, nahrhaften Gartenboden. Sie sind unempfindlich gegen extreme Witterungsverhältnisse, und selbst Trockenheit kann sie nicht umbringen. Sie machen dann allerdings schlapp; darum gießen wir sie. Ihre Schönheit kann sich erst voll entfalten, wenn sie einzeln gestellt aus niedrigen Stauden herausragen. Auch an den Rand des Wasserbeckens passen Funkien mit ihrem üppigen Blattwerk gut hin. Am wohlsten fühlen sie sich zwar im Halbschatten, doch können sie ebenso im tiefen Schatten wie in voller Sonne stehen.
Einige wertvolle Arten (die angegebenen Höhen beziehen sich hier auf die Blätter):

Große Blaublattfunkie *(Hosta sieboldiana* 'Elegans')
Höhe: 60 cm.

Die riesigen Blätter sind bläulich bereift, eine sehr wirkungsvolle Blattschmuckstaude mit weit ausladendem Wuchs.

Lanzenfunkie *(Hosta lancifolia)*
Höhe: 30 cm.

Zierliche Art mit grünen, glänzenden Blättern, die wie Lanzen an langen Stielen aussehen.

Schneefederfunkie *(Hosta undulata* 'Univittata')
Höhe: 30 cm.

Zierliche Art mit weißbunten, gewellten Blättern, die sich auch zur Pflanzung in Töpfen und Schalen eignet.

Funkien sind überaus dekorative und dabei recht genügsame Blattstauden. Ihre Schönheit kommt erst voll zur Geltung, wenn sie – so wie auf diesem Bild – aus einer niedrigen Pflanzendecke herausragen.

Grüne Riesenfunkie *(Hosta elata)*
Höhe: 80 cm.
Diese üppig wachsende Art bildet große Horste, sie kann viel Sonne vertragen.

Frühlingsgoldfunkie *(Hosta fortunei* 'Aurea')
Höhe: 60 cm.
Die jungen Blätter sind im Frühjahr goldgelb mit grünem Rand, später vergrünen sie.

Weißrandfunkie *(Hosta albomarginata, syn. H. sieboldii)*
Höhe: 30 cm.
Kleine Blätter mit schmalem, weißem Rand. Blütenfarbe: violett. Die Sorte 'Alba' bringt weiße Blüten und bleibt noch niedriger.

Herbstanemonen *(Anemone-Japonica*-Hybriden, *Anemone hupehensis, Anemone tomentosa,* syn. *vitifolia)*
Blütezeit: August–Oktober (je nach Sorte); Höhe: 50–120 cm (je nach Sorte).
Auch zur Bepflanzung einer Rabatte geeignet.

Im herbstlichen Garten sind sie unersetzlich. Herbstanemonen gehören zu unseren lieblichsten und dabei wertvollsten Stauden. Je nach Sorte blühen sie in Weiß, Rosa oder Dunkelrot, und immer leuchten aus der Mitte die goldgelben Staubgefäße. Die Blüte kann die Form einer flachen Schale haben, oder sie ist halb gefüllt.

Am besten sagt ihnen ein lockerer, nährstoffreicher Boden zu, obwohl die Wurzeln auch in schwere Böden einzudringen vermögen. Sie werden kaum von Krankheiten befallen und zeigen gesundes Laub. Herbstanemonen sind – außer den Sorten der *A. tomentosa* – in schneearmen Wintern gefährdet. Sofern die Pflanzen nicht durch das Laub benachbarter Gehölze im Spätherbst bedeckt werden, müssen wir sie in Gegenden mit wenig Schnee

Herbstanemone 'Honorine Jobert'.

In zehn Jahren wurde aus einem Pflänzchen der Sorte 'Robustissima' eine gut 4 m breite Pflanze.

schützen. Wir bringen 5–10 cm hoch Laub auf und legen ein paar Fichtenzweige darüber. Besonders im ersten Winter nach der Pflanzung dürfen wir dies nicht versäumen.

Den Platz für die Herbstanemonen müssen wir überlegt auswählen, gehören sie doch zu den Stauden (Hahnenfußgewächse wie Pfingstrose, Rittersporn, Eisenhut, Silberkerze u. a.), die nach der Pflanzung nicht mehr gestört werden wollen. Erst nach Jahren entfalten sie ihre volle Schönheit. Sobald sie eingewurzelt sind, beginnen sie sich mit Hilfe unterirdischer Knospen nach allen Seiten auszubreiten. Wir müssen also genügend Raum (je Pflanze etwa 1,5 m^2) für sie vorsehen. Wenn wir sie aus irgendwelchen Gründen verpflanzen müssen, dann am besten im Frühjahr. Bezaubernde Farbwirkungen können wir er-

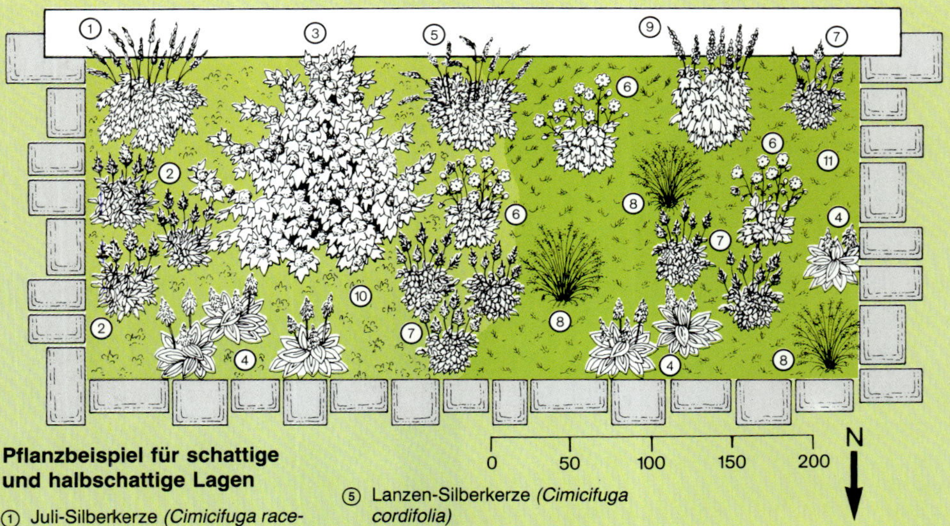

Pflanzbeispiel für schattige und halbschattige Lagen

① Juli-Silberkerze *(Cimicifuga racemosa)*
② Astilbe *(Astilbe × arendsii* 'Cattleya'), 3 Stück
③ Duftschneeball *(Viburnum fragrans)*
④ Schneefederfunkie *(Hosta undulata* 'Univittata'), 6 Stück
⑤ Lanzen-Silberkerze *(Cimicifuga cordifolia)*
⑥ Herbstanemone *(Anemone hupehensis* 'Septembercharme'), 3 Stück
⑦ Astilbe *(Astilbe × arendsii* 'Glut'), 6 Stück
⑧ Rasenschmiele *(Deschampsia caespitosa),* 3 Stück
⑨ Herbst-Eisenhut *(Aconitum wilsonii)*
⑩ Bodendecker: Fiederpolster *(Cotula squalida)*
⑪ Purpurgünsel *(Ajuga reptans* 'Purpurea')

Schattenstauden

Wertvolle Arten und Sorten von Herbstanemonen:

Art und Sorte	Höhe	Blütezeit	Farbe/Bemerkungen
A. Japonica-Hybriden			
'Honorine Jobert'	80–120 cm	Sept./Okt.	starkwüchsig; reich und sehr lange blühend, schneeweiße Blüten groß und einfach; sehr wertvoll
'Königin Charlotte'	80–100 cm	Sept./Okt.	starkwüchsig; die halbgefüllten Blüten glänzen seidig silberrosa
'Prinz Heinrich'	60–80 cm	Sept./Okt.	dunkelrote, halbgefüllte, offene Schalenblüten, die sehr aufrecht stehen; lange Blütezeit
A. hupehensis			
'Praecox'	50–80 cm	Aug./Sept.	reich und lange blühend, die schalenförmigen Blüten sind kräftig rosa
'Septembercharme'	60–80 cm	Aug./Sept.	zierlich im Aufbau; reichblühend und standfest, mit einfachen, flachen rosa Blütenschalen
A. tomentosa			
'Robustissima'	80–100 cm	Aug.	reichblühend; die hellrosa Blüten sind schalenförmig einfach, kräftiger Wuchs; sehr wertvoll, weil sie auch unter ungünstigen Verhältnissen winterhart ist

zielen, wenn wir sie mit späten Arten von Eisenhut, Silberkerzen, Astilben, aber auch mit Gräsern, Funkien u.ä. zusammenpflanzen. Im Herbst können wir außerdem Zwiebeln von Schneeglöckchen, Traubenhyazinthen u. ä. zwischen die hohen Anemonen legen. So regt sich im Frühjahr bereits blühendes Leben.

Alpenveilchen *(Cyclamen)*
Blütezeit: je nach Art verschieden; Höhe: 5–15 cm.

Die Freiland-Alpenveilchen sind reizende kleine Pflanzen, die sich besonders im lichten Schatten von Sträuchern oder Bäumen wohl fühlen. Wenn der Boden schwer oder feucht ist, sollten wir sie in den Wurzelfilz von Gehölzen pflanzen. Es handelt sich hier um eine ausgesprochene Liebhaberstaude, die wir am besten aus der Nähe betrachten.
Die Knollen kommen in kalkhaltigen, lehmigen Humusboden, dem bei Bedarf etwas Kalk zugesetzt wird. Sie werden so tief gepflanzt, daß sie gut daumenstark mit Erde bedeckt sind. Im Winter geben wir am besten eine luftdurchlässige Nadelstreudecke darüber, damit sie bei Barfrösten nicht geschädigt werden. Stauende Nässe wird nicht vertragen.

Vorfrühlings-Alpenveilchen *(C. coum)*
Blütezeit: Februar/März; Höhe: 5 cm.
Blüht leuchtend karminrot. Die Blätter sind rundlich bis nierenförmig und dunkelgrün.

Sommer-Alpenveilchen *(C. purpurascens, syn. C. europaeum)*
Blütezeit: Juli–September; Höhe: 10–15 cm.
Diese Art kommt vor allem in südlichen Bergländern, bei uns aber nur in den Berchtesgadener Alpen vor, ist vollkommen winterhart und sehr langlebig. Sie liebt etwas frischeren Boden, steht sie doch an den genannten Standorten in Wäldern. Die Lage soll halbschattig, aber warm sein, der Boden gut durchlüftet und kalkhaltig. Die Blätter sind dunkelgrün und graugrün marmoriert, an der Unterseite purpurfarben. Die Blütenfarbe ist rosarot.

Sommer-Alpenveilchen *(Cyclamen purpurascens)*.

Herbst-Alpenveilchen *(C. hederifolium, syn. C. neapolitanum)*
Blütezeit: September/Oktober; Höhe: 10–15 cm.

Diese Art will einen warmen, trockenen und ebenfalls leicht beschatteten Standort. Unter einer Nadelstreudecke (Kiefernnadeln) ist diese wertvolle Kleinstaude gut winterhart. Die Blütenfarbe ist rosa. Die Blätter sind efeuartig wintergrün.

Mandelblättrige Wolfsmilch *(Euphorbia amygdaloides)*
Blütezeit: April/Mai; Höhe: 30–50 cm.

Bereits im Frühjahr sind die 30–50 cm hohen Pflanzen mit ihren gesunden, dunkel-olivgrünen Blättern sehr interessant. Noch aparter

Christrose

sind sie aber im Herbst. Sie verfärben sich um diese Jahreszeit purpurrot, und wenn sie dann gar noch aus dem Schnee herausleuchten, sind sie ein Genuß für das Auge. Wir sollten es mit dieser Wolfsmilchart einmal versuchen und einige Pflanzen zwischen Maiglöckchen, Leberblümchen, Immergrün und anderen bodenbedeckenden Stauden ansiedeln, die den gleichen Standort schätzen. Die Blüten sind unauffällig, von Schönheit ist in erster Linie die Blattfarbe.

Die Bäume und Sträucher, zwischen denen wir sie ansiedeln, sollten so weit auseinanderstehen, daß auch den Sommer über Licht und Wärme eindringen können. Der Boden soll nicht trocken, eher etwas feucht sein.

Die Vermehrung ist durch Aussaat, aber auch durch Teilung und Stecklinge möglich.

Christrose, Schneerose, Nieswurz *(Helleborus)*
Blütezeit: Oktober–April (je nach Art); Höhe: 20–50 cm (je nach Art).

Wem von uns wäre sie nicht bekannt! Sie, deren Blüten zur Winterszeit aus dem Schnee spitzen, zeigt uns, daß das Leben in unserer Staudenpflanzung auch bei strenger Kälte nicht erloschen ist.

Christrosen wollen Jahrzehnte hindurch am gleichen Platz bleiben. An den Boden stellen sie einige Ansprüche: Er soll nahrhaft, lehmighumos und kalkhaltig sein. In schattigen Gärten sagt es ihnen zu. Obwohl nässeempfindlich, lieben sie zur Blütezeit reichlich Feuchtigkeit. Den Sommer über vertragen sie jedoch Trockenheit sehr gut. Ein schönes Bild entsteht, wenn wir sie in Gemeinschaft mit anderen Frühlingsblühern wie Seidelbast, Primeln, Leberblümchen, Farnen u.a. pflanzen.

Die bekannteste Art ist *H. niger,* die eigentliche Christrose. Sie wird etwa 20 cm hoch und bringt im März/April große, weiße Blüten. Die Sorte 'Praecox' beginnt bereits im Oktober/November zu blühen. Wertvoll ist weiter *H. niger* ssp. *macranthus*. Sie kommt aus den südlichen Kalkalpen und bringt im Frühjahr

Schattenstauden

sehr große weiße, rosa überhauchte Blüten. Wir sollten ihr gelegentlich Kalk geben. *H. purpurascens* blüht im März mit purpurroten Blüten.

Die Nieswurz, auch Stinkende Nieswurz oder Palmblatt-Christrose genannt *(H. foetidus)*, bringt vom Februar bis in den April hinein bescheidene, hellgrüne Blüten, die oftmals mit einem rötlichen Saum versehen sind. Diese 40 cm hohe, sehr anspruchslose Schattenstaude sieht durch ihr gesundes, grünes Laub das ganze Jahr hindurch gut aus.

Weiter sind zu nennen die *H.*-Hybriden, die Frühlings-Christrosen. Die kräftigen Pflanzen werden bis zu 40 cm hoch und blühen im März/April je nach Sorte weiß, rosa und dunkelrot. Sie sind sehr anspruchslos und kommen auch an trockenen Standorten gut zurecht. Sowohl für Halbschatten als auch für Schatten und volle Sonne sind diese Christrosen geeignet. Sie zählen zu den schönsten frühblühenden Stauden und sehen auch in der Vase hübsch aus.

Die Vermehrung aller genannten Arten erfolgt durch Teilung oder Aussaat (sofort nach der Samenreife).

Bodendecker und Blattpflanzen

Haselwurz *(Asarum europaeum)*
Blütezeit: April; Höhe: 10 cm.

Die Haselwurz ist ein wertvoller Bodendekker, der in tiefem Schatten den Rasen ersetzen kann. Die Pflänzchen mit ihren immergrünen, nierenförmigen, glänzend-lederartigen Blättern sind unverwüstlich und das ganze Jahr über von großer Schönheit. Die Haselwurz kriecht mit ihren Wurzeln und Ausläufern ziemlich oberirdisch dahin. Wir wollen sie deshalb recht flach pflanzen, so daß die Wurzeln eben noch mit Erde bedeckt sind. Am besten gedeihen sie in Laubhumusboden im kühlen Schatten. Die rotbraunen Blüten entwickeln sich im zeitigen Frühjahr, bleiben aber unter den Blättern unbemerkt. Vermehrung durch Teilung.

Ysander *(Pachysandra terminalis)*
Blütezeit: April; Höhe: 25 cm.

Mit diesem immergrünen Bodendecker lassen sich auch die ungünstigsten Stellen im Garten begrünen. Zu trocken sollte der Boden allerdings nicht sein. Die dichten, schmückenden Blätter sind einfach unverwüstlich. Sie ertragen Wurzeldruck und Tropfenfall und bleiben für das Auge immer ansehnlich. Die weißen Blüten sind dagegen wenig auffallend. Besonders in lockerem, etwas saurem, humosem Boden kriechen die unterirdischen Ausläufer dieser etwa 25 cm hohen Staude gerne umher.

Ysander

Bei der Pflanzung sollten wir darauf achten, daß die kriechenden Rhizome flachliegend ins Erdreich kommen, wie es ihrer natürlichen Lebensweise entspricht. Nach langsamem Start bilden sie eine einheitliche, dichte Decke.
Vermehrung: Die Pflanzen lassen sich durch Auseinanderreißen der zahlreichen Rhizome leicht teilen.

Lungenkraut *(Pulmonaria)*
Blütezeit: April–Mai; Höhe 20–30 cm.

Das Lungenkraut liebt Waldhumusboden. Es ist eine wertvolle Staude von 15–30 cm Höhe, mit der sich der Boden bedecken läßt. Gut

Lungenkraut *(Pulmonaria angustifolia* 'Azurea').

Frühlingsgedenkemein

wirkt das Lungenkraut zwischen Gehölzen oder am Gehölzrand, besonders wenn es mit anderen schattenliebenden Stauden wie Elfenblume, Farnen, der dekorativen Hainsimse, Waldsteinien u. a. zusammengepflanzt wird.
Bei der sehr früh- und reichblühenden *P. angustifolia* 'Azurea' sind die Blüten enzianblau.
Bei *P. saccharata* 'Mrs. Moon' wechselt die Blütenfarbe von Rot nach Blau. Rote und blaue Blüten sind meist gleichzeitig zu sehen. Diese Art mit silbrig gefleckten Blättern ist schöner als unser heimisches Lungenkraut *(P. officinalis)*.
P. rubra hat hellgrüne, ungefleckte Blätter und ziegelrote Blüten, die die Farbe nicht wechseln.
Vermehrung: Teilen im zeitigen Frühjahr oder Herbst.

Frühlingsgedenkemein *(Omphalodes verna)*
Blütezeit: April/Mai; Höhe: 15 cm.

Eine entzückende, vergißmeinnichtähnliche Kleinstaude für halbschattige Stellen. Der Boden soll trocken bis frisch sein. Diese kalkliebende Art ist sehr ausdauernd und verbreitet sich durch Ausläufer. Die Blüten sind leuchtendblau. Die schöne Form 'Alba' blüht weiß, ist aber nicht sehr wüchsig. Die Vermehrung erfolgt durch Teilung oder Aussaat.

Waldsteinie, Golderdbeere *(Waldsteinia)*
Blütezeit: April/Mai; Höhe: 10–20 cm.

Mit ihren erdbeerähnlichen, wintergrünen Blättern bildet diese Staude bereits in zwei Jahren dichte Teppiche, die auch nach zehn Jahren noch keine Alterserscheinungen zeigen. Diese Bodenbedeckungspflanze eignet sich gleich gut für Schatten und Halbschatten. Wertvoll ist, daß sie auch ziemlich trockenen Boden vertragen kann.
Es gibt wohl kaum eine andere Staude, die imstande wäre, unschöne Kahlstellen im Schatten von Gehölzen besser und länger zu begrünen. Die kleinen, goldgelben Blüten sind eine willkommene Zugabe.
Für uns sind zwei Arten von Bedeutung: *W. geoides* hat glänzende Blätter und kriecht nicht (Höhe: 20 cm), *W. ternata* hat dreilappige Blätter und bildet durch ihre oberirdischen Ausläufer schöne Teppiche. Höhe 10 cm.
Die Vermehrung ist sehr leicht. Beide Arten lassen sich im Frühjahr oder Herbst in viele rasch wachsende Einzelstücke aufteilen.

Immergrün *(Vinca)*
Blütezeit: April/Mai; Höhe: 10–15 cm.

Eine bekannte Staude, die sich als wintergrüner Bodendecker auch für frische bis feuchte Böden eignet. Sie bildet einen freundlich grünen Teppich, ohne dabei andere Stauden zu

Immergrün

Schattenstauden

Schaumblüte *(Tiarella cordifolia)*
Blütezeit: Mai; Höhe: 20 cm.

Ein zierlicher Bodendecker, der sich in etwas feuchten, leicht sauren, humusreichen Böden sehr wohlfühlt und lange ausdauert. Über den frischgrünen Blättern leuchten weiße, lockere Blütenrispen. Im Herbst nimmt das Laub einen kupferfarbenen Ton an.
T. wherryi mit schön gezeichneten Blättern blüht im Mai/Juni. Diese Art bildet keine Ausläufer.
Vermehrung durch Teilung und Aussaat.

erdrücken. Am besten wächst sie in lockerer Laubhumuserde oder kräftiger Komposterde. *V. minor* ist härter und länger blühend als die großblättrige *V. major*, die warme, schattige Stellen liebt. Von *V. minor* gibt es verschiedene Formen, unter denen 'Bowles' ihres kompakten Wuchses und ihrer leuchtend blauen Blüten wegen zu den schönsten zählt.
Die Vermehrung erfolgt durch Teilung. Mehr Pflanzen erhalten wir durch Abtrennen bereits bewurzelter Triebe. Bei guter Bodenbeschaffenheit können wir durchaus solche bewurzelte Rißlinge pflanzen, sie bestocken sich schnell im folgenden Jahr.

Schaumblüte

Waldmeister *(Asperula odorata)*
Blütezeit: Mai; Höhe: 15 cm.

Eine schattenliebende Pflanze, die uns in Verbindung mit der Maibowle wohl allen bekannt ist. Da sie nicht höher als 15 cm wird, eignet sie sich gut zur Bodendeckung. Der Waldmeister breitet sich zwischen anderen Pflanzen aus, ohne daß man dafür den abwertenden Ausdruck »wuchern« gebrauchen müßte. Er verdrängt nichts. Wer deshalb in seinem Garten einen Platz unter Bäumen oder im Hausschatten begrünen will, pflanze diese ausläufertreibende Staude. Besonders in etwas schweren Lehmböden entwickelt sie sich üppig, breitet sich aber auch auf leicht trockenem Boden aus. Im Mai erscheint eine Menge weißer Sternblüten, denen ein süßer Duft entströmt.

Waldmeister

Schattenstauden

Maiglöckchen *(Convallaria majalis)*
Blütezeit: Mai; Höhe: 20 cm.

Mit ihren zierlichen weißen Blüten und ihrem angenehmen Duft sind sie gut geeignet, um den beschatteten Boden unter Gehölzen zu begrünen. In Verbindung mit Farnen, Haselwurz und anderen Schattenstauden lassen sich hübsche Wirkungen erzielen. Wir verwenden die Form *C. majalis* 'Grandiflora' mit großen, weißen Blütenglöckchen. Vermehrung durch Teilung.

Günsel *(Ajuga reptans)*
Blütezeit: April–Juni; Höhe: 10 cm

Da der kriechende Günsel feuchte Plätze liebt, können Einzelheiten unter den »Stauden am Wasser« auf S. 149 ersehen werden.

Taubnessel *(Lamium)*
Blütezeit: Mai/Juli; Höhe: 20 cm.

Die Gefleckte Taubnessel *(L. maculatum)* treibt Ausläufer und eignet sich deshalb gut zur Bodenbedeckung. Auch für magere und leichte Böden ist sie gut geeignet. Die Blätter sind dunkelgrün und z. T. weißsilbrig gefleckt, die Blüten rötlich. Die Form *L. maculatum* 'Argenteum' hat eine besonders ausgeprägte Blattfärbung und schöne rote Blüten.
Die Goldnessel *(Galeobdolon luteum,* syn. *L. galeobdolon)* blüht gelb über dunkelgrüner, dichter Belaubung. Sie eignet sich auch für den Normalgarten, während die Florentiner Goldnessel *(G. l.* 'Florentinum') mit weißgezeichneten Nesselblättern stark wuchert. Vermehrung aller Arten durch Teilung.

Niedrige Astilbe *(Astilbe chinensis* 'Pumila')
Blütezeit: August/September; Höhe: 10 cm.

Diese Astilbe kriecht flach am Boden. Die Wurzeln kommen selbst auf hartem Boden gut zurecht, und erstaunlich schnell entwickelt sich eine geschlossene Pflanzendecke. Diese Form verträgt auch volle Sonne und Trockenheit ausgezeichnet. Die etwa 25 cm hohen, schmalen Blütenrispen erscheinen sehr spät und bringen über viele Wochen hinweg lilarosa Farbe in die Pflanzung. Selbst Mitte Oktober kann man sie teilweise noch in Blüte sehen.

Farne

Das Besondere an den Farnen sind nicht weithin leuchtende Blüten, sondern das zarte, wohltuende Grün ihrer Blätter, die wir Wedel nennen. Sie sehen oft aus, als wären sie kostbarste Filigranarbeit. Besonders schön wirken sie beim Austrieb. Dabei entrollen sie sich bei manchen Arten in der Form eines Bischofsstabes. Den ganzen Sommer über bleiben sie dann grün, manche auch im Winter.
Mit Farnen lassen sich stimmungsvolle Motive im Halbschatten und selbst im Schatten schaffen. Mit ihnen können wir oft vernachlässigte Gartenteile wirkungsvoll gestalten. Ausschließlich Schatten bevorzugen aber nur wenige Arten. Die meisten von ihnen fühlen sich sowohl an halbschattigen Stellen als auch in

Taubnessel *(Lamium maculatum* 'Silbergroschen').

der Sonne wohl. An sonnigen Standorten muß nur der Boden schwerer und feuchter sein. *Blechnum* und *Osmunda* wollen sauren Boden. Sie eignen sich deshalb besonders gut zwischen Rhododendren und Azaleen. Um den Farnen möglichst natürliche Verhältnisse zu bieten, graben wir den Boden tief um und vermischen ihn mit grobem Torf. Auch Kompost, halbverrottetes Laub und kleingehackte Gehölzstückchen können wir dabei einarbeiten. Der Boden darf auf keinen Fall zu trocken sein. Nach der Pflanzung wollen Farne möglichst lange ungestört am gleichen Platz bleiben.

Hohe Farne sollten nicht ganze Flächen bedecken. Elegant sieht es aus, wenn sie über Teppichen von immergrünen Bodendeckern ihre Scherenschnittblätter entfalten. Haselwurz, Ysander, Waldmeister, Buschwindröschen, die Niedrige Astilbe u. a. eignen sich gut für eine solche Unterpflanzung. Zu Farnen passen weiter die verschiedensten höheren Blütenstauden des Halbschattens, wie z. B. Elfenblume, Salomonssiegel, Akelei, Silberkerze, Herbstanemonen u. a. Die Vermehrung erfolgt durch Teilung. Die Aussaat der Sporen ist für uns zu umständlich und langwierig.

Nur einige für unseren Garten wertvolle Arten und Formen sollen aus dem riesigen Reich der Farne genannt werden.

Rippenfarn

Hirschzungenfarn
(Phyllitis scolopendrium)
Höhe: 20–30 cm.

Diese Art hat glänzend dunkelgrüne, glatte Blätter, die wie lange Zungen aussehen. Sehr hübsch ist auch die Form *Ph. scolopendrium* 'Crispa' mit gewellten Wedeln. Während der glattrandige Hirschzungenfarn einen aufwärts gerichteten Wuchs zeigt, fallen die Blätter der verschiedenen Formen auseinander. Die Pflanzen sehen dadurch wie Nester aus.

Rippenfarn *(Blechnum spicant)*
Höhe: 30 cm.

Dieser heimische, wintergrüne Farn braucht sauren Boden. Die Wedel sind lederartig, ungewöhnlich schmal und glänzend grün. Bei jungen Pflanzen sind sie flach auf dem Boden ausgebreitet, bei älteren bilden sie dichte Horste, aus deren Mitte im Sommer die Sporenwedel herausragen. Die Art *B. penna-marina*, eine Kleinausgabe des Rippenfarns, bildet breitausladende, nur 15 cm hohe Horste. Sie liebt Humusboden und eignet sich besonders für den Steingarten an absonnigen Stellen.

Hirschzungenfarn

Filigranfarn *(P. setiferum* 'Plumosum Densum').

Filigranfarn *(Polystichum)*
Höhe: 50 cm.

Die hierzu gehörenden wintergrünen Arten fallen durch ihre Gestalt und ornamentale Belaubung ins Auge. Sie bevorzugen feuchte Böden in halbschattiger Lage.

P. lonchitis **(Lanzenfarn)**
Fällt durch seine schmalen Wedel auf. Die einzelnen Fiederblättchen sind dornig gezähnt.

P. setiferum 'Proliferum'
Sehr schön mit seinen locker angeordneten, zarten Wedeln. Diese Form ist breit ausladend. Besonders wüchsig ist die Form 'Proliferum Dahlem' mit bis zu 1 m langen, überhängenden Wedeln in hellem Grün.

P. setiferum 'Plumosum Densum'
Er ist der König aller Filigranfarne. Seine fein zerteilten, dicht übereinanderliegenden Fiederblätter sind für das Auge ein ästhetischer Genuß. Man glaubt vor einem hochedlen Gewächshausfarn zu stehen, und dabei ist er völlig winterhart.

Königsfarn *(Osmunda regalis)*
Höhe: 100–120 cm.

Der stattlichste von allen! Er kann sehr alt werden und sich dann zu mächtigen Büschen mit einer Höhe bis zu 2 m entwickeln. Feuchter, saurer Boden wird bevorzugt, deshalb viel Torfmull an der Pflanzstelle einbringen!

Wurmfarn *(Dryopteris filix-mas)*
Höhe: 80–100 cm.

Einer der am häufigsten vorkommenden heimischen Waldfarne! Mit ihren edlen, steil aufgerichteten Wedeln ist diese widerstandsfähige Art besonders im Austrieb sehr hübsch. Eine andere Art, *D. erythrosora,* ist im Austrieb rötlichbraun.

Frauenfarn *(Athyrium filix-femina)*
Höhe: 80–100 cm.

Die hellgrünen, großen Wedel sind fein gefiedert und sterben im Herbst ab. Der Frauenfarn kommt auch in unseren heimischen Wäldern vor. Es gibt vielerlei Formen mit unterschiedlich gestalteten Wedeln und in verschiedenen Höhen.

Pfauenradfarn, Hufeisenfarn *(Adiantum pedatum)*
Höhe: 40 cm.

Ein sehr zierlicher Farn! Wertvoll für den Garten und zum Schnitt. Am besten wirkt diese Art zwischen niedrigen Bodendeckern, wo sie keinen Druck von starkwachsenden Nachbarn ausgesetzt ist. Der Boden soll sauer und humusreich sein.

Becherfarn *(Matteuccia struthiopteris)*
Höhe: 60–100 cm.

Dieser besonders im Frühjahr sehr hübsche Farn hat einen trichterförmigen Wuchs. Die hellgrünen Wedel sind einfach gefiedert. Diese Art bildet Ausläufer und Kolonien. Wir müssen also bei der Pflanzung genügend Platz lassen.
So wertvoll dieser Farn auch ist, weil er leicht wächst, so kann er doch gelegentlich durch seinen Ausdehnungsdrang lästig werden. Sein Aussehen – im Winter dunkelbraune Trichter – macht dies aber wett.

Wir sind die Prächtigsten – Prachtstauden

Wegen ihrer reichen Blüte und der weithin leuchtenden Farben nennt man eine bestimmte Gruppe von Stauden die »Prachtstauden«. Auch Beet- oder Rabattenstauden werden sie in der gärtnerischen Fachsprache genannt, weil sie bevorzugt auf Beete gepflanzt werden. Sie sind durch jahrzehntelange, manche sogar durch jahrhundertelange Züchtung und Auslese entstanden und sehr anspruchsvoll.

Beinahe alle Prachtstauden, über die wir uns in diesem Abschnitt unterhalten, lieben Sonne und gute, humusreiche Gartenerde. Wir müssen den Boden zwischen ihnen bearbeiten (siehe S. 14) und dafür sorgen, daß sie nicht Hunger leiden.

Die Prachtstauden können auf Flächen vor Sträuchergruppen oder vor einer Hecke stehen. Am besten eignen sie sich aber für die Bepflanzung von Beeten oder Rabatten. Möglichkeiten dazu bieten sich vor einer Hauswand, Mauer, Hecke oder vor Ziersträuchern. Durch einen solchen Hintergrund bekommt das Staudenbeet Halt. Ziersträucher blühen außerdem überwiegend im Frühjahr und Vorsommer, zu einer Zeit also, in der auf dem Prachtstaudenbeet noch nicht viel Farbe vorhanden ist. Der Schwerpunkt der Blüte liegt hier im Sommer und Herbst.

Sehr wichtig ist es deshalb auch, daß wir zwischen die Prachtstauden genügend Blumenzwiebeln setzen. Wir pflanzen diese Frühlingsblüher nicht einzeln, sondern immer in Gruppen zu drei, fünf, sieben, neun oder noch mehr. Jede Gruppe kann andersfarbig blühen, innerhalb einer solchen Gruppe aber wollen wir uns auf nur eine Farbe beschränken.

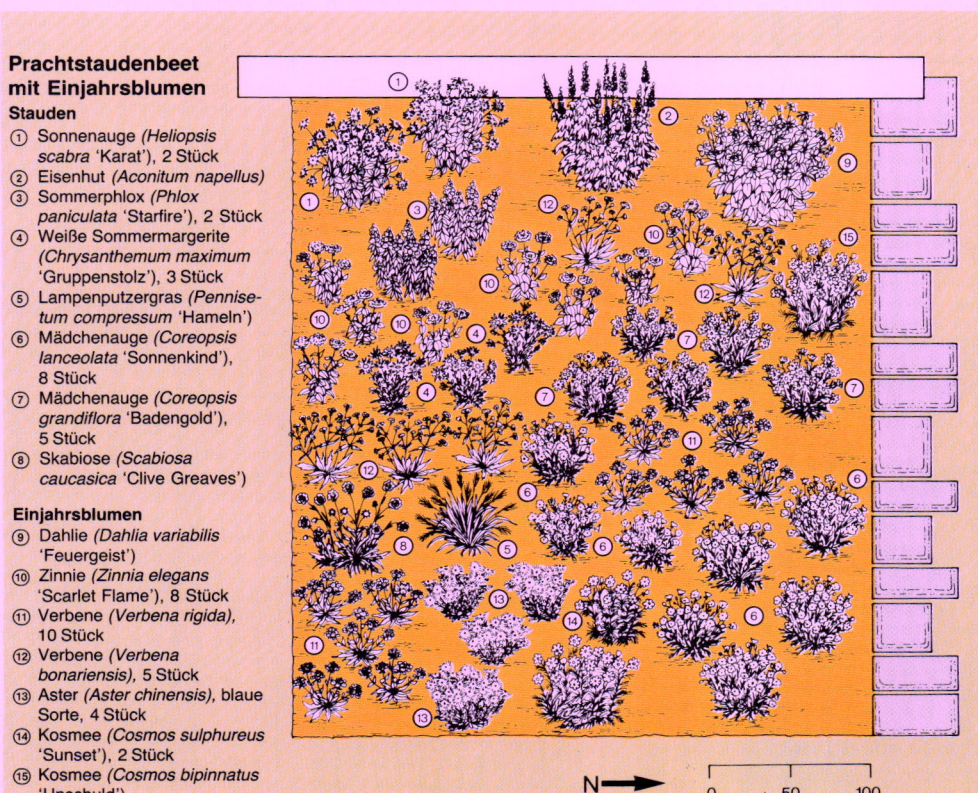

Prachtstaudenbeet mit Einjahrsblumen

Stauden
① Sonnenauge (Heliopsis scabra 'Karat'), 2 Stück
② Eisenhut (Aconitum napellus)
③ Sommerphlox (Phlox paniculata 'Starfire'), 2 Stück
④ Weiße Sommermargerite (Chrysanthemum maximum 'Gruppenstolz'), 3 Stück
⑤ Lampenputzergras (Pennisetum compressum 'Hameln')
⑥ Mädchenauge (Coreopsis lanceolata 'Sonnenkind'), 8 Stück
⑦ Mädchenauge (Coreopsis grandiflora 'Badengold'), 5 Stück
⑧ Skabiose (Scabiosa caucasica 'Clive Greaves')

Einjahrsblumen
⑨ Dahlie (Dahlia variabilis 'Feuergeist')
⑩ Zinnie (Zinnia elegans 'Scarlet Flame'), 8 Stück
⑪ Verbene (Verbena rigida), 10 Stück
⑫ Verbene (Verbena bonariensis), 5 Stück
⑬ Aster (Aster chinensis), blaue Sorte, 4 Stück
⑭ Kosmee (Cosmos sulphureus 'Sunset'), 2 Stück
⑮ Kosmee (Cosmos bipinnatus 'Unschuld')

Prachtstauden

Da die Farben dieser Frühlingsblüher weithin leuchten, können wir sie auch in den Hintergrund der Prachtstaudenpflanzung bringen. Lehnt sich die Pflanzfläche an eine Strauchkulisse an, so können wir unmittelbar unter die Sträucher Zwiebeln von Schneeglöckchen, Blausternchen, Traubenhyazinthen u. a. legen. Diese Arten vermehren sich und wachsen von Jahr zu Jahr weiter in die Prachtstaudenpflanzung hinein. Auch mit Vergißmeinnicht lassen sich im Frühjahr gut die Lücken zwischen den höheren, sommerblühenden Prachtstauden füllen. Bis diese den Platz benötigen, haben die Vergißmeinnicht längst ihren Höhepunkt überschritten und wandern auf den Komposthaufen. Auf diese Weise kommen wir dem Ziel, eine »immerblühende« Staudenrabatte zu schaffen, schon erfreulich nahe.

Wichtig ist es, daß wir nicht nur hohe Prachtstauden verwenden. Die Pflanzung sieht sonst im Sommer und Herbst wie ein undurchdringlicher Dschungel aus, und die einzelnen Staudengestalten kommen nicht zur Wirkung. Wir wollen deshalb mit niedrigen Arten nicht sparen, wie z. B. niedrige Sorten der Gelben Frühlingsmargerite, Weiße Frühlingsmargerite, Feinstrahl, Garten-Federnelken (siehe S. 25), Mädchenauge, Bartnelken, Salbei (*Salvia nemorosa*), Kissenaster und Polarmargerite.

Auch mit Gräsern wie Lampenputzergras, Hirse, Blaustrahlhafer u. a. läßt sich »Luft« zwischen die höheren Stauden bringen. Keinesfalls aber dürfen wir bodendeckende Wildstauden dazwischenpflanzen, denn die Prachtstauden verlangen offene Flächen.

Wir beachten auch, daß Prachtstauden nach der Blüte meist recht unansehnlich werden. Deshalb sollten wir Vorsommerblüher wie das Tränende Herz, Pfingstrosen, Lupinen, Türkischer Mohn, Iris u. a. möglichst in den Hintergrund pflanzen. Sie werden dann nach der Blüte von den in voller Entwicklung stehenden Sommer- und Herbstblühern verdeckt. Besonders markante, ausdauernde Gestalten unter den Prachtstauden sollten sich in der Pflanzung wiederholen. Dadurch wirkt die Fläche ruhig. Ihre Pflanzstellen müssen deshalb besonders sorgfältig festgelegt werden. Dazu gehören Pfingstrose, Rittersporn, Sonnenbraut, Sommerphlox, Sonnenauge, Goldrute, Sonnenhut, Sonnenblume und Rauhblattaster.

Die einzelnen Gattungen sind nach dem Zeitpunkt ihrer Blüte geordnet. Weitere wichtige Gesichtspunkte, die wir bei der Anlage einer Prachtstaudenpflanzung beachten sollten, wurden bereits auf S. 9 ff. besprochen.

Hier sei noch darauf hingewiesen, daß die meisten Prachtstauden nur wenige Wochen blühen, also bei weitem nicht so lange wie viele Einjahrsblumen, deren Blütezeit sich von Juli bis Oktober erstreckt. Es ist deshalb wünschenswert, zwischen den einzelnen Staudengruppen kleine Flächen – 1 m^2 oder weniger genügen meist – frei zu lassen, die dann den Sommer über mit Einjahrsblumen bepflanzt werden. Im Herbst können wir an diesen Stellen Stiefmütterchen, Vergißmeinnicht, Goldlack und Maßliebchen setzen, eventuell kombiniert mit Tulpen, Narzissen und einfachblühenden Hyazinthen, so daß es auf dem Staudenbeet bereits ab Frühjahr blüht. Auf diese Weise bleibt außerdem zwischen den langlebigen Stauden genügend Platz; sie können sich im Laufe der Jahre ausdehnen, ohne sich gegenseitig zu beengen.

Für eine solche Kombination eignen sich allerdings nicht alle uns bekannten Sommerblumen. Pompös wirkende Arten, wie z. B. riesenblütige Zinnien, Tagetes mit großen Blütenbällen, stark gefüllte Astern u. ä., sollten besser aus der Staudenpflanzung heraus bleiben. Sommerblumen dagegen, deren ganzes Erscheinungsbild duftig und schlicht ist, können vorzüglich als Blühpartner zu Prachtstauden verwendet werden. Im Staudensichtungsgarten Weihenstephan kann sich der Besucher besonders während der Sommermonate wertvolle Anregungen hierzu holen.

Eine farbenprächtige Staudenpflanzung auf kleiner Fläche! Beetstauden und Einjahrsblumen blühen hier um die Wette und ergeben ein farbenfrohes sommerliches Bild. Wer es in seinem Garten so oder ähnlich nachgestalten möchte, braucht sich nur die Pflanzskizze auf S. 71 anzusehen.

Viele Prachtstauden gewinnen, wenn sie mit farblich dazu passenden Einjahrsblumen zusammengepflanzt werden. Hier blühen vor der gelben Sonnenbraut *(Helenium)* kupfrig-orange Kosmeen, gelbe Immortellen, rostbraune Tagetes und lila Verbenen. Die genaue botanische Bezeichnung der Arten und Sorten ist in der rechten Textspalte oben angegeben.

Ein Genuß für das Auge ist es, wenn in Verbindung mit den hohen Büschen der Sonnenbraut, aber auch zu Sonnenhut, Sonnenauge und andere gelbblühende Stauden folgende Einjahrsblumen gepflanzt werden: kupfrig-orange Kosmeen (*Cosmos sulphureus* 'Sunset'), gelbe Immortellen *(Lonas annua),* rostbraune Studentenblumen *(Tagetes patula* 'Rusty Red'), lilaviolette Verbenen *(Verbena rigida)* und einige *Verbena bonariensis,* deren 1 m hohe, transparente Triebe mit ihren lilablauen Blütentupfern die Pflanzung erfreulich beleben.

Rauh- und Glattblattastern in vielerlei Farbtönen gewinnen durch einjähriges rosafarbenes Natalgras *(Rhynchelytrum repens),* und Gartenchrysanthemen wirken noch besser, wenn in unmittelbarer Nähe 50 cm hoher blauer Leberbalsam (*Ageratum houstonianum* 'Schnittwunder') und zitronengelbe *Tagetes* blühen. Das sind nur einige Beispiele, die im Sichtungsgarten Weihenstephan von Prof. Dr. Richard Hansen und seinen Mitarbeitern mit Erfolg erprobt wurden. Darüber hinaus gibt es sicherlich noch manche Möglichkeit, Prachtstauden und Einjahrsblumen vorteilhaft zu kombinieren. Ein weites Feld für Gartenfreunde also, denen das Gestalten und Experimentieren Spaß macht. Leider gibt es die hier genannten Arten von Sommerblumen in Gärtnereien kaum zu kaufen. Man muß sich also Samen besorgen und selbst aussäen.

Auch verschiedene Sorten von Beetrosen lassen sich in kleinen Gruppen von 3, 5 oder 7 Stück vorteilhaft in einer Prachtstaudenpflanzung unterbringen, um so die Blütezeit zu verlängern, bzw. in Verbindung mit farblich dazu passenden Beetstauden Blüh-Höhepunkte zu schaffen. Ebenso eignen sich die niedrigen Mignondahlien ausgezeichnet für die Prachtstaudenrabatte. Vor allem leuchtendes Rot, das uns bei den Stauden weitgehend fehlt, läßt sich gut durch Mignondahlien in die Pflanzung bringen. Die 70 cm hohe Sorte 'Bishop of Llandaff' halte ich ebenfalls für ausgezeichnet geeignet. Ihre dunkelgrünen Blätter und leuchtendroten Blüten fallen schon von ferne auf und beleben die Prachtstaudenpflanzung.

So werden beispielsweise Rittersporn-Gruppen in ihrer Blühwirkung erheblich gesteigert, wenn einige der kupfrig-orangen Kosmeen *Cosmos sulphureus* 'Sunset' und blaue Salbei *Salvia patens* in unmittelbarer Nähe blühen. Zu Feinstrahl passen Bartfaden *(Penstemon)* in vielerlei Farben und das bei uns einjährige Gras *Pennisetum orientale* (syn. *P. setaceum*). Zwischen Schwertlilien kann Orientalischer Waldmeister *(Asperula orientalis)* und Goldmohn *(Eschscholzia californica)* gesät werden.

Prachtstauden

Prachtstauden für Rabatten und andere offene Pflanzflächen

Pfingstrose *(Paeonia)*

Pfingstrosen zählen nicht nur zu unseren ältesten Gartenpflanzen, sie sind auch mit die schönsten. Sie lassen sich vielseitig verwenden, sei es einzeln, in der Staudenrabatte oder zum Schnitt. Die zwei wichtigsten Arten sind die Edelpaeonie, auch Chinesische Pfingstrose genannt *(P. lactiflora),* und die seit beinahe fünf Jahrhunderten bei uns heimische Bauernpfingstrose *(P. officinalis).*

Paeonien wachsen am besten auf einem nahrhaften, schweren, lehmigen Boden. Sie lieben außerdem freien Stand und viel Sonne. Für Düngung im Frühjahr und nach der Blüte – wenn sie die Knospen für das nächste Jahr bilden – sind alte Pflanzen dankbar. Wir geben jeweils gut eine Handvoll eines Blau-Volldüngers um jede Pflanze. In den ersten Jahren nach der Pflanzung müssen wir mit der Düngung allerdings noch vorsichtig sein. Älteren Pflanzen bekommt es gut, wenn wir sie im Spätherbst mit verrottetem Stallmist umgeben, der dann im Frühjahr oberflächlich mit untergegraben wird.

Da aus kleinen Pflanzen nach einigen Jahren große Büsche werden, setzen wir Paeonien einzeln und lassen ihnen Platz zur Entwicklung, mindestens 1 m^2 je Pflanze. Gut sieht es aus, wenn sich Paeonien auf einer größeren Pflanzfläche mehrmals wiederholen.

Die beste Pflanzzeit ist Anfang September, wenn die neue Wurzelbildung einsetzt. Der Boden wird an den Pflanzstellen zwei Spaten tief gelockert, treiben doch Paeonien ihre dicken, fleischigen Wurzeln einen halben Meter und tiefer in den Boden. Sie richten sich auf eine lange Bleibe ein. Wichtig ist, daß die Triebknospen nur daumenstark mit Erde bedeckt werden. Sie blühen dann meist schon im nächsten Jahr. Wenn Pfingstrosen nicht blühen wollen, liegt es vielfach daran, daß sie zu tief gepflanzt wurden.

Wird ein Umpflanzen erforderlich, so müssen Paeonien in jedem Fall geteilt werden. Wir lassen die herausgegrabenen Wurzelstöcke erst an der Luft etwas trocknen, damit sich die Erde besser ausschütteln läßt. Dann wird die Pflanze mit dem Spaten in größere Stücke zerlegt. Mit der Hand und unter Zuhilfenahme eines Messers trennen wir dann kleinere Teilstückchen heraus, die aber mindestens zwei kräftig entwickelte Augen und eine unbeschädigte Wurzel besitzen müssen.

Bei Trockenheit vor der Blüte müssen wir gründlich gießen. Nach der Blütezeit werden dagegen Trockenperioden gut vertragen. Im Gegenteil, es hat sogar den Anschein, daß die Pflanzen nach einem trockenen Sommer im nächsten Jahr reicher blühen. Gelegentlich befällt der Grauschimmel, eine Pilzkrankheit, die oberirdischen Teile, und die Triebe fallen um. Die Ursache ist in der Regel ein Kulturfehler, wie zuviel Stickstoff, schattiger Standort, oder zu enge Pflanzung.

Einfache, halbgefüllte und gefüllte Paeonien: 'Surugu', 'Bowl of Beauty', 'Noémie Demay'.

Prachtstauden

Bauernpfingstrose *(Paeonia officinalis)*
Blütezeit: 2. Maihälfte; Höhe: 50–60 cm.
Ihren Namen hat sie zu Recht, ist sie doch beinahe in jedem Bauerngarten zu finden. Sie blüht zwei Wochen vor der Edelpaeonie. Das dunkelgrüne, geschlitzte Laub ist – im Gegensatz zu dieser – matt. Mit einem stärkeren Drahtring können wir verhindern, daß die großen, gefüllten Blütenbälle bei Regen zu Boden sinken. Wenn wir die Bauernpfingstrose auf kräftigen, lehmigen Boden pflanzen und sie nicht zu düngen vergessen, wird sie sich im Laufe der Jahre zu einer mächtigen Staude entwickeln.
Wertvolle gefüllte Sorten sind 'Rubra Plena' (rot), 'Rosea Plena' (rosa), 'Alba Plena' (weiß). Von *P. officinalis* und *P. peregrina* gibt es zahlreiche einfachblühende Sorten in verschiedenen Farben (siehe Kataloge), die sich auch für zeitweilig beschattete Stellen eignen.

Edelpaeonie *(Paeonia lactiflora)*
Blütezeit: Mai/Juni; Höhe: 70–100 cm
Eine ostasiatische Schönheit! Sie läßt sich leider Zeit mit dem Wachstum. Dafür hält sie aber 15, ja 20 und mehr Jahre am gleichen Platz aus. Geschnitten, wenn die prallen Knospen bereits Farbe zeigen und kurz vor dem Öffnen stehen, ergeben sie einen prächtigen Schmuck für die Vase. Die hellen Sorten überraschen uns außerdem noch mit ihrem Duft. Edelpaeonien sind absolut winterhart. Ein Winterschutz ist also überflüssig. Nur bei einer späten Pflanzung ist es ratsam, im ersten Winter mit ein paar Fichtenzweigen abzudecken. Sorten siehe Tabelle und Kataloge.

Lupine *(Lupinus-Polyphyllus-Hybriden)*
Blütezeit: Juni/Juli; Höhe: 80–120 cm.

Die Farbenskala der Züchtungen reicht vom reinen Weiß über Gelb, Orange, Rosa, Rot und Blau bis zum tiefen Schwarzblau. Sie sind außerdem leuchtender und großblumiger als die heimische Waldlupine.
Die Verwendung dieser farbenprächtigen Staude kann durchaus einzeln erfolgen. Schöner sieht es aber aus, wenn mehrere in verschiedenen Farben zusammenstehen. Das ist schon deshalb anzuraten, weil es unter den anderen Prachtstauden kaum geeignete Partner für sie gibt, die zur gleichen Zeit blühen. Lupinen lieben durchlässigen, leicht sauren Boden, der vor allem im Frühjahr genügend feucht ist. In kalkreichem Boden werden die Blätter gelb und die Pflanzen verschwinden bald ganz.
Nach der Blütezeit von Ende Mai bis Ende

Wertvolle Sorten: Gefülltblühende Edelpaeonien

Farbe	frühe Blütezeit	mittlere Blütezeit	späte Blütezeit
dunkelrot	'Black Monarch'	'Mons. Martin Cahuzac'	'Inspecteur Lavergne'
karminrot	'Hifi'	'Bunker Hill'	'Felix Crousse'
rosa	'Noemie Demay'	'Haevenly Pink'	'Sarah Bernhardt'
hellrosa	'Mons. Jules Elie'	'Lady Alexandra Duff'	'La France'
weiß	'Festiva Maxima'	'Avalanche'	'Marie Lemoine'

Wertvolle Sorten: Einfache und halbgefüllte Edelpaeonien

Farbe	Name
rot	'Surugu', 'Rembrandt', 'Torpilleur'
rosa	'Bowl of Beauty', 'Holbein', 'Murillo', 'Schwindt', 'Antwerpen', 'Tokio'
weiß	'Angelika Kauffmann', 'Jan van Leeuwen', 'Watteau'

Weitere Sorten siehe Kataloge von Staudengärtnereien.

Lupine

Türkischer Mohn 'Feuerriese'.

Juni werden die unordentlich aussehenden, verblühten Triebe bis auf die jungen Seitentriebe zurückgeschnitten. Die Lupinen treiben dann neu aus, und wir können uns vielfach im Frühherbst an einer zweiten, wenn auch schwachen Blüte freuen. Wenn es sich machen läßt, bringen wir Lupinen mehr in den Hintergrund der Staudenpflanzung, damit sie von sommer- und herbstblühenden Stauden verdeckt werden.
Lupinen sind auch prächtige Schnittblumen. Damit sie sich gut in der Vase halten und die Stiele straff aufrecht bleiben, müssen wir sie sofort nach dem Schneiden ins Wasser stellen.
Die Vermehrung erfolgt durch Samen bzw. Stecklinge. Eine Teilung dieser stickstoffsammelnden Pflanze ist wegen der langen, rübenartigen Wurzeln, die mit Bakterienknöllchen besetzt sind, nur schlecht möglich.

Wertvolle Sorten:

Name	Farbe
'Fräulein'	creme-weiß
'Kronleuchter'	gelb
'Schloßfrau'	rosa mit weiß
'Mein Schloß'	rot
'Edelknabe'	karminrot
'Kastellan'	blau mit weiß
'Mischung'	leuchtende Farben

Türkischer Mohn *(Papaver orientale)*
Blütezeit: Juni/Juli; Höhe 50–100 cm.

Diese Staude mit den riesengroßen, seidigen Blüten gehört zu den altvertrauten Gestalten des Gartens. Zu beobachten, wie sich die Knospen öffnen und die zerknitterten Blütenblätter von der Sonne glattgebügelt werden, gehört zu den kleinen Gartenfreuden.
Leider ist der Türkische Mohn manchmal ein Sorgenkind. Ohne erkennbaren Grund beginnen plötzlich Pflanzen zu kümmern oder gehen sogar ein. Nach der Blüte zieht der Mohn sofort ein und zeigt erst im Herbst wieder Leben in Form neuer Blätter. Wir wollen den Türkischen Mohn deshalb so in die Staudenpflanzung mit einbauen, daß er im Spätsommer und Herbst durch andere Arten verdeckt wird. Die Pflanzen können nach dem Einziehen im Sommer geteilt werden.

Wertvolle Sorten:

Name	Höhe	Farbe
'Beauty of Livermere'	100 cm	dunkelrot
'Feuerriese'	80 cm	ziegelrot
'Sturmfackel'	50 cm	feurigrot
'Catharina'	90 cm	lachsrosa
'Lighthouse'	80 cm	reinrosa
'Perry's White'	80 cm	weiß

Prachtstauden

Feinstrahl *(Erigeron*-Hybriden)

Blütezeit: Juni/Juli und September;
Höhe: 60–70 cm.

Diese überreich blühende Staude ist in Kreisen der Gartenliebhaber ganz zu unrecht wenig bekannt. Feinstrahl heißt diese hübsche Pflanze deshalb, weil die Blüten aus einem Kranz von feinen, zarten Strahlenblättchen gebildet werden.

Für Rabatten und sonstige Prachtstaudenpflanzungen sind die *Erigeron*-Hybriden von großem Wert; besonders auch deshalb, weil sie zweimal blühen: einmal im Juni/Juli und dann nochmals im September, ja manche von ihnen sogar bis in den Oktober hinein. Je mehr Blumen geschnitten werden, desto größer wird der zweite Blütenflor. Die sehr schönen Blumen halten sich zwei Wochen in der Vase. Wir schneiden sie vollerblüht, da sich die Knospen in der Vase nicht öffnen.

Die Pflanzen sind anspruchslos und wachsen in jedem guten Gartenboden in möglichst sonniger Lage. Es ist ratsam, diese Staude alle 5–7 Jahre zu teilen und neu aufzupflanzen. Wichtig ist, daß wir die Stiele gleich nach der Blüte bis auf den Boden zurückschneiden, um einen zweiten Flor zu erhalten.

Gute Nachbarpflanzen sind Schafgarbe, Mädchenauge, hohe Nachtkerze, Sommermargerite, Brennende Liebe und Schleierkraut. Auch mit Rosen und Gräsern verträgt sich der Feinstrahl farblich gut. Hübsch sieht die Zusammenstellung der weißen Sorte 'Sommerneuschnee' mit blauem Rittersporn und gelben Steppenkerzen aus.

Wertvolle Sorten:

Name	Farbe
'Sommerneuschnee'	weiß, später lilarosa
'Foersters Liebling'	rosarot
'Rosa Triumph'	leuchtend rosa
'Rotes Meer'	dunkelrot
'Adria'	leuchtend dunkelblau
'Dunkelste Aller'	dunkelviolett
'Schwarzes Meer'	tief dunkelviolett
'Strahlenmeer'	blauviolett
'Lidschatten'	violettblau
'Wuppertal'	dunkellila

Feinstrahl 'Foersters Liebling'.

Rittersporn *(Delphinium × cultorum)*

Blütezeit: Juni/Juli und September/Oktober;
Höhe: meist 130–180 cm.

Rittersporne bringen einmalige Blautöne in den sommerlichen und herbstlichen Garten. Über geschlitzten Blättern ragen majestätische Blütenrispen auf. Diese eignen sich geschnitten besonders für Bodenvasen. Mit den zierlichen Seitenrispen läßt sich ein hübscher Tischschmuck erzielen. Die Haltbarkeit ist allerdings nur kurz, denn die Blütenblätter rieseln bald ab.

Rittersporne gedeihen in jedem guten Gartenboden in sonniger Lage. Notfalls können sie auch noch im leichten Halbschatten gepflanzt werden.

Nur bei genügend Platz und offenem Boden kann sich diese Staude zu voller Schönheit entwickeln. Etwas Geduld müssen wir aber schon haben. Es dauert 2–3 Jahre, bis die Pflanzen voll entwickelt sind. Viele Jahre hindurch können sie dann am gleichen Platz verbleiben. Wir müssen nur immer wieder mit Düngung nachhelfen und in Trockenperioden während des Wachstums ausgiebig wässern.

Ritterspornsorten gibt es in vielerlei Blautönen. Im Vordergrund: Feinstrahl 'Sommerneuschnee'.

Erst wenn trotz aller Pflege der Blütenflor einmal nachläßt, müssen wir an das Umpflanzen denken. Vorsicht vor Schnecken, die den jungen Austrieb sehr lieben!
Sobald die Blütenrispen in die Höhe wachsen, wollen wir sie vorbeugend gegen allzu starken Wind oder Regen schützen. Aber bitte nicht einen Pfahl in den Boden rammen und nun die Pflanze mit einem Strick zusammenbinden! Die ganze Schönheit dieser Staude wäre sonst dahin. Wir stecken vielmehr an jede einzelne Blütenrispe einen dünnen Bambus- oder Eisenstab, möglichst unsichtbar.
Sofort nach der ersten Blüte im Juni/Juli sind die Pflanzen bis auf 10 cm über dem Boden zurückzuschneiden. Nur dann erfolgt ein neuer Austrieb; im September/Oktober blühen die Pflanzen ein zweites Mal. Gerade um diese Zeit ist die blaue Farbe besonders wertvoll.
Im Spätherbst ist der Boden um die Pflanzen nur flach mit der Grabgabel zu lockern; nicht mit dem Spaten umgraben, da sonst die empfindlichen Wurzeln geschädigt würden.
Es gibt eine Reihe von Partnern, die wir dem Rittersporn zugesellen können. Zusammen mit weißen Margeriten, Madonnenlilien, rosa und roten Bartnelken, gelben, orange, rosa oder roten Taglilien *(Hemerocallis)*, gelben Nachtkerzen in hohen und niedrigen Arten, gelbem Felberich und Rosen lassen sich farbenprächtige Gartenbilder gestalten. Auch im Herbst, zur zweiten Ritterspornblüte, stehen hübsche Gefährten zur Verfügung: leuchtendgelbes Mädchenauge (*Coreopsis verticillata* 'Grandiflora'), gelbe und vor allem kupferrote Sonnenbraut, rote Mignondahlien und natürlich wieder Rosen in den verschiedensten Rot- und Rosatönen.
Die sortenechte Vermehrung erfolgt durch Teilung der Stöcke oder durch Stecklinge. Die Pacific-Hybriden werden im Frühjahr ausgesät und blühen bereits im Herbst desselben Jahres.
Wir unterscheiden zwischen drei Gruppen von Gartenrittersporen:
Delphinium × cultorum (Elatum-Hybriden)
Die Sorten dieser Gruppe sind für die Prachtstaudenpflanzung besonders geeignet. Viele zeichnen sich durch gute Standfestigkeit aus.
Delphinium × cultorum (Pacific-Hybriden)
Großblumige, aus Samen gezogene Sorten, die sich besonders für den Schnitt eignen. In der Staudenpflanzung sind sie mit Vorsicht zu empfehlen, da die Sämlinge in der Farbe variieren und nicht genügend standfest sind.
Delphinium × belladonna (Belladonna-Hybriden)
Zierliche und verhältnismäßig niedrige Sorten (80–120 cm) mit lockerem Wuchs und reichverzweigten Blütenrispen. Vorzüglich zum Schnitt geeignet. Verblühte Triebe laufend entfernen!
Sorten siehe Tabelle, über weitere Sorten informieren alle guten Staudenkataloge.

Prachtstauden

Wertvolle Sorten von *Delphinium* × *cultorum* (*Elatum*- und *Belladonna*-Hybriden):

Name	Höhe	Farbe/Bemerkungen
'Frühschein'	170 cm	helles Lilablau, dunkles Auge, sehr früh
'Gletscherwasser'	170 cm	hell eisblau, weißes Auge, früh–mittel
'Perlmutterbaum'	180 cm	hellblau mit zartrosa, braunes Auge, mittel–spät
'Berghimmel'	170 cm	himmelblau, weißes Auge, früh, reichblühend
'Jubelruf'	170 cm	leuchtend blau, Auge weiß, schlanke Blütenrispen
'Zauberflöte'	180 cm	leuchtend blau mit weißem Auge, sehr locker gebaute Blütenrispen, hübsch
'Fernzünder'	150 cm	leuchtend blau mit weißem Auge, straffe Rispen
'Lanzenträger'	200 cm	enzianblau, weißes Auge, robust, mittel–spät
'Völkerfrieden'	100 cm	ultramarinblau; hervorragende Fernwirkung, lockerer Blütenaufbau, reich- und langblühend, besonders wertvoll
'Piccolo'	80 cm	strahlend blau, sehr auffallend
'Sommernachtstraum'	150 cm	auffallend; tiefes Enzianblau von besonderer Leuchtkraft, dunkleres Auge, sehr standfest, früh
'Schildknappe'	150 cm	ähnlich wie 'Sommernachtstraum'
'Finsteraarhorn'	170 cm	tief enzianblau, dunkles Auge, mittel–spät, nicht sehr standfest

Brennende Liebe
(Lychnis chalcedonica)
Blütezeit: Juni/Juli; Höhe: 70–90 cm.

Hier trifft der deutsche Name ins Schwarze. Es ist wirklich ein brennendes Rot, das diese Pflanze unentbehrlich für den Garten macht.

Brennende Liebe.

Wir pflanzen die Brennende Liebe zusammen mit weißen Sommermargeriten, blauem Rittersporn, gelben Steppenkerzen oder hohen gelben Nachtkerzen. Besonders die leuchtend blaue Ritterspornsorte 'Völkerfrieden' eignet sich hierzu sehr gut, weil sie lange nachblüht. Nach der Blüte wird die Brennende Liebe unansehnlich. Wir schneiden sie deshalb sofort bis auf den Boden zurück. Vermehrung durch Teilung oder Samen, den diese Staude reichlich ansetzt.

Goldfelberich *(Lysimachia punctata)*
Blütezeit: Juni–August; Höhe: 80–cm.

Diese Wildstaude paßt nicht nur in naturnahe Pflanzungen im Halbschatten. Auch für das Prachtstaudenbeet ist sie geeignet, sind doch die goldgelben Blüten in so großer Zahl vorhanden, daß die Blätter völlig untergehen. Am liebsten wächst der Goldfelberich an leicht schattigen, feuchten, ja sogar sumpfigen Stellen. Hier entwickelt er sich besonders üppig. Aber auch in jedem anderen Gartenboden, ja sogar in leichtem Boden und Trümmerschutt kann man ihn finden. Ein Tausendsassa! Nach meinen Beobachtungen leidet er aber an zu trockenen Stellen häufig unter Blattläusen. Mit seinen Ausläufern breitet er sich überall hin aus und ist kaum zu bändigen. Er läßt sich daher leicht vermehren. Am besten pflanzt man ihn in einen alten Eimer ohne Boden, damit er nicht zu sehr ausufern kann. In der Prachtstaudenpflanzung steht er wegen seiner gelben Farbe gut in der Nähe von Rittersporn oder Eisenhut.

Indianernessel (*Monarda*-Hybriden)
Blütezeit: Juni–August; Höhe: 100–140 cm.

Eine langblühende, farbenprächtige Staude mit straff aufrechtem Wuchs. Wie ein brennender Busch sehen die roten Sorten während der Blütezeit von ferne aus. Die Blätter duften aromatisch. Sie wächst in jedem Boden; feuchte, nahrhafte Plätze sind ihr aber lieber als zu trockene. Die Indianernessel eignet sich auch zur Unterpflanzung lichter Gehölze, kann sie doch leichten Halbschatten gut vertragen. Viele Sorten treiben Ausläufer und brauchen deshalb genügend Raum, wenn sie längere Zeit am gleichen Platz bleiben sollen. Die Pflanzung sollte nur im Frühjahr erfolgen. Vermehrung: Teilung oder Stecklinge im Frühjahr.

Goldfelberich

Indianernessel 'Präriebrand'.

Wertvolle Sorten:

Name	Höhe	Farbe
'Schneewittchen'	100 cm	weiß
'Croftway Pink'	120 cm	lachsrosa
'Präriebrand'	120 cm	lachsrot
'Kardinal'	150 cm	rötlich purpur
'Donnerwetter'	100 cm	purpurrot
'Prärienacht'	140 cm	purpurlila

Besonders die Sorte 'Präriebrand' fällt durch ihre enorme Leuchtkraft bereits aus der Ferne auf. 'Blaustrumpf' ist besonders wüchsig. Einige der genannten Sorten können lange Jahre am gleichen Platz verbleiben, ohne daß ihre Blütenfülle nachläßt, andere müssen bereits nach wenigen Jahren aus dem Boden genommen, geteilt und neu aufgepflanzt werden, damit ihre Farbenpracht erhalten bleibt.

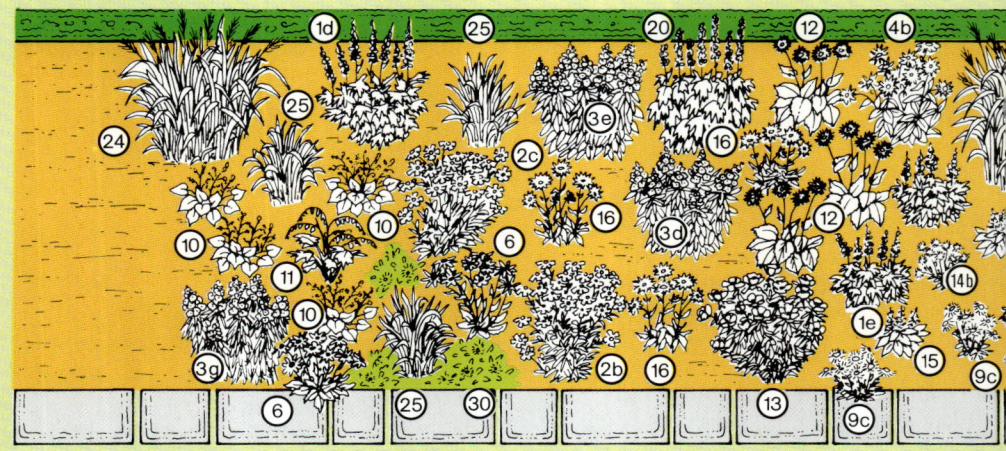

Beispiel für eine üppige Prachtstaudenpflanzung

① Rittersporn *(Delphinium × cultorum)*
  a 'Lanzenträger'
  b 'Jubelruf'
  c 'Gletscherwasser'
  d 'Sommernachtstraum'
    Rittersporn *(Delphinium × belladonna)*
  e 'Völkerfrieden', 3 Stück
② Sonnenbraut *(Helenium-Hybriden)*
  a 'Baudirektor Linné', 2 Stück
  b 'Moerheim Beauty'
  c 'Kanaria'
③ Sommerphlox *(Phlox paniculata)*
  a 'Kirchenfürst'
  b 'Pax'
  c 'Spätrot'
  d 'Landhochzeit'
  e 'Kirmesländler'
    Wiesenphlox *(Phlox-Maculata-Hybriden)*
  f 'Omega'
  g 'Alpha'
④ Sonnenauge *(Heliopsis scabra)*
  a 'Mars'
  b 'Spitzentänzerin'
⑤ Fallschirm-Rudbeckie *(Rudbekkia nitida* 'Herbstsonne')
⑥ Sonnenhut *(Rudbeckia sullivantii* 'Goldsturm'), 2 Stück
⑦ Rauhblattaster *(Aster novae-angliae)*
  a 'Alma Pötschke'
  b 'Rudelsburg'
⑧ Glattblattaster *(Aster novi-belgii)*
  a 'Blaue Nachhut'
  b 'Fellowship', 2 Stück
  c 'Dauerblau'
⑨ Kissenaster *(Aster-Dumosus–Hybriden)*
  a 'Prof. A. Kippenberg', 7 Stück
  b 'Silberblaukissen', 6 Stück
  c 'Schneekissen', 3 Stück
⑩ Kaukasus-Vergißmeinnicht *(Brunnera macrophylla)*, 4 Stück
⑪ Tränendes Herz *(Dicentra spectabilis)*
⑫ Gemswurz *(Doronicum plantagineum* 'Excelsum'), 3 Stück
⑬ Pfingstrose *(Paeonia lactiflora)*, 3 Stück
⑭ Feinstrahl *(Erigeron-Hybriden)*
  a 'Adria' und 'Schwarzes Meer', 5 Stück
  b 'Sommerneuschnee'
⑮ Salbei *(Salvia nemorosa* 'Ostfriesland'), 3 Stück
⑯ Weiße Sommermargerite *(Chrysanthemum maximum* 'Gruppenstolz'), 3 Stück
⑰ Ballonblume *(Platycodon grandiflorum)*, 2 Stück
⑱ Taglilie *(Hemerocallis-Hybriden)*
⑲ Mädchenauge *(Coreopsis verticillata)*
  a 'Zagreb', 3 Stück
  b 'Grandiflora', 5 Stück
⑳ Eisenhut *(Aconitum napellus* 'Spark')
㉑ Herbstmargerite *(Chrysanthemum serotinum)*
㉒ Gartenchrysantheme *(Chrysanthemum × hortorum)*
  a 'Mandarine'
  b 'Kleiner Bernstein'
  c 'Schweizerland'
㉓ Lilium candidum (Madonnenlilie) o. a. Lilien, 6 Stück
㉔ Chinaschilf *(Miscanthus sinensis* 'Silberfeder'), 3 Stück
㉕ Rutenhirse *(Panicum virgatum* 'Rehbraun'), 3 Stück
㉖ Lampenputzergras *(Pennisetum compressum* 'Hameln'), 3 Stück
㉗ Garten-Sandrohr *(Calamagrostis × acutiflora* 'Karl Foerster'), 7 Stück
㉘ Rose *(Polyantha-Hybride* 'Sarabande' o. a. Sorte), 5 Stück

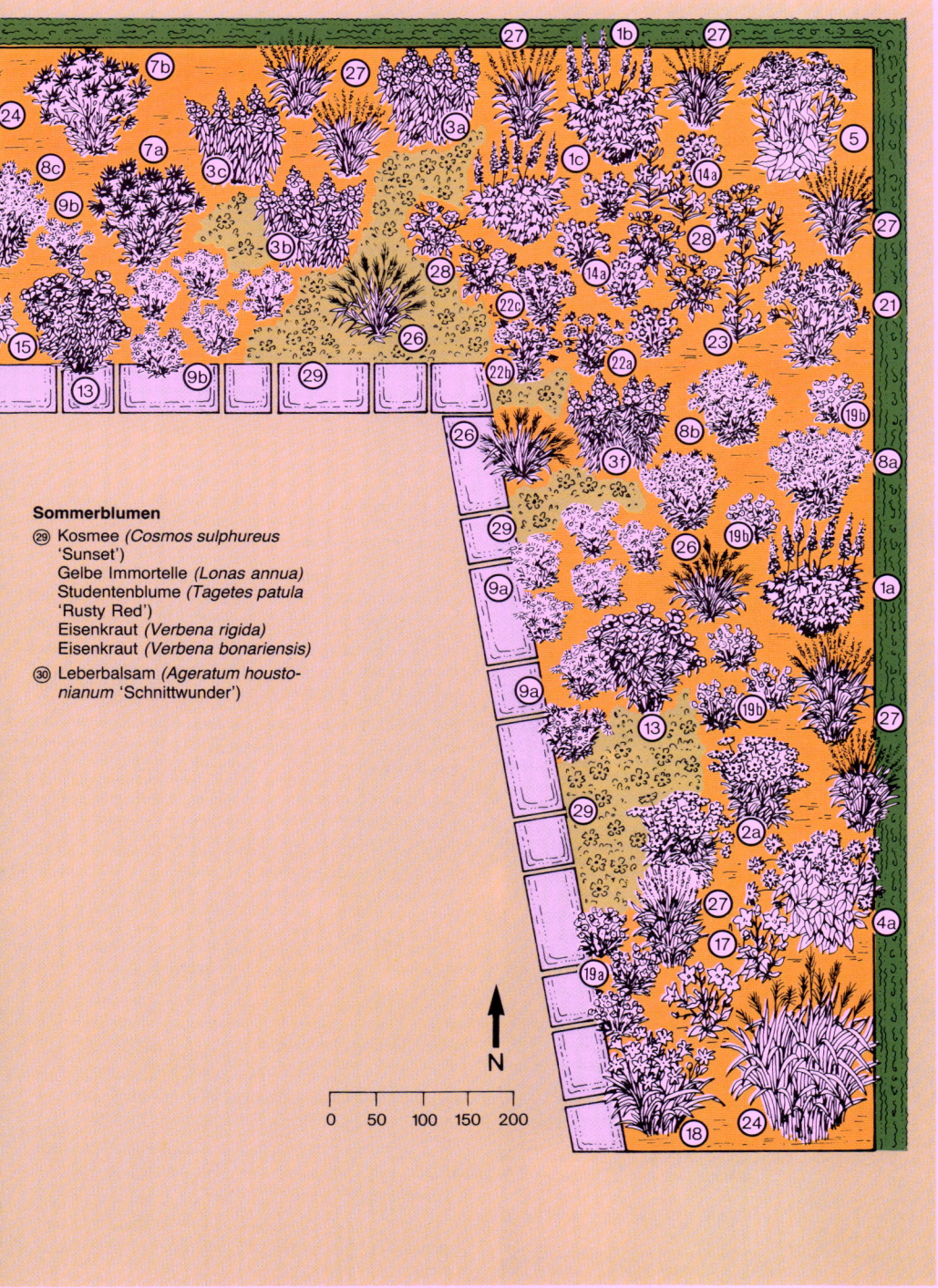

Sommerblumen

㉙ Kosmee *(Cosmos sulphureus* 'Sunset')
Gelbe Immortelle *(Lonas annua)*
Studentenblume *(Tagetes patula* 'Rusty Red')
Eisenkraut *(Verbena rigida)*
Eisenkraut *(Verbena bonariensis)*

㉚ Leberbalsam *(Ageratum houstonianum* 'Schnittwunder')

Prachtstauden

Nachtkerze 'Hohes Licht' und Glockenblume (Campanula lactiflora 'Prichard').

Mädchenauge

Nachtkerze *(Oenothera tetragona)*
Blütezeit: Juni–August; Höhe: 50–60 cm.

Eine lange und reichblühende Staude mit gelben Schalenblüten. Die bodenständigen Blattrosetten sind nur etwa 10 cm hoch. Nachtkerzen wollen viel Sonne und lassen sich auf der Rabatte gut mit blaublühenden Stauden wie Rittersporn u. a. zusammenpflanzen. Wegen der schönen Herbstfärbung der Blätter nur die Samenstände entfernen, nicht die Stiele. Vermehrung durch Teilung und Stecklinge. 'Fyrverkeri' ist eine Sorte mit roten Knospen und gelben Blüten. Besonders reich und leuchtend gelb blüht 'Hohes Licht' (60 cm).

Mädchenauge *(Coreopsis verticillata)*
Blütezeit: Juni–September; Höhe: 50 cm.

C. verticillata 'Grandiflora' ist mit ihrer Leuchtkraft und Blühfreudigkeit ein Edelstein für Staudenpflanzungen. Diese zierliche Staude mit fast nadelartigen Blättern blüht unermüdlich in einem weithin leuchtenden Gelb und sieht immer sauber aus. Die Sorte 'Zagreb' wird nur 25 cm hoch, die schwefelgelbe Neuheit 'Moonbeam' (S. 27) 40 cm.
Die Pflanzen lassen sich leicht mit den Händen teilen, denn der Wurzelstock besteht aus einem dichten Geflecht dünner Rhizome. Alle drei Jahre sollte geteilt werden.

Sonnenbraut (*Helenium*-Hybriden)
Blütezeit: Juli–September (je nach Sorte); Höhe: meist 80–130 cm.

Sie zählen zu den dankbarsten Prachtstauden. Die spätblühenden Sonnenbraut-Sorten bilden mächtige Büsche und bringen auffallende Akzente in die Staudenpflanzung. Die im Juni/Juli blühenden Frühsorten sind niedriger. Die Blüten werden stark von Bienen besucht.
Um schöne Farbwirkungen zu erzielen, bringen wir diese Prachtstaude in Verbindung mit Feinstrahl, Rittersporn, Sommerphlox, Skabiosen oder Herbstastern. Rotbraune Sonnen-

Die samtig-kupferrote Sonnenbraut-Sorte 'Moerheim Beauty' blüht im Spätsommer besonders reich und lange. Dahinter in strahlendem Gelborange das Sonnenauge, Sorte 'Mars'. Mehr über diese wertvolle Prachtstaude auf S. 92.

braut-Sorten wirken gut zusammen mit Goldrute, Sonnenauge und Sonnenhut. Schön ist auch die Kombination von hohen, halbhohen und niedrigen Sorten in Gelb und Rotbraun. Gut wirken sie in Gruppen vor Laub- oder Nadelgehölzen. *Helenium* ist gut zum Schnitt geeignet und ergibt zusammen mit Rittersporn, Sommerphlox, Rudbeckien, Herbstastern und anderen Blumen herrlich bunte Sträuße. Besonders die mittelfrüh blühende Sorte 'Zimbelstern' zeichnet sich durch lange Haltbarkeit in der Vase aus.

Die Sonnenbraut stellt keine besonderen Ansprüche. Sie wächst in jedem guten Gartenboden in sonniger, trockener bis leicht feuchter Lage. Die Pflanzen können bei guter Pflege und nicht zu engem Stand sehr alt werden. Läßt das Blühen nach, nehmen wir sie aus dem Boden und pflanzen sie nach erfolgter Teilung neu auf. Die Standfestigkeit läßt im ersten Jahr nach der Pflanzung fast immer zu wünschen übrig. Also stäben! Die sortenechte Vermehrung erfolgt durch Teilung.

Helenium bigelovii 'Superbum' (= 'The Bishop') ist ebenfalls empfehlenswert. Diese großblumige Sonnenbraut blüht bereits im Juni/Juli, also sehr früh, und zwar gelb mit schwarzem Kopf. Höhe: 70 cm.

Prachtstauden

Wertvolle Sorten von Sonnenbraut:

Name	Höhe	Blütezeit*	Farbe/Bemerkungen
'Goldene Jugend'	80 cm	früh	goldgelb mit gelber Mitte
'Blütentisch'	90 cm	früh	goldgelb mit sammetbrauner Mitte
'Waltraut'	90 cm	früh	goldbraun, gelb getönt, kompakter Aufbau der Pflanze
'Moerheim Beauty'	80 cm	früh	samtig kupferrot mit dunkler Mitte; sehr reichblühend
'Kanaria'	110 cm	mittel	kanariengelb, sehr standfest
'Helena'	130 cm	mittel	hellgelb, sehr reichblühend
'Flammenrad'	130 cm	mittel	goldgelb, kupferrot geflammt, große Einzelblüten; standfest, sehr aparte Sorte
'Zimbelstern'	120 cm	mittel	altgold mit brauner Zeichnung, sehr großblumig; lange Haltbarkeit in der Vase
'Goldrausch'	130 cm	spät	goldgelb mit brauner Mitte, reichblühend
'Baudirektor Linné'	100 cm	spät	samtigrot mit brauner Mitte; sehr reich- und langblühend, deshalb besonders wertvoll
'Königstiger'	120 cm	spät	Mitte goldgelb, Rand lebhaft samtigrotbraun; besonders apart, herrlich für die Vase

* früh = Ende Juni–Anfang August; mittel = Juli/August; spät = August/September

Wie eine duftige Wolke schwebt das Schleierkraut auf diesem Bild.

Prachtstauden

Schleierkraut *(Gypsophila paniculata)*
Blütezeit: Juli/August;
Höhe: 30–120 cm (je nach Sorte).

Es ist auf kalkhaltigen, tiefgründigen Böden zu Hause. Besonders beliebt sind die höheren Sorten, weil sich mit den feinen, duftigen Blütenzweigen sommerliche Blütensträuße herrlich auflockern lassen. Für Schnittzwecke sollten wir sie aber nicht in die Staudenrabatte pflanzen, da diese Staude durch das Schneiden ihre schöne Form verliert. Schleierkraut will an seinem Standort verbleiben. Wegen der dicken, fleischigen Wurzeln läßt es sich nicht mehr verpflanzen.

G. paniculata und ihre Sorten lassen sich auch gut als Solitärpflanzen verwenden. Ältere Exemplare von etwa 1 m Höhe ziehen durch ihre rundkugelige Gestalt und ihre Blütenfülle den Blick auf sich.

Große gefüllte weiße Blüten in verzweigten Doldentrauben bringt *G. paniculata* 'Bristol Fairy', die 120 cm hohe Sorte 'Flamingo' blüht rosa gefüllt. Die wertvolle *G. repeus* 'Rosenschleier' wird nur 30–40 cm hoch und hat zartrosa Blüten. Als Nachbar paßt sie ausgezeichnet zu blauen Gräsern, Lavendel oder der niedrigen *Salvia nemorosa* 'Ostfriesland'. Vermehrung durch Samen und Stecklinge.

Ballonblume *(Platycodon grandiflorum)*
Blütezeit: Juli/August; Höhe: 30–60 cm.

Dieses aparte Glockenblumengewächs mit bläulichgrünen Blättern treibt erst spät aus. Die Blüten sind im geschlossenen Zustand ballonförmig aufgebläht. Leider verblüht diese Staude nicht ganz sauber, so daß sich ein Ausputzen der vertrockneten Blüten von Zeit zu Zeit empfiehlt. Schöne, rote Herbstfärbung der Blätter! Außer einem kräftigen, gut durchlässigen Gartenboden und sonnigen bis halbschattigen Stand brauchen wir ihr nichts zu geben. Wegen der rübenartigen, fleischigen Wurzeln können wir sie nur durch Samen vermehren.

Gute Sorten sind 'Perlmutterschale', perlmuttrosa (50 cm) und 'Mariesii', leuchtendblau (40 cm).

Weiße Sommermargerite *(Chrysanthemum maximum)*
Blütezeit: Juli–September; Höhe: 70–100 cm.

Zur Blütezeit der Sommermargerite werden viele Staudenrabatten nur noch von dieser beherrscht. Die anderen, zur gleichen Zeit blühenden Stauden gehen völlig unter. Selbst der farbenprächtige Phlox kommt gegen dieses leuchtende Weiß kaum mehr an. Sicherlich hat die leichte Vermehrbarkeit (Teilung) zu dieser Margeritenschwemme geführt.

Zu Mohn, Rittersporn, Eisenhut, Brennende Liebe, vor allem aber auch zu den verschiede-

Die Margerite 'Maistern' blüht bereits im Mai/Juni.

Prachtstauden

Wertvolle einfachblühende Sorten der Weißen Sommermargerite:

Name	Höhe	Blütezeit	Bemerkungen
'Maistern'	60 cm	Mai/Juni	Sorte von *Ch. leucanthemum* (Weiße Frühlingsmargerite), blüht überreich
'Beethoven'	80 cm	Juni/Juli	großblumig, wertvolle Sorte für Garten und Schnitt
'Gruppenstolz'	60 cm	Juni–August	straffe Stiele; kompakter Wuchs, deshalb besonders für Gruppen geeignet
'Christine Hagemann'	90 cm	Juni/Juli	Blüten gefüllt, reinweiß, im Aufblühen grünliche Mitte, reichblühend

nen Phloxsorten wirkt das Weiß der Sommermargeriten in maßvoller Beigabe besonders schön. Margeriten sind auch prächtige Schnittblumen, die in keinem bunten Sommerstrauß fehlen dürfen.

Leider haben die meisten alten Sommermargeriten auch noch Schönheitsfehler: Daß sie kleinblütig sind, ist kein Nachteil, daß sie dabei aber umfallen und wirr am Boden durcheinanderliegen, kann uns nicht gefallen. Wir sollten uns dann für eine neue, standfeste Sorte entscheiden.

An den Boden stellen Margeriten keine besonderen Ansprüche. Zu beachten ist aber, daß sie alle 3–4 Jahre umgepflanzt werden; sonst fallen sie auseinander und beginnen zu kümmern. Vorher müssen sie geteilt werden.

Wertvolle gefülltblühende Sorten, die sich besonders zum Schnitt eignen, sind 'Christine Hagemann' (locker gefüllt, 80 cm), 'Julischnee' (halbgefüllt, 80 cm), 'Schwabengruß' (halbgefüllt, elegant, 90 cm) und 'Wirral Supreme' (dichtgefüllt, kurzlebig, vorzüglich zum Schnitt, 90 cm). Die Hauptblütezeit liegt bei diesen Sorten im Juli/August.

Schafgarbe *(Achillea)*
Blütezeit: Juni–August; Höhe: 80–140 cm.

Für das Prachtstaudenbeet eignet sich *A. filipendula* 'Parker', die auch als Goldgarbe bezeichnet wird. Sie erreicht eine Höhe von 1,20 m und blüht in großen, goldgelb gefärbten Dolden. Die Blätter sind graugrün. Wir können sie zusammen mit blauem Rittersporn und der leuchtendroten Brennenden Liebe pflanzen. Die Goldgarbe ist denkbar anspruchslos. Ihre volle Schönheit erreicht sie allerdings nur auf gutem, nahrhaftem Boden, der nicht zu trocken sein soll. Die Blüten werden im Winter gern als Trockenblumen verwendet. Niedriger (70–80 cm) bleibt die wertvolle Sorte 'Coronation Gold' mit ihren leuchtend goldgelben Blüten. Von *A. millefolium* mit feinzerteilten, graugrünen Blättern, sind empfehlenswerte Sorten: 'Schwefelblüte' (schwefelgelb, 60 cm), 'Sammetriese' (dunkelrot, gut zum Schnitt, 80 cm) und 'Kelwayi' (dunkelrot, 50 cm). Die Vermehrung geschieht durch Teilung und Aussaat.

Malve, Stockrose *(Alcea rosea)*
Blütezeit: Juli–September; Höhe: bis 200 cm.

Malven sind farbenprächtig und dekorativ. Wir dürfen sie deshalb im Rahmen der Prachtstauden nicht vergessen, obwohl sie meist nur zweijährig sind. Besonders im bäuerlichen Garten spielen sie eine Rolle, und hübsch sieht es aus, wenn Malven an Holzzäunen oder vor weißgeschlämmten Mauern stehen. Ebenso können wir sie aber auch auf die Prachtstaudenrabatte pflanzen. Wir säen Malven im Juni/Juli auf einem Freilandsaatbeet aus und pikieren sie etwa im August. Im Herbst oder Frühjahr bringen wir dann die Pflanzen an den endgültigen Standort. Sie wollen einen nahrhaften Gartenboden in sonniger Lage. Gelegentliche Düngung fördert die Entwicklung. Wenn Malven auf magerem Boden und trocken stehen, werden sie leicht von einem Rostpilz befallen. Mit einem organischen Pilzbekämpfungsmittel können wir vorbeugend dagegen spritzen. Es gibt gefüllte und ungefüllte Sorten in Rot, Rosa, Gelb und Weiß.

In diesem Zusammenhang seien noch einige andere zweijährige Pflanzenarten genannt, die sich gut zur Zwischenpflanzung auf dem Prachtstaudenbeet eignen: Bartnelken *(Dianthus barbatus)*, Marienglockenblumen *(Campanula medium)*, Goldlack *(Cheiranthus cheiri)*, Vergißmeinnicht *(Myosotis)* und Stiefmütterchen *(Viola-Wittrockiana*-Hybriden), Aussaat und Anzucht wie oben.

Sommerphlox *(Phlox paniculata)*

Blütezeit: Juli–September/Oktober (je nach Sorte); Höhe: 80–120 cm.

Ob im Bauerngarten oder in der Großstadt, der hohe Sommerphlox ist überall vertreten, und das mit vollem Recht. Die enorme Leuchtkraft der heutigen Sorten zieht das Auge von weither an.

In manchen Gärten stehen allerdings Phloxstauden, die stark unter Älchenbefall, also unter winzig kleinen tierischen Schädlingen leiden. Die Pflanzen machen dann einen unschönen, kümmerlichen Eindruck. Von unten bis oben hängen sie voller dürrer, brauner Blätter. Wenn wir düngen, bei Trockenheit reichlich gießen und befallene Triebe frühzeitig dicht am Boden abschneiden, können wir dem entgegenwirken. Auch die Züchtung hat sich dieses Schönheitsfehlers angenommen, und bei der Staudensichtung wurden die besonders anfälligen Sorten ausgeschieden.

In vielen Gärten ist nur die alte, rosafarbene Sorte 'Württembergia' vertreten, die bereits vor dem Ersten Weltkrieg gezüchtet wurde und auch heute noch zum Standardsortiment gehört. Ein solcher Garten wirkt eintönig. Es lohnt sich gewiß, einige von den neueren farbenprächtigen Sorten dazuzupflanzen.

Hoher Sommerphlox gedeiht in jedem kräftigen Gartenboden in möglichst sonniger Lage.

Malven sind farbenprächtige Zweijahrsblumen.

Wiesenphlox 'Omega', weiß mit rötlichem Auge.

Prachtstauden

Wertvolle Sorten von Sommerphlox:

Name	Höhe	Blütezeit	Farbe/Bemerkungen
'Frauenlob'	110 cm	früh	hellrosa mit rotem Auge
'Württembergia'	70 cm	früh	kräftig-rosa, nur auf Lehmboden verwenden!
'Rotball'	80 cm	früh	leuchtend purpurkarmin
'Wilhelm Kesselring'	70 cm	früh	rotviolett mit weißem Auge
'Düsterlohe'	120 cm	früh	dunkel violettrot
'Sommerkleid'	90 cm	mittelfrüh	weiß mit rotem Auge
'Landhochzeit'	120 cm	mittelfrüh	hellrosa mit rotem Auge
'Pastorale'	90 cm	mittelfrüh	warmrosa
'Sommerfreude'	80 cm	mittelfrüh	warmrosa
'Frau A. von Mauthner' (= 'Spitfire')	90 cm	mittelfrüh	ziegelrot mit karminrotem Auge
'Kirchenfürst'	100 cm	mittelfrüh	samtig karminrot
'Starfire'	90 cm	mittelfrüh	leuchtend rot
'Aida'	80 cm	mittelfrüh	rotviolett
'Sternhimmel'	90 cm	mittelfrüh	hellviolett mit weißem Auge
'Pax'	90 cm	spät	weiß
'Nymphenburg'	100 cm	spät	weiß
'Kirmesländler'	120 cm	spät	weiß mit rosarotem Auge
'Schaumkrone'	100 cm	spät	weiß mit rotem Auge
'Bornimer Nachsommer'	90 cm	spät	lachsrosa
'Dorffreude'	120 cm	spät	rosarot mit dunkelrotem Auge
'Orange'	80 cm	spät	orangerot
'Spätrot'	100 cm	spät	orange-scharlachrot
'Herbstglut'	100 cm	spät	dunkelrot
'Violetta Gloriosa'	130 cm	spät	lilaweiß

früh = Vollblüte ab Anfang Juli – mittelfrüh = Vollblüte ab Mitte Juli – spät = Vollblüte ab Mitte August.

Da es sich um einen typischen Flachwurzler handelt, ist darauf zu achten, daß der Boden nicht austrocknet. Vor allem ist immer rechtzeitig zu gießen, denn der einmal staubtrocken gewordene, dicht verflochtene Wurzelstock nimmt nur noch schlecht das Wasser auf. Der Boden unter Phlox darf selbstverständlich nur ganz oberflächlich bearbeitet werden. Wenn wir dies berücksichtigen und auch an gelegentliche Volldüngung denken, werden sich die Pflanzen gut entwickeln und einen Durchmesser von 1 m und darüber erreichen.

Phloxe können sehr alt werden, wenn sie reichlich Platz haben und der Boden nährstoffreich und genügend feucht ist. Wenn das Wurzelwerk alter Pflanzen aus dem Boden herausschaut, bedecken wir es mit Komposterde. Sollte das Wachsen und Blühen nachlassen, teilen wir die Wurzelstöcke in faustgroße Klumpen und pflanzen diese neu auf.

Übrigens, durch einen kleinen Kniff läßt sich die Blütezeit verlängern. Wir brauchen nur bei beginnender Knospenbildung etwa ein Drittel der Triebe zu entspitzen. Aus den Blattachseln entstehen dann neue Triebe mit Blütenknospen, die sich erst später entfalten.

Die Blütezeit der frühen Sorten beginnt Anfang Juli und erstreckt sich bei den späten bis in den September hinein. Die wertvolle Sorte 'Spätrot' leuchtet sogar im Oktober noch kräftig rotorange aus der Staudenpflanzung heraus. Mit Ausnahme von Gelb steht uns beim Sommerphlox eine reiche Farbskala von Weiß

Phlox 'Pastorale'. Die Wirkung der rosa Blütenfülle wird noch gesteigert durch gelbe Nachtkerzen (*Oenothera erythrosepala*), Tagetes und Verbenen.

Prachtstauden

über Rosa, Rot bis Dunkelviolett zur Verfügung. Aber nicht nur im Garten, auch in einem sommerlichen Blumenstrauß dürfen die Phloxblüten nicht fehlen.

Die Vermehrung von Sommerphlox ist durch Teilung möglich oder durch Stecklinge, die wir bereits vom Frühjahr ab schneiden und zur Bewurzelung bringen können. Auch die Vermehrung durch Wurzelschnittlinge hat sich, vor allem bei Älchenbefall, bewährt.

Ganz bezaubernd sehen die Sorten von Wiesenphlox (*Phlox-Maculata*-Hybriden) zur Blütezeit aus. Wertvolle frühblühende Sorten (Juni/Juli) mit etwas kleineren Einzelblüten und schmaleren Rispen als bei *P. paniculata* sind 'Rosalinde', 80 cm, rosa und 'Mrs. Lingard', 80 cm, weiß. Im Juli/August blühen mit bis zu 30 cm langen zylindrischen Blütenständen 'Alpha', 80 cm, leuchtend lilarosa, und etwas danach 'Omega', 80 cm, weiß mit rötlichem Auge. Besonders letztere ist von großer Schönheit.

Sonnenauge *(Heliopsis scabra)*
Blütezeit: Juli–September; Höhe: 80–150 cm.

Das Sonnenauge ist wohl die am längsten blühende gelbe Sommerstaude, vor allem, wenn wir alles Verblühte laufend herausschneiden. Dabei ist sie sehr standfest und kann viele Jahre am gleichen Platz verbleiben. Auch nach zehn und mehr Jahren hat sie noch nichts von ihrer Blühwilligkeit eingebüßt.

Wie der Name schon sagt, ist diese Prachtstaude ein Kind der Sonne, kann aber auch leichten Halbschatten durchaus vertragen. Gegen Trockenheit ist sie recht unempfindlich. Bei großer Trockenheit allerdings, vor allem während der Hauptwachstumszeit vor der Blüte, geben wir ihr gelegentlich eine Kanne Wasser. Durch Schlaffwerden ihrer Blätter zeigt sie uns selbst an, daß der Durst unerträglich wird. Darüber hinaus ist das Sonnenauge für Volldüngergaben während des Sommers dankbar. Die Vermehrung erfolgt durch Teilung oder Stecklinge.

Zu wertvollen Partnern zählen: Rittersporn, Sommerphlox, Margeriten, rosa oder violetter Feinstrahl, rote oder lila Indianernessel, rotbraune Sonnenbraut-Sorten und schließlich Herbstastern in blauen und lila Farbtönen. Vor dunklem Hintergrund, also vor Laub- und Nadelgehölzgruppen, hebt sich das strahlende Gelb sehr gut ab. Das Sonnenauge ist so reichblühend, daß es gar nicht auffällt, wenn wir einige Blüten für die Vase schneiden.

Eine hübsche Ton-in-Ton-Pflanzung. Mädchenauge und Sonnenauge blühen in unterschiedlichen Gelbtönen, farblich ergänzt durch die dunkelbraunen Halme des Garten-Sandrohrs. Mehr zum Thema »Ton-in-Ton« siehe Tabellen auf S. 191.

Prachtstauden

Wertvolle Sorten von Sonnenauge:

Name	Höhe	Farbe/Bemerkungen
'Karat'	120 cm	leuchtendgelb, großblumig
'Sonnenschild'	140 cm	goldgelb, sehr großblumig, gefüllt, wertvoll zum Schnitt
'Goldgefieder'	130 cm	goldgelb, großblumig, gefüllt
'Spitzentänzerin'	130 cm	leuchtend goldgelb, halbgefüllt, grazil gebaut
'Jupiter'	170 cm	orangegelb, riesige Blüten
'Venus'	150 cm	tieforangegelb
'Mars'	150 cm	gelborange, großblumig, besonders wertvoll zum Schnitt
'Orion'	130 cm	goldorange
'Sonnenglut'	80 cm	goldorange, großblumig
'Hohlspiegel'	120 cm	goldorange, halbgefüllt
'Sonnenstrahl'	150 cm	orange

Bergaster *(Aster amellus)*
Blütezeit: Juli–September; Höhe: 40–70 cm.

Die Sorten der Bergaster überraschen uns durch ihre leuchtenden Farben. Dabei sind sie sehr standfest. Die Blütezeit reicht bei den mittel- und spätblühenden Sorten bis zur Blütezeit der Herbstastern und überschneidet sich sogar teilweise mit diesen. Die Ansprüche sind gering. Sonne und kalkhaltiger, am besten lehmiger Boden, genügen.

A. amellus braucht Platz, um sich nach allen Seiten hin ausdehnen zu können. Dies wollen wir bei der Pflanzung, die am besten im Frühjahr erfolgt, berücksichtigen. Hübsch sieht es aus, wenn wir ihr als Nachbarn zierliche Gräser zugesellen. Die Vermehrung erfolgt durch Teilung, Stecklinge oder Aussaat.

Bergaster, hinten die Sorte 'Wunder von Stäfa'.

Wertvolle Sorten von Bergastern:

Name	Höhe	Blütezeit	Farbe/Bemerkungen
'Breslau'	50 cm	früh	blauviolett
'Glücksfund'	70 cm	mittel	blauviolett
'Veilchenkönigin'	50 cm	spät	violettblau, reichblühend
Aster × frikartii 'Wunder von Stäfa'	70 cm	mittel	himmelblau mit orangegelber Mitte, lockerer Aufbau
'Blütendecke'	50 cm	spät	silberblau, sehr reichblühend
'Dr. Otto Petschek'	60 cm	mittel	große lavendelblaue Blüten, starkwachsend
'Sternkugel'	50 cm	spät	lavendelblau, feinstrahlig, reichblühend
'Lady Hindlip'	60 cm	mittel	große rosa Blüten, lockerer Aufbau, reichblühend
'Rosa Erfüllung'	50 cm	spät	rosa

Prachtstauden

Goldrute

Goldrute (*Solidago*-Hybriden)
Blütezeit: Juli–September; Höhe: meist 60–80 cm.

Auch bei mir steckt noch im Unterbewußtsein die Erinnerung an Bahndämme oder verwilderte Gärten, die mit wuchernden Goldruten bestanden sind. Ich denke an meine Lehrgärtnerei, in der wir immer wieder einmal die *Solidago* um den Kompostplatz herum weghacken mußten. Sie waren genausowenig auszurotten wie etwa Giersch oder Ackerwinden.

Doch die Goldrute von heute ist ganz anders als die von gestern. Ungeahnt schöne Sorten wurden inzwischen gezüchtet. Viele von ihnen kommen aus England, wo diese Staude besonders geschätzt wird. Bei manchen erinnern die locker gebauten Blütenrispen an die gelben Mimosenblüten der Mittelmeerländer. Genauso wie bei Sonnenbraut und den Herbstastern summen in den gelben Blüten im Spätsommer die Bienen, um den Pollen als begehrtes Winterfutter einzubringen. Auch den edlen Sorten genügt ein normaler Gartenboden in sonniger Lage. Leichter Halbschatten wird noch vertragen. Wenn jährlich gedüngt wird, können sie lange am gleichen Platz verbleiben. Sobald allerdings die Mitte der meist umfangreichen Stöcke zu kümmern beginnt, nehmen wir die Pflanzen aus dem Boden, teilen sie und setzen sie neu. Die Blütenstände sollten vor der Samenreife entfernt werden, um Selbstaussaat und wuchernde Sämlinge zu vermeiden. Die Vermehrung der Goldruten ist durch Teilung und Stecklinge leicht möglich.

Die verschwenderische Pracht der zierlichen, goldenen Blütenrispen läßt sich in der Staudenpflanzung gut mit den ebenfalls recht duftig blühenden Skabiosen, sowie Feinstrahl, Rittersporn 'Völkerfrieden' und Sommermargeriten verbinden. Auch rotbraune Sonnenbraut-Sorten sowie blaue und violette Herbstastern sind gute Partner.

In der Vase sind Goldruten lange haltbar. Auch hier sehen sie zusammen mit Skabiosen ganz entzückend aus. Ein prächtiger Zimmerschmuck läßt sich mit den eleganten, goldgelben Blütenrispen erzielen, wenn sie in voller Länge abgeschnitten und in eine Bodenvase gestellt werden.

Innerhalb des Goldruten-Sortiments unterscheiden wir zwischen drei verschiedenen Typen:

- Säulentyp mit straff aufrecht stehenden Trieben und eng anliegenden Blättern. Die wertvollste Sorte hiervon ist 'Strahlenkrone' (60 cm) mit Blütezeit im Juli/August.
- Lockerer Wuchs und lockerer Blütenstand. Sorte: 'Ledsham' (80 cm), blüht ab Juni. Nach Rückschnitt der abgeblühten Triebe erneute Blüte im August/September.
- Mimosenähnlich, mit lockerem, fast überhängendem Wuchs und auffallend bleichgrünen Blättern und Trieben; besonders wertvoll zum Schnitt. Wertvollste Sorte: 'Golden Shower' (80 cm), goldgelb, Blütezeit August/September; außerdem 'Goldenmosa' (80 cm), hellgelb, grazile Blüten, Blütezeit September.

Darüberhinaus gibt es die anspruchslose, buschige Goldruten-Zwergform *S. brachystachys* hort. 'Robusta' (30 cm), die erst ab September blüht.

Prachtstauden

Skabiose *(Scabiosa caucasica)*
Blütezeit: Juni–Oktober; Höhe: 60–80 cm.

Den ganzen Sommer über blüht diese locker aufgebaute Staude, und selbst nach den ersten Nachtfrösten lassen sich immer noch ein paar Blüten für die Vase finden. Auf langen, drahtigen Stielen entwickeln sich zierliche Blüten in Weiß, vor allem aber in blauen Farbtönen. In der Staudenpflanzung können wir sie mit Goldruten benachbaren. Sehr gut fügen sie sich in Pflanzungen mit Wildstauden, vor allem auch mit Gräsern wie Lampenputzergras und Blaustrahlhafer ein.

Skabiosen sind prächtige Schnittstauden. Die Pflanzen nehmen es keineswegs übel, wenn wir Blüten abschneiden, es folgen immer wieder neue nach.

Besondere Ansprüche werden nicht gestellt. Lediglich anhaltende Feuchtigkeit, vor allem im Winter, können sie nicht vertragen. Ansonsten gedeihen Skabiosen in jedem nicht saurem Gartenboden in sonniger Lage und halten dort lange aus. Die Vermehrung erfolgt am besten durch Aussaat. Auch vorsichtige Teilung im Frühjahr ist möglich.

Skabiose

Wertvolle Sorten:

Name	Farbe
'Nachtfalter'	dunkelviolett
'Blauer Atlas'	dunkelblau
'Stäfa'	dunkelblau
'Clive Greaves'	hellblau
'Prachtkerl'	hellblau
'Miss Wilmott'	weiß

Sonnenhut *(Rudbeckia)*
Blütezeit: Juli–Oktober (je nach Art); Höhe: 50–200 cm (je nach Art).

Die Gattung *Rudbeckia* ist außerordentlich vielgestaltig. Gemeinsam haben alle dazugehörenden Arten die leuchtendgelbe Farbe und die lange Blühdauer. In Prachtstaudenpflanzungen können wir nicht auf sie verzichten. Daneben sind sie sehr wertvoll zum Schnitt.

Die Sonnenhut-Art *Rudbeckia deamii* ist von duftiger Gestalt und überaus reichblühend.

Prachtstauden

Die Ansprüche sind sehr gering. Rudbeckien bevorzugen jedoch genügend feuchten, nährstoffreichen Boden. Mit ihrer gelben Blütenfülle sind sie von guter Fernwirkung. Partner sind vor allem Herbstastern, aber auch spätblühende Phloxsorten, Eisenhut und Rittersporn in seiner zweiten Blüte. Durch Teilung mit Spaten oder Messer lassen sich alle Sonnenhut-Arten leicht vermehren.

In der nachfolgenden Aufstellung sind die wertvollsten »Sonnenhüte«, niedrige und hohe, genannt. Die bekannteste Art wurde dabei

Eine Besonderheit: *Rudbeckia maxima*, 200 cm.

Wertvolle Arten und Sorten:

Art und Sorte	Höhe	Farbe/Bemerkungen
R. sullivantii 'Goldsturm'	70 cm	Blüten goldgelb mit schwarzem Kopf, blüht von Juli bis September unermüdlich, sehr wertvoll; ähnlich, aber duftiger ist die sehr reichblühende *R. deamii*
R. laciniata 'Goldkugel'	130 cm	die Pflanzen sind überreich mit goldgelben, gefüllten Blütenbällen besetzt; standfest
R. laciniata 'Goldquelle'	70 cm	sehr reichblühend, Blüten gefüllt; standfeste Büsche
R. nitida 'Herbstsonne'	200 cm	einfachblühend; auch Fallschirm-Rundbeckie genannt; sehr hübsche Art, trotz Höhe gute Standfestigkeit; bildhübsch wirken die langen Blütenstiele in einer Bodenvase; Blütezeit: August/September
R. nitida 'Juligold'	180 cm	blüht sehr früh (Juli bis Mitte August) und hat deshalb in Gebieten mit frühen Herbstfrösten Bedeutung

allerdings weggelassen; sie fällt fast regelmäßig in der Blüte um und ist daher sehr stützungsbedürftig. Gemeint ist die 2 m hohe *R. laciniata* 'Goldball', die sich im Laufe von vielen Jahrzehnten die Gärten aller Länder erobert hat. Sie ist in Italien genauso zu Hause wie in Schweden. Man kann sie in Villengärten antreffen, in Bauerngärten und in Kleingärten, wo im Sommer ihre goldenen Blütenbälle förmlich über die Gartenzäune quellen. Durch ihre Anspruchslosigkeit und die Eigenschaft zu wuchern hat sie sich derart verbreitet. Wer sie trotzdem im Garten haben will, bekommt Teilstücke bestimmt kübelweise von einem Bekannten geschenkt.

Sonnenblume *(Helianthus)*

Blütezeit: August/September; Höhe: 120 cm und darüber.

Es gibt nicht nur einjährige Sonnenblumen, die in drei Monaten aus Samen zu übermannshohen Pflanzen heranwachsen, sondern auch ausdauernde Sonnenblumenarten, also Stauden.

Ja, es ist wirklich nicht leicht, sie alle auseinanderzuhalten: Sonnenbraut, Sonnenauge, Sonnenhut, und nun auch noch Sonnenblume! Wer sollte sich hier noch zurechtfinden? Ich bin deshalb der Meinung, wir könnten in kleineren Gärten auf sie verzichten. Gelb haben wir schließlich schon genug in der Pflanzung!

Prachtstauden

Übrigens, sollten wir ausdauernde Sonnenblumen geschenkt bekommen, so ist immer Vorsicht am Platze. Einige Arten wuchern nämlich und ähneln sehr der zur gleichen Gattung gehörenden Topinambur *(H. tuberosus),* die, einmal gepflanzt, kaum mehr loszubringen ist. Eine Schönheit unter den wuchernden Sonnenblumen ist allerdings *H. rigidus.* Besonders in der Bodenvase sieht sie prächtig aus.

Über die Kultur dieser langlebigen Sonnenblumen gibt es nicht viel zu sagen. Sie ist so einfach wie bei all den Stauden, die das Wort »Sonne« im Namen führen. Sie wollen lediglich gut gedüngten Boden und reichlich Feuchtigkeit. Auch die Vermehrung ist einfach: Wir brauchen nur die Stöcke zu teilen. Zum Schnitt sind Staudensonnenblumen sehr wertvoll. Interessant für die Staudenpflanzung ist nur die Art *H. decapetalus.* Sie wuchert nicht.

Wertvolle Sorten:

Name	Höhe	Farbe/Bemerkungen
'Capenoch Star'	120 cm	zitronengelb, einfachblühend
'Meteor'	150 cm	goldgelb, halbgefüllt
'Soleil d'Or'	150 cm	goldgelb, gefülltblühend

Sonnenblume, vorne blauer Salbei *(Salvia patens).*

Herbstmargerite *(Chrysanthemum arcticum)*

Blütezeit: September/Oktober; Höhe: 30 cm.

Sie wird auch als Polarmargerite bezeichnet, weil sie in arktischen Gebieten vorkommt. Als robuste und ausdauernde Margerite können wir sie sowohl in naturnahen Pflanzungen als auch auf dem Prachtstaudenbeet verwenden. Bis in den Oktober hinein erscheinen die großen weißen Margeritenblüten auf kurzen Stielen. Die ebenfalls sehr wüchsige Form 'Roseum' blüht zur gleichen Zeit zartrosa. Besonders wertvoll ist die Art *Ch. serotinum* und deren Sorte 'Herbststern'. Sie wächst zu 150 cm hohen, straff aufrechten Büschen mit einfachen Margeritensträußen heran.

Herbstastern

Zum Ende des Gartenjahres leuchten die Herbstastern in verschwenderischer Blütenfülle auf. In Verbindung mit Gräsern, rotlaubigen Pfingstrosen und anderen Farbtupfern verzaubern sie jeden Garten.

Rauhblattaster *(Aster novae-angliae)*

Blütezeit: September/Oktober; Höhe: 90–150 cm.

Wegen ihrer Mächtigkeit pflanzen wir diese Herbstaster möglichst in rhythmischer Wiederholung (siehe S. 10). Es gibt heute Sorten von erstaunlicher Leuchtkraft und großer Fernwirkung. Wenn niedrige Herbstastern, späte Goldruten, Sonnenhut und Gartenchrysanthemen dazugesellt werden, leuchtet die Pflanzung im Herbst nochmals farbenfroh auf.

Rauhblattastern: links 'Alma Pötschke', rechts 'Rudelsburg', hinten 'Barr's Blue'. Vorne Kissenaster 'Silberblaukissen'.

Wie schon der Name sagt, sind die Blätter und Stengel dieser Aster rauh und behaart. Leider werden die holzigen Stengel unten leicht kahl, was sich aber etwas verdecken läßt, wenn wir niedrig bleibende Stauden davorpflanzen. Wertvoll ist, daß Rauhblattastern straff dastehen und sehr wüchsig sind. Allerdings schließen sie ihre Blüten etwas bei trübem Wetter und gegen Abend. Sie sehen dann aus, als wären sie ballentrocken oder welk.

In ihren Ansprüchen sind Herbstastern nicht wählerisch. Sie wachsen sowohl in der Sonne als auch im leichten Halbschatten und sind mit jedem Gartenboden zufrieden. Daß sie alljährlich gedüngt werden sollten, dürfte selbstverständlich sein, wenn wir uns die riesigen Büsche ansehen, die jedes Jahr neu entstehen. Unter günstigen Verhältnissen können Rauhblattastern zehn und mehr Jahre am gleichen Standort verbleiben. Läßt die Schönheit bereits früher nach, so sind sie aus dem Boden zu nehmen, zu teilen und neu aufzupflanzen. Die Vermehrung erfolgt ebenfalls durch Teilung. Die verholzten Wurzelstöcke zerlegen wir am besten mit dem Spaten in einzelne Teilstücke.

Wertvolle Sorten:

Name	Höhe	Farbe/Bemerkungen
'Treasure'	150 cm	dunkelviolett
'Barr's Blue'	150 cm	tiefblau, blüht früh im September
'Andenken an Paul Gerber'	150 cm	karminrot, gut zum Schnitt
'Rubinschatz'	130 cm	rubinrot, blüht früh im September
'Alma Pötschke'	90 cm	lachsrot, enorme Leuchtkraft
'Rosa Sieger'	130 cm	lachsrosa
'Rudelsburg'	120 cm	leuchtend lachsrosa, blüht früh im September
'Herbstschnee'	130 cm	weiß, großblumig

Prachtstauden

Glattblattaster *(Aster novi-belgii)*

Blütezeit: September/Oktober; Höhe: 80–130 cm.

Den Namen hat sie wegen ihrer unbehaarten, glatten Blätter. Gerade diese Art wurde züchterisch sehr intensiv bearbeitet, so daß es heute eine große Zahl von Sorten gibt.

Auch die Glattblattaster will einen nahrhaften, kräftigen Gartenboden. Die Pflanzen müssen rechtzeitig aufgebunden werden, damit sie bei Regenwetter nicht auseinanderfallen. In sonnigen Herbstwochen sollte man wässern, damit die großen Büsche nicht ballentrocken werden. Im anderen Fall leidet sowohl die Blütenentwicklung als auch die Blühdauer. Die Glattblattastern können 5–10 Jahre am gleichen Platz bleiben. Wenn sie in der Mitte kahl werden, sollten wir sie teilen und neu aufpflanzen. Leider sind viele Sorten sehr mehltauanfällig, trotzdem wollen wir auf diese farbenprächtigen Arten nicht verzichten.

Wertvolle Sorten:

Name	Höhe	Farbe/Bemerkungen
'Royal Blue'	120 cm	tiefblau, sehr reichblühend
'Dauerblau'	150 cm	dunkelblau, reich- und langblühend, gesund
'Marie Ballard'	90 cm	zart hellblau, gefüllt, sehr frühblühend
'Schöne von Dietlikon'	90 cm	dunkelblau mit gelber Mitte
'Blaue Nachhut'	120 cm	hellblau, gesund, sehr spätblühend
'Crimson Brocade'	90 cm	rosarot, auffallend, schöne Farbe
'Lady Frances'	90 cm	tiefrosa, sehr gute Schnittsorte
'Fellowship'	90 cm	sehr hübsches Rosa
'Gayborder Splendour'	80 cm	cyclamenrosa, halbgefüllt, früh
'Steinebrück'	130 cm	weiß, großblumig, gesund, spät
'Weißes Wunder'	120 cm	weiß

Kissenaster *(Aster-Dumosus-Hybriden)*

Blütezeit: August/September; Höhe: 20–50 cm.

Kissenastern wachsen rasch zusammen und bilden dadurch geschlossene Blütenteppiche. Man sollte sie immer in größeren Gruppen pflanzen, und zwar in voller Sonne, damit die Farben so richtig aufleuchten können. Sehr gut lassen sie sich zu hohen Herbstastern gesellen. An den Boden stellen Kissenastern wenig Ansprüche und lassen sich durch Teilung rasch vermehren. Wenn sie nach einigen Jahren mit dem Blühen nachlassen, teilen wir sie und pflanzen sie neu auf.

Kissenastern und herbstlich gefärbte Pfingstrosen.

Prachtstauden

Wertvolle Sorten von Kissenastern:

Name	Höhe	Farbe/Bemerkungen
'Prof. A. Kippenberg'	40 cm	reinblau, sehr wertvoll
'Lady in Blue'	25 cm	kräftigblau, halbgefüllt
'Mittelmeer'	30 cm	reinblau, halbgefüllt
'Silberblaukissen'	30 cm	hell silberblau
'Herbstpurzel'	25 cm	dunkelviolett
'Jenny'	35 cm	violettpurpur, gefüllt
'Herbstgruß vom Bresserhof'	40 cm	leuchtend rosarot, reichblühend von August–Oktober, sehr wertvoll
'Kassel'	40 cm	leuchtend karminrot
'Nesthäckchen'	25 cm	dunkelrosa
'Rosenwichtel'	15 cm	dunkelrosa
'Starlight'	40 cm	weinrot
'Wachsenburg'	40 cm	leuchtendrosa
'Schneekissen'	25 cm	reinweiß

Die elegante Myrthenaster erinnert von ferne an einen im Mai blühenden Spierstrauch.

Myrthenaster und Schleieraster
(Aster ericoides und *Aster cordifolius)*
Blütezeit: September/Oktober; Höhe: 80–120 cm.

Diese zierlichen, kleinblütigen Herbstastern sind reichverzweigt und feinlaubig, tragen also noch Wildcharakter. Als ob es frisch geschneit hätte, so sehen diese meist elegant überhängenden Astern mit der Fülle ihrer zierlichen Blüten aus. Von der Ferne könnte man sie beinahe für *Spiraea × arguta* halten. Hübsch sieht es aus, wenn wir eine oder auch drei zusammen zwischen die polsterartig wachsenden Kissenastern pflanzen.
Leider werden diese Asternarten leicht vom Mehltau befallen, besonders bei nasser Witterung. Schade ist es auch, daß sich die Blüten in der Vase nicht halten.

Wertvolle Sorten:

Name	Höhe	Farbe/Bemerkungen
'Schneetanne'	100 cm	weiß, reichblühend
'Monte Cassino'	130 cm	reinweiß, vorzüglich zum Schnitt
'Golden Spray'	80 cm	weiß mit gelbem Hauch
'Ringdove'	80 cm	zarte, rosalila Blüten
'Lovely'	60 cm	zartrosa Blütenschleier
'Erlkönig'	120 cm	hellviolett, elegant überhängend, sehr reichblühend

Gartenchrysantheme, Winteraster
(Chrysanthemum × hortorum)
Blütezeit: September–November;
Höhe: 40–90 cm (je nach Sorte).

Das *Chrysanthemum*-Sortiment wird heute auf über 5000 Sorten geschätzt. Die meisten davon werden allerdings unter Glas gezogen und als Schnittblumen oder Topfpflanzen verkauft. Uns interessieren hier nur solche Arten, die im Freiland blühen und überwintern, also zu den Stauden gehören.

Gartenchrysanthemen beschließen das Gartenjahr; sie blühen reich und in leuchtenden Farben.

Diese farbenprächtigen Herbststauden sind zwar allgemein bekannt, und doch sind die vielen schönen Sorten nur wenig in den Gärten zu finden. Wer einige der hier genannten Sorten in den Farben passend zusammenpflanzt, wird begeistert sein. So sieht es beispielsweise hübsch aus, wenn wir neben die rosa-lila 'Schweizerland' die kupferfarbene 'Mandarine' und davor die niedrige, leuchtend goldgelbe Sorte 'Kleiner Bernstein' pflanzen. Eine entzückende Farbwirkung ergibt sich durch die Kombination der einfachblühenden leuchtendrosa Sorte 'Hebe' mit hellblauen Herbstastern und leuchtend gelbem Mädchenauge. Vor dem dunklen Hintergrund von Koniferen, vor rotgefärbtem Wildem Wein oder vor fruchttragenden Gehölzen heben sich Gartenchrysanthemen ausgezeichnet ab.

Ein Vorteil der Chrysanthemen ist es, daß sie sich im Knospenzustand, ja selbst in voller Blüte noch gut verpflanzen lassen, ohne darunter zu leiden. Auch als letzte Schnittblume des Jahres sind sie nicht zu entbehren. Wir können fröhlich-bunte Sträuße zusammenstellen, die sich eine Woche und länger in der Vase halten.

Besteht Nachtfrostgefahr, so können wir durchaus die Knospen abschneiden. Sie öffnen sich auch im Wasser gut. Wer das Blühen im Garten aber noch lange hinausschieben will, der muß die Pflanzen vor Frösten mit Folien, Sackleinen, Packpapier u. ä. schützen. Meist sind es nur wenige Frostnächte im September und ein paar im Oktober, in denen die Blüten gefährdet sind. Ein kleiner Schutz lohnt sich also, denn wir können auf diese Weise die

Prachtstauden

Farbenpracht oft bis in den November hinein verlängern. Wenn die Chrysanthemen an der Hauswand oder unter dem Schirm von Bäumen stehen, halten sie in der Regel auch ohne Schutz lange aus. In rauhen Gegenden sollten ohnehin keine spätblühenden Sorten gepflanzt werden.
Freilandchrysanthemen wollen volle Sonne und einen recht nahrhaften, kalkhaltigen Gartenboden. Vor allem aber sollte er durchlässig sein, denn Chrysanthemen sind sehr empfindlich gegen Nässe. Es ist weniger die Kälte als vielmehr die Nässe, die ihnen den Winter über wehtut. Zu Ausfällen kommt es ganz besonders, wenn im Winter auf regnerische Tage Kälte ohne Schnee folgt. Vor Eintritt stärkerer Fröste decken wir die Pflanzen mit ihren verblühten, abgeschnittenen Trieben oder mit Fichtenzweigen ab. Sie sind dann vor der Wintersonne geschützt.

In rauhen Gebieten empfiehlt es sich, die Gartenchrysanthemen nach der Blüte aus dem Boden zu nehmen und den Winter über geschützt und trocken nahe einer Hauswand einzuschlagen. Im Frühjahr bringen wir sie wieder an die alten Stellen. Ist dies nicht möglich, so graben wir nach der Blüte von jeder Sorte eine Pflanze aus und topfen sie ein. So wie Balkonpflanzen lassen sie sich in einem lichten, kühlen aber frostfreien Raum (Keller) überwintern. Interessant ist auch, daß ältere Pflanzen im Winter gefährdeter sind als junge. Es empfiehlt sich deshalb, die Pflanzen im Frühjahr aufzuteilen bzw. durch Stecklinge zu vermehren und neu zu setzen.
Chrysanthemen sind starke Zehrer. Wir streuen deshalb von Mai bis in den August hinein dreimal pro Quadratmeter je eine Handvoll eines blauen Volldüngers aus. Der Dünger wird leicht eingehackt und die Fläche anschlie-

Wertvolle Sorten von Gartenchrysanthemen:

Name	Höhe	Blütezeit*	Farbe/Bemerkungen
'Kampfhahn'	80 cm	früh	glühendrot, halbgefüllt
'Red Velvet'	60 cm	mittel	dunkelweinrot, gefüllt
'Fellbacher Wein'	70 cm	mittel	weinrot, halbgefüllt
'Schwyz'	50 cm	spät	rostrot, gefüllt
'Clara Curtis'	60 cm	früh	rosa, einfach, reich blühend
'Schloßserenade'	70 cm	früh	rosa, gefüllt
'Hebe'	70 cm	mittel	rosa, einfach
'Orchid Helen'	50 cm	früh	rosalila, gefüllt
'Karminsilber'	70 cm	mittel	rosalila, gefüllt
'Schweizerland'	70 cm	spät	rosalila, gefüllt, sehr reichblühend
'Nebelrose'	90 cm	spät	rosalila, gefüllt, sehr spät
'Altgold'	50 cm	früh	kupfrig, Pompon
'Mandarine'	70 cm	mittel	kupfrig, gefüllt
'Ordensstern'	80 cm	mittel	kupfrig, gefüllt
'Schwabenstolz'	60 cm	mittel	dunkelbraunrot, gefüllt
'Goldmarianne'	80 cm	mittel	goldgelb, einfach
'Kleiner Bernstein'	60 cm	mittel	goldgelb, einfach
'Golden Dream'	30 cm	mittel	goldgelb, Blüten klein, halbgefüllt
'Golden Orfe'	70 cm	mittel	leuchtendgelb, gefüllt
'Rittersaal'	70 cm	früh	gelb, gefüllt
'Citrus'	80 cm	mittel	hellgelb, halbgefüllt
'White Bouquet'	70 cm	mittel	weiß, Pompon
'Schneewolke'	60 cm	mittel	schneeweiß, halbgefüllt
'Edelweiß'	70 cm	mittel	weiß, halbgefüllt
'Schneesturm'	40 cm	spät	weiß, gefüllt

* Blütezeit: früh = August/September, mittel = September/Oktober, spät = Oktober/November

Bunte Blütenpracht der Stauden: Taglilien, Pfingstrosen, Bunte Frühlingsmargeriten und Ehrenpreis.

ßend gewässert. Daß Chrysanthemen für Komposterde dankbar sind, versteht sich von selbst. Der Wasserbedarf ist groß. Was allgemein gilt, hier ist es besonders wichtig: Nicht täglich und oberflächlich gießen, sondern durchdringend und dafür seltener! Wir achten ferner darauf, daß die Blätter beim Gießen möglichst trocken bleiben. Dadurch wird einer Ausbreitung der Blattälchen (dürres, schwarzes Laub!) vorgebeugt. Auch sollten Chrysanthemen nicht zu dicht gepflanzt werden, damit die Blätter nach Regen oder Gießen möglichst rasch abtrocknen.

Gefährliche Feinde sind auch die Schnecken. Sobald im Frühjahr die Blätter erscheinen, müssen wir Schneckenkorn streuen oder die Tiere absammeln. Andernfalls fressen sie über Nacht die jungen Triebe samt Stumpf und Stiel ab.

Vermehrung: Die Pflanzen, auch ältere, lassen sich sehr leicht teilen. Grundsätzlich sollten wir dies nur im Frühjahr (März/April) tun. Das gleiche gilt auch für Neupflanzungen, da es bei einer Herbstpflanzung leicht Ausfälle gibt. Jeder Trieb, der einige Wurzeln hat, wächst in gutem Gartenboden weiter. Sehr leicht lassen sich Chrysanthemen auch durch Stecklinge vermehren. Sobald sich im Mai an den älteren Pflanzen junge Triebe zeigen, werden sie abgeschnitten und in kleine Töpfe gesteckt, die mit einer Mischung aus sandiger Gartenerde und viel Torf gefüllt sind. Um die Bewurzelung zu fördern, können wir die Töpfe unter eine Folienhaube stellen. Nach guter Bewurzelung setzen wir sie ins Freiland. Die Jungpflanzen werden dann im Mai/Juni ein- oder zweimal entspitzt. Dadurch verzweigen sie sich und wachsen zu kräftigen Pflanzen heran.

Die meisten Stauden eignen sich ausgezeichnet zum Schnitt. Ein solch sommerlich-bunter Strauß aus Margeriten, Sonnenauge, Schafgarbe, Eisenhut, Kokardenblume, Taglilien und Gräsern bringt eine fröhliche Note in die Wohnung. Am besten stellen wir ihn in einen schlichten Tonkrug.

Wertvolle Prachtstauden für die Blumenvase

In einem kleinen Garten werden wir auch diese Arten – sofern wir Wert auf sie legen – innerhalb der Staudenpflanzung unterbringen müssen. In größeren Gärten ist aber zu empfehlen, für sie ein Beet im Gemüsegarten zu reservieren. Ein solches Sonderbeet hat den Vorteil, daß wir ohne Rücksicht auf das Gartenbild schneiden können, soviel die Pflanzen hergeben und soviel wir Lust haben.

Hier einige Stauden, die sich vorwiegend für den Schnitt eignen:

Margeriten *(Chrysanthemum* spec.*)*
(siehe auch S. 87)

Unter diesen Sammelnamen fallen drei Gruppen, die sich deutlich voneinander unterscheiden:
- Die Bunte Frühlingsmargerite *(Ch. coccineum)* blüht im Mai/Juni in rosa und roten Pastelltönen. Eine Schnittblume ersten Ranges!
- Die Weiße Frühlingsmargerite *(Ch. leucanthemum)* blüht ebenfalls im Mai/Juni. Wie bei der uns allen bekannten Wiesenmargerite umgeben weiße Strahlenblüten die gelbe

Prachtstauden

Mitte. Die Blüten sind aber üppiger als bei dieser.
- Die Weiße Sommermargerite *(Ch. maximum)* schließlich übertrifft die Blütengröße der eben genannten noch bei weitem. Sie blüht vom Juli bis zum September.

Spezielle Schnittsorten dieser Margeritenarten kann man aus Katalogen ersehen.

Bartfaden *(Penstemon barbatus)*
Blütezeit: Juli–September; Höhe: 80–100 cm.

An langen Stielen hängen längliche, glockenähnliche Blüten. Durch die leuchtendrote Farbe eignen sie sich sehr gut für bunte Sommersträuße. Nicht immer winterhart!
Die Vermehrung erfolgt durch Stecklinge, die im Frühsommer geschnitten und frostfrei überwintert werden. Wir können diese Schnittstauden aber auch aussäen.

Pechnelke *(Lychnis viscaria)*
Blütezeit: Mai–Juli; Höhe: 40 cm.

Für den Schnitt ist besonders die gefüllte Form *L. viscaria* 'Plena' zu empfehlen, mit leuchtend karminroten Blüten. Nach drei Jahren müssen wir verpflanzen, da sonst die Blühfreudigkeit nachläßt.

Kokardenblume (*Gaillardia*-Hybriden)
Blütezeit: Juli–September; Höhe: 50–70 cm.

Die tiefroten bis goldgelben Blüten sind dauernd zu schneiden. Nur dann bilden die Pflanzen bis zum Herbst reichlich Blätter und überwintern. Im September sind alle Blüten dicht über dem Laub abzuschneiden, damit sich starke Blattschöpfe bilden können, die für das Weiterleben wichtig sind. Ein leichter Winterschutz aus Fichtenreisig ist zu empfehlen.
Die Vermehrung der Sorten erfolgt durch Teilung, meist aber durch Aussaat im Frühjahr. Auf dem Prachtstaudenbeet passen sie farblich zu Feinstrahl, Rittersporn, Weißer Sommermargerite, Bergaster u. a.
Bei der Kokardenblume gibt es eine ganze Reihe guter Sorten. Bekannt sind 'Burgunder' (60 cm, tiefrot), 'Bremen' (50–60 cm, rote Mitte mit gelben Spitzen), 'Fackelschein' (70 cm, großblumig, dunkelrot mit gelbem Rand) und andere, die aus Katalogen ersehen werden können. Darüber hinaus bieten die Firmen Mischungen in roten und gelben Farbtönen an.

Bartfaden, zusammen mit Salbei *(Salvia farinacea)*.

Kokardenblume 'Bremen'.

Prachtstauden

Mädchenauge (*Coreopsis lanceolata* 'Sonnenkind', dahinter *C. grandiflora* 'Badengold').
Purpur-Rudbeckie

Mädchenauge *(Coreopsis grandiflora)*
Blütezeit: Juli–September; Höhe: 70 cm.

Bereits unter den Prachtstauden für die Rabatte wurde ein wertvoller Vertreter dieser Gattung besprochen. Hier interessiert uns nur die Art, deren Hauptwert im Schnitt liegt. Dieser unermüdliche Sommerblüher muß, ebenso wie die Kokardenblume, ständig geschnitten werden, damit er gut durch den Winter kommt. Die Blüten halten sich bis zu zwei Wochen in der Vase, und auch die Knospen blühen im Wasser tadellos auf. Nicht vergessen: Pflanzen Anfang September kräftig zurückschneiden, da sie sonst auswintern.

Besonders wertvoll sind die goldgelb blühende 70 cm hohe Sorte 'Badengold' und die 40 cm hohe *C. lanceolata* 'Sterntaler', gelb mit rötlichbrauner Mitte.

Die Vermehrung der Sorten erfolgt durch grundständige Stecklinge. Im übrigen lassen sich *Coreopsis* leicht und rasch durch Samen heranziehen. Die Art *C. lanceolata* ist ähnlich wie obige, aber zierlicher im Wuchs.

Purpur-Rudbeckie *(Echinacea purpurea,* syn. *Rudbeckia purpurea)*
Blütezeit: Juli–September; Höhe: 80 cm.

Diese eigenartig schöne, aber etwas steife Staude ist bei weitem nicht so ausdauernd wie die gelben Sonnenhut-Arten *(Rudbeckia).* Obgleich die Purpur-Rudbeckie sehr apart ist, geht sie in der Prachtstaudenpflanzung farblich unter. Die Leuchtkraft der karminrosa-lilaroten Blüten ist zu gering, vor allem, was die Fernwirkung betrifft. Dafür sind sie aber in der Vase ein ganz besonderer Schmuck. Vermehrung durch Samen und Wurzelschnittlinge.

Sorten: 'Rubinstern' (rot), 'White Lustre' (weiß) und 'Roßdorfer Hybriden' in schönen roten Farbtönen.

Vorzüglich zum Schnitt eignen sich außerdem *Rudbeckia deamii,* 80 cm, sehr reichblühend und von duftiger Gestalt, und *R. speciosa,* 60 cm, eine schöne Wildart. Beide blühen goldgelb mit schwarzer Scheibe.

Edelsteine unter den Stauden: Iris

Schwertlilien (*Iris germanica*, Barbata-Elatior-Gruppe)

Blütezeit: Mai/Juni (je nach Sorte);
Höhe: 70–100 cm (je nach Sorte).

Wohl jeder, der die Irispflanzungen auf den Gartenschauen der letzten Jahre gesehen hat, wird von dieser Pflanze begeistert sein. Mehr als die Gesamtwirkung bedeutet bei dieser Staude die Einzelblüte. Drei märchenhaft gefärbte, waagrecht stehende Hängeblätter umgeben den »Dom«, drei hochragende, oft gewellte Blütenblätter. Zauberhaft, beinahe überirdisch sieht solch ein Iris-Dom aus, und das Licht fällt durch diese Blütenblätter in das Innere wie durch bunte, gotische Fenster.

Die Gattung Iris ist außerordentlich vielgestaltig. Über 200 verschiedene Arten sind bekannt. Wenn wir uns dazu noch die ungeheure Zahl von Sorten vorstellen, dann wird uns verständlich, daß es Spezialisten gibt, die sich ausschließlich mit Iris befassen. Uns interessiert hier vorwiegend die Barbata-Elatior-Gruppe, also die der prächtig blühenden Hohen Bartiris, die aus Kreuzungen von *Iris germanica* mit anderen Arten entstand. Die Züchtung im Bereich dieser Gruppe macht unglaubliche Fortschritte. Überall auf der Erde, ganz besonders aber in den USA, werden jährlich Hunderte neuer Sorten von Liebhabern und Gärtnern gezüchtet und in den Handel gebracht. Formvollendet in Grazie und Schönheit sind die Blüten. Wichtig ist für uns als Liebhaber die Auslese aus der Fülle dieser neuen Sorten. Sie sollen nicht nur schön sein, sondern reich blühen, standfest sein und Sonne, Wind und Regen trotzen.

Dabei sind unsere Gartenschwertlilien unglaublich genügsam. Beinahe jeder Gartenboden ist ihnen recht, wenn er nur trocken und die Lage sehr sonnig ist. Am liebsten haben sie allerdings einen näherstoffreichen, lehmigen Boden. Manche meinen, Iris seien Sumpfpflanzen. Das stimmt zwar für einige Arten, die im entsprechenden Abschnitt dieses Buches erwähnt sind (S. 140 und 141), nicht aber für die hier beschriebene. Wir können sie zwar in die Umgebung des Wasserbeckens pflanzen, aber, wie gesagt, nur in trockenen Boden. In nassen und sauren Böden werden sie krank und kümmern.

Die beste Pflanzzeit ist im Juli/August. Bis zum Frostbeginn müssen die Pflanzen eingewurzelt sein, sonst faulen sie. Die Vermehrung durch Teilung bereitet keine Schwierigkeiten. Bei der Pflanzung dürfen wir die knollenförmigen Rhizome nicht zu tief in den Boden setzen. Wir machen eine flache Pflanzmulde, breiten die auf Handlänge eingekürzten Wurzeln nach allen Seiten aus und füllen mit Erde zu. Nach dem festen Andrücken muß die Oberseite der Rhizome noch zu sehen sein. Erst ab dem zweiten Jahr ergibt sich eine gute Wirkung. Wir können die Pflanzen 4–6 Jahre am gleichen Platz belassen und sehen selbst, welche Sorten nach dieser Zeit verpflanzt bzw. ausgelichtet werden müssen. Das Auslichten erfolgt, indem wir zu dicht stehende Rhizome mit dem Spaten herausstechen.

Es ist schwierig, passende Nachbarn für die prächtige, edle Iris zu finden. In kleineren Gärten ist es meist nicht möglich, für die Schwertlinien einen eigenen Platz vorzusehen. Wir sind hier oft zu einem Kompromiß gezwungen und müssen sie zu den Prachtstauden

Iris 'Rose Marmory' (Barbata-Media-Gruppe).

In unwahrscheinlichen Farben blühen die Iris aus der Barbata-Elatior-Gruppe: 'Atlantik Riffles' (hellblau), 'Caroline Fregrence' (dunkelblau), 'Queen's Jubilee' (gelb), 'Pontiff' (weiß) und 'Jersy Maid' (blauweiß).

wie Pfingstrose, Rittersporn, Bergaster, Hemerocallis u. a. pflanzen. In diesem Fall werden sie nahe am Beetrand untergebracht, damit sie von anderen Arten nicht bedrängt und beschattet werden.

Schöner ist es aber, wenn wir die verschiedenen Irissorten für sich allein auf einer Pflanzfläche – und sei sie auch nur klein – zur Wirkung bringen können. Besonders in rauheren Lagen eignet sich hierzu ein Beet an der Südseite des Hauses recht gut. Sorten in einfachen, klaren Farbtönen pflanzen wir je nach Fläche in kleineren oder größeren Gruppen. Lebhafte, raffinierte Farben werden am besten einzeln gestellt. Leider ist die Blühdauer einer Sorte nur kurz. Es gibt aber Sorten, die sehr früh oder früh, und andere, die mittel, spät oder sehr spät blühen. Durch entsprechende Auswahl können wir jedoch die Blütezeit der Pflanzung über Wochen hinziehen.

Bei der Planung und Anlage des Irisbeetes sollten wir auch darauf achten, daß es nicht zu breit wird. Andernfalls wollen wir einige Trittplatten vorsehen. Wir müssen nahe an die Pflanzen herankommen, denn nur aus der Nähe zeigt sich uns die einmalige Schönheit der edelgeformten Blüten. Es ist ein reizendes Spiel für lange Winterabende, eine solche Pflanzung zusammenzustellen.

Je Quadratmeter genügen 2–3 Pflanzen, denn wir wollen die Lücken mit anderen Stauden oder Sommerblumen füllen. Zur Unterpflanzung eignen sich verschiedene niedrige Stauden, wie Fetthenne-Arten (z. B. *Sedum middendorfianum, S. lydium* 'Glaucum', *S. spurium* 'Fuldaglut' u. a.), Thymian (z. B. *Thymus × citriodorus* 'Golden Dwarf' u. a.), Katzenpfötchen *(Antennaria dioica)*, Edelraute *(Artemisia schmidtii* 'Nana', *A. stelleriana)*. Durch die rötlichen, blaugrauen, goldgrünen

Edelsteine unter den Stauden: Iris

und silbrig-grauen Blätter der genannten Bodenbedecker ergibt sich das ganze Jahr über ein lebhafter Kontrast zur Laubfarbe der Iris. Sehr hübsch sehen Gräser in Verbindung mit Iris aus. Geeignet sind Blauschwingel, Gletscherschwingel, Blaustrahlhafer, Schillergras und Federgras. Selbstverständlich können wir auch andere Iris-Arten mit auf das Beet bringen, wie z. B. *Iris-Hollandica*-Hybriden, *Iris reticulata, Iris xiphioides* sowie Sorten der mittelhohen Bartiris (Barbata-Media-Gruppe) und der niedrigen Bartiris (Barbata-Nana-Gruppe). Weiter passen einige andere Stauden sowohl in ihrem Äußeren als auch in den Ansprüchen sehr gut mit unseren hohen Gartenschwertlilien zusammen. Ich denke da an den ganzen Sommer über blaublühende Stauden wie Katzenminze und Lein. Auch Lavendel eignet sich. Rote Farbtöne bringen wir Monate hindurch mit der Spornblume *(Centranthus ruber)* auf das Beet. Auch der Riesenlauch läßt sich gut verwenden.

An Einjahrsblumen, die wir im April locker zwischen die Iris säen, eignen sich der Goldmohn *(Eschscholzia californica)*, blaublühender Orientalischer Waldmeister *(Asperula orientalis)*, polsterartig wachsender Duftsteinrich *(Lobularia maritima)* u. a. Letzteren verwenden wir nur, wenn wir nicht bereits niedrige Stauden *(Sedum* usw.) auf das Beet gepflanzt haben. Goldmohn dagegen eignet sich auch in Verbindung mit blaublühenden Stauden (Lein, Katzenminze) und Spornblume sehr gut. Durch solche Unterpflanzung sieht das Irisbeet auch nach der Blüte attraktiv aus. Grundsätzlich gilt: Nicht in der Anhäufung möglichst vieler Irissorten und Begleitpflanzen zeigt sich der Meister, sondern in der weisen Beschränkung. Weiter ist die Unterpflanzung so zu wählen, daß sie während der Irisblüte niedrig bleibt. In den Farben muß sie zu diesem Zeitpunkt ruhig sein, damit die edle Form und Farbe der einzelnen Irisblüte voll zur Geltung kommen kann. Die Ansprüche müssen

Hier die ungewöhnliche Sorte 'Dusky Evening' (Dom hell bronzefarben mit Lavendel, Hängeblätter samtig violettschwarz), dahinter die goldgelben Sorten 'West Coast' (links) und 'Golden Promenade' (rechts).

Edelsteine unter den Stauden: Iris

Iris 'Berliner Mokka'.

Iris 'Ursula Vahl'.

dem Trockenheitsbedürfnis der Iris angepaßt sein, wie das bei den hier genannten Arten der Fall ist. Die Unterpflanzung muß unbedingt locker sein, damit die Rhizome der Iris nicht überwuchert werden, sondern offen und der Sonne ausgesetzt bleiben.

Iris sind nicht nur etwas Besonderes im Garten, sie eignen sich ebensogut für die Vase. Wir sollten sie aber nicht im aufgeblühten Zustand abschneiden, denn nur zu leicht bekommen die sehr empfindlichen Blütenblätter häßliche Knickstellen. Im Knospenzustand sind sie dagegen recht unempfindlich. Sobald die oberste Knospe Farbe zeigt, schneiden wir den Stiel ab. Eine Woche lang kann dann das Blühen im Zimmer dauern. Allerdings müssen wir täglich die abgeblühten Blumen entfernen. Sie beginnen sonst zu tropfen und hinterlassen häßliche Flecken.

Wegen der Fülle von Sorten, zu der sich alljährlich neue wertvolle hinzugesellen, sollte sich der Liebhaber den Katalog einer auf Iris spezialisierten Staudengärtnerei (siehe S. 192) kommen lassen.

Wertvolle Sorten:

Name	Höhe	Farbe
'New Snow'	100 cm	weiß, sehr apart
'Pinnacle'	80 cm	D kreideweiß, H hellgelb
'Goldfackel'	90 cm	leuchtend goldgelb
'Glaced Orange'	70 cm	orange bis aprikosengelb
'Fuchsjagd'	80 cm	fuchsrot
'Gala Madrid'	60 cm	D goldgelb, H weinrot
'Lambent'	90 cm	D hellgelb, H braunrot
'Eleanor's Pride'	80 cm	hellblau
'Braithwaite'	70 cm	D himmelblau, H tief samtblau
'Lothario'	90 cm	D hellblauviolett, H tief samtigpurpur
'Night Owl'	80 cm	schwarzblau
'Study in Black'	80 cm	schwarzblau
'Sable Night'	90 cm	tief schwarzblau mit Weinrot

D = Dom (aufrechte Blütenblätter)
H = Hängeblätter (hängende Blütenblätter)

Edelsteine unter den Stauden: Taglilien

Taglilien (*Hemerocallis*-Hybriden)
Blütezeit: Juni–September (je nach Sorte);
Höhe: 60–100 cm (je nach Sorte).

Schönheit und Widerstandsfähigkeit sind bei dieser Staude vereinigt. Ähnlich wie bei den Iris gibt es ein umfangreiches, kaum überschaubares Sortiment. Jährlich werden an die 500 neue Sorten registriert; besonders in den letzten 20 Jahren wurden durch intensive züchterische Arbeit viele Erfolge erzielt. Vor allem Züchter aus den USA haben einen wesentlichen Beitrag bei der Auslese und Verbesserung der Eigenschaften geleistet.

Heute gibt es Sorten in geradezu phantastischen Farbtönen, vom zartesten Creme über Gelb, Orange, intensivem Rosa, bis zu tiefem Rot und Braun, mit allen möglichen Übergängen. Es gibt ganz kleinblumige und sehr großblütige *Hemerocallis*, solche mit kräftigen Blatthorsten und starken Stielen und andere von zierlicher Gestalt und graziösem Habitus. Trotz ihrer Schönheit und Eleganz sind *Hemerocallis* recht anspruchslos; sie wachsen fast überall, in voller Sonne und im lichten Schatten. Sie gedeihen gut auf nährstoffreichen, leicht sauren bis kalkhaltigen, frischen bis feuchten aber auch trockenen Böden und sie wachsen fast ohne Pflege. Vermehrung: Taglilien lassen sich leicht teilen.

Die Einzelblüte hält nur einen Tag, deshalb »Taglilie«. Aber über mehrere Wochen hindurch öffnen sich fortlaufend neue Blüten. Die meisten Sorten blühen im Juli, die frühen ab Mai, die späten von August bis September. *Hemerocallis* werden am besten im Herbst oder im Frühjahr gepflanzt. Die Wurzelkrone

Taglilien blühen nicht nur mehrere Wochen hindurch prächtig, die Pflanzen sehen auch das ganze Jahr über sehr gepflegt und gesund aus, und das ohne allzuviel Pflege!

Edelsteine unter den Stauden: Taglilien

sollte dabei nur gut daumenstark mit Erde bedeckt werden. Da Taglilien lange Jahre hindurch am gleichen Platz verbleiben können, ja sogar wollen, sehen wir genügend Platz vor, etwa 1 m^2 je Pflanze. Zur Pflege braucht man sich kaum etwas zu merken, denn Taglilien sind nicht nur zauberhaft in der Blüte, sie sind ebenso unverwüstlich. Es gibt kaum irgendwelchen Probleme, sei es nun hinsichtlich Krankheiten und Schädlinge, Frosthärte oder Umfallen bei Wind. So, wie die Pflanzen im Herbst absterben, so können sie den Winter über im Garten stehen bleiben. Im Frühjahr sprießen dann die jungen Triebe durch das welke, am Boden liegende Blattwerk hindurch, die Blätter entfalten sich und die Blüte ist so schön wie eh und je. Ja, man hat den Eindruck, daß die Mulchmasse, die sich aus den alten, abgestorbenen Blättern bildet, der Pflanze bestens bekommt.

Wer Taglilien auf das Prachtstaudenbeet bringen will, sollte sie in die Nähe von Rittersporn pflanzen. Sie blühen nicht nur zur gleichen Zeit, die rötlichen und gelblichen Sorten passen auch farblich vorzüglich dazu. Andere bewährte Blühpartner sind Pfirsichblättrige Glockenblume *(Canpanula persicifolia)*, Ballonblume und Dreimasterblume. Hübsche Pflanzgemeinschaften entstehen auch, wenn Bergastern, Wolfsmilcharten, Storchschnabelarten und Gräser mit *Hemerocallis* zusammengepflanzt werden.

Als ursprüngliche Wiesenpflanze wirken Taglilien gut in Verbindung mit Großstauden des gleichen Lebensbereiches. Auch Wieseniris *(Iris sibirica)* und Steppeniris *(I. spuria)* sind wertvolle Partner.

Im naturnahen Garten passen *Hemerocallis* vor allem an den Rand von Gehölzen. Zusammen mit Akelei-, Eisenhutarten und anderen Wildstauden, vor allem aber Gräsern lassen sich Pflanzungen mit eigenem Reiz gestalten.

Oben: Taglilie 'Jock Randall' zusammen mit Mädchenauge 'Zagreb', Scheinaster *(Boltonia asterioides)* und Lampenputzergras.

Links: Taglilien mit duftigem Knöterich *(Polygonum campanulatum)* als Blühpartner.

Edelsteine unter den Stauden: Taglilien

Großblumige Taglilien

Wertvolle Sorten:

Name	Höhe	Farbe/Bemerkungen
'Atlas'	110 cm	lichtgelb, große Blüten, straffe Stiele
'Hyperion'	100 cm	hellgelbe, große Blüten; alte, schöne, reichblühende Sorte
'Shooting Star'	100 cm	grünlichgelb, großblumig, edle Gestalt, spät
'Burning Daylight'	60 cm	tief orangegelb, großblumig, spät
'Norton Orange'	90 cm	leuchtend orange, großblumig
'Cartwheels'	80 cm	goldgelb; große, flache Blüten; gedrungener, kräftiger Wuchs
'Golden Scepter'	100 cm	tief goldgelb, straffer Wuchs, auffallend
'Jake Russel'	80 cm	leuchtend goldgelb, große Blüten
'Luxury Lace'	80 cm	bläulichrosa mit grünem Schlund, zierliche Blüten
'Pink Damast'	80 cm	feines Rosa, bezaubernde Sorte, kräftiger Wuchs
'Tralee'	70 cm	zartrosa
'Windsor Castle'	80 cm	leuchtendrosa
'Bruno Müller'	80 cm	leuchtend orangerot
'Crimson Glory'	100 cm	rot, reichblühend, früh
'Crimson Pirate'	70 cm	leuchtendrot mit orangefarbenem Schlund
'Sammy Russel'	60 cm	ziegelrot, klein- und reichblühend, spät
'Sugar Plum Fairy'	80 cm	aprikosenfarben
'Big World'	80 cm	tief aprikosenfarben, großblumig
'Frances Fay'	50 cm	zweifarbig: hellgelb mit rosa
'Franz Hals'	90 cm	zweifarbig: orangegelb mit rahmgelb

Miniatur-Taglilien

Wertvolle Sorten:

Name	Höhe	Farbe/Bemerkungen
'Bitsy'	50 cm	hellgelb, reichblühend von Juni bis August
'Corky'	70 cm	goldgelb, besonders elegant, dunkle Stiele

Nach der neuesten Bewertung (1991) gilt 'Corky' als vorzügliche (***), 'Bitsy' als wertvolle (**) Sorte.
Neue wertvolle Sorten (**), die aber nur in wenigen Staudengärtnereien erhältlich sein dürften, sind 'Curls', 'Daily Bread', 'Golden Chimes', 'Stella de Oro' und 'Little Grapette'.

Frühblühende Taglilien

Vor der Hauptblütezeit des großblumigen *Hemerocallis*-Sortiments blühen ab Ende Mai neben den zierlichen Wildarten (siehe S. 140) bereits mehrere schöne, anspruchslose Sorten, die aus den Katalogen von Spezialfirmen zu ersehen sind.

Die Einzelblüte, ein Kunstwerk in Form und Farbe.

Edelsteine unter den Stauden: Lilien

Lilien

Blütezeit: meist Juni–August
(je nach Art und Sorte);
Höhe: 30–150 cm (je nach Art und Sorte).

Uns allen ist die weißblühende Madonnenlilie aus Kloster- und Bauerngärten und von Gemälden alter Meister her bekannt, die sich mit blauem Rittersporn und Rosen zu einer bewährten, farbenfrohen Blühgruppe zusammenpflanzen läßt. Sie gehört zum alten Gartengut. Inzwischen wird eine schier unüberschaubare Zahl von Lilienarten und -sorten angeboten. Die Lilien gehen einer neuen »Blütezeit« entgegen.

Formen und Farben von hinreißender Schönheit bringen den Reiz des Besonderen in unseren Garten. Man muß sie selbst blühen sehen, um von ihnen begeistert schwärmen zu können. Pompöse Blütentrompeten bringen die einen, zierliche, elegante Blüten die anderen, und dann gibt es manche, die gleichen kostbaren Orchideen – so unwirklich ist ihre Farbe, so edel ihre Form. Ein prächtiger Anblick, wenn unter dem zartgeschlitzten Laub des Essigbaumes (*Rhus typhina* 'Laciniata') eine Gruppe der orangeroten 'Enchantment' leuchtet und der Boden von der silberblauen *Campanula carpatica* 'Karpatenkrone' bedeckt ist! Und orchideengleich die rosaweiße *Lilium speciosum*. Man muß recht nahe an die Blüten herantreten, um ihre Schönheit erleben zu können.

Wie ein Gemälde durch den passenden Rahmen gewinnt, so brauchen auch Lilien die richtige Nachbarschaft. Bezaubernd sieht es aus, wenn die flachen, weißen Blüten von 'Bright Star' neben den grazilen Blütenständen der Rasenschmiele überhängen oder die aufrechten, mannshohen Bellingham-Hybriden rote Töne in den lichten Schatten zaubern. Bereits der Austrieb mit den ornamental gestalteten Blättern ist von eigenem Reiz.

Ganz gleich, ob Madonnen- oder Feuerlilie, ob Türkenbund, Goldbandlilie, Prachtlilie oder all die vielen prächtigen Sorten der Asiatischen oder Orient-Hybridlilien – der Rahmen dieses Buches würde gesprengt, wenn auch nur die wertvollsten mit kurzer Beschreibung aufgeführt würden. Lassen Sie sich deshalb einen Spezialkatalog (siehe S. 192) kommen.

Am besten pflanzen wir Lilien im frühen Herbst, spätestens im Oktober/November. Eine Ausnahme bildet die Madonnenlilie, die schon im August gepflanzt wird. Wir können

Madonnenlilien inmitten von Lavendel und Rosen.

Auch Farne und Glockenblumen eignen sich als Partner.

Lilien lieben einen beschatteten Fuß. Hier wurden als Bodendecker die gelbblühende Fetthenne *(Sedum floriferum* 'Weihenstephaner Gold') und Karpatenglockenblumen verwendet.

dann bereits im kommenden Jahr mit einer schönen Blüte rechnen. Aber auch im Frühjahr ist die Pflanzung noch möglich. Die Prachtlilie *(L. speciosum)*, die Goldbandlilie *(L. auratum)* und die aus diesen entstandenen Orient-Hybriden sollten überhaupt erst im Frühling gepflanzt werden.

Sollten wir die Zwiebeln nach ihrer Ankunft nicht gleich in den Boden bringen können, so brauchen wir keine Bedenken zu haben. Die Zwiebeln sind in der Regel in Folienbeutel verpackt und lassen sich ohne Schaden einige Wochen an einem kühlen, frostfreien Ort lagern.

Der Boden muß für Lilien möglichst locker und durchlässig sein. Wenn er dies nicht von Natur aus ist, wollen wir ihn mit Torf oder Sand verbessern. Besonders unter jede Zwiebel sollten wir ein bis zwei Handvoll Sand geben, damit sie trocken stehen. Übrigens, die Zwiebeln sind Leckerbissen für Wühlmäuse! Wo Gefahr besteht, sollten wir sie in kleine Drahtkörbe pflanzen, die wir aus einfachem Drahtgeflecht selbst basteln können. Auch durchlöcherte Blumenübertöpfe aus Plastik eignen sich. Mit diesen in den Boden eingesenkt, sind die Zwiebeln vor Wühlmäusen geschützt. Alle Sorten sollten so tief gepflanzt werden, daß die Zwiebelspitze in zweifacher Zwiebelhöhe, also mit etwa 10–15 cm Erde

Edelsteine unter den Stauden: Lilien

bedeckt ist. Nur bei der Madonnenlilie darf nur 3 cm Erde über der Zwiebel sein. Im Herbst sollten die Pflanzstellen mit Laub, Torf oder Fichtenzweigen abgedeckt werden. Dadurch bleibt der Boden länger warm und die Zwiebeln sind etwas gegen Winternässe geschützt.

Lilien brauchen Sonne, mindestens einige Stunden täglich. Das sollten wir bei der Pflanzung berücksichtigen und sie nicht in den vollen Schatten bringen. Dort biegen sie sich bald nach dem Austrieb um und suchen die Sonne. Am Fuß aber wollen sie beschattet sein. Wir pflanzen sie also zwischen bodenbedeckenden Stauden oder Gräsern. Als Dünger geben wir am besten verrotteten Stallmist, Kompost oder andere organische Dünger (siehe S. 12). Der Boden wird mit Torf abgedeckt. Er bleibt dann gut locker.

Beim Austrieb im Frühjahr sind Lilien durch Nachtfröste gefährdet. Wir decken sie abends mit bereitgestellten Blumentöpfen u. ä. ab, aber immer so, daß das Abdeckmaterial die Sprosse oder Blätter nicht berührt. Vorsicht vor Schnecken!

Sobald eine Blüte verblüht ist, sollten wir sie abschneiden, um den Samenansatz zu unterbinden. Die Pflanzen bleiben dagegen nach der Blüte noch stehen und werden erst im November bis auf den Boden heruntergeschnitten. Sofern sie auch im Winter reizvoll sind (z. B. Feuerlilie), lassen wir sie bis zum zeitigen Frühjahr stehen.

Die meisten Lilien sollten nicht verpflanzt werden. Sie wollen im Boden richtig heimisch werden. Lediglich die Asiatischen- und die Orient-Hybridlilien nehmen wir nach 2–3 Jahren aus dem Boden und pflanzen sie an gut vorbereiteter Stelle neu auf.

Oben: Bezaubernd hebt sich diese Bellingham-Hybride vom dunklen Hintergrund ab.

Mitte: Bereits im Austrieb ein Kunstwerk von interessanter grafischer Wirkung: Lilie 'Enchantment'.

Unten: *Lilium speciosum* von eleganter Form und ungewöhnlicher Farbe. Sie blüht erst im August/September und will sauren Boden.

Edelsteine unter den Stauden: Orchideen

Der Königsfrauenschuh *(Cypripedium reginae)* bringt weiße Blüten mit karminroten Lippen.

Orchideen

Der richtige Gartenfreund möchte immer tiefer in die Geheimnisse der Pflanzen eindringen und wagt sich nach und nach, wenn seine Erfahrungen zunehmen, auch an besonders heikle Schönheiten heran. In einem stillen, unberührten Winkel seines Gartens kann er sich ihnen mit aller Liebe und Geduld hingeben. Solche mit dem Schleier des Geheimnisses umgebenen Schönheiten sind unsere Freilandorchideen. Ihre Blüten sind in größter Vollkommenheit nach genau den gleichen Gesetzen gebaut wie die der berauschenden Gewächshausorchideen aus dem tropischen Süden – nur etwas feiner und kleiner. Es gibt also tatsächlich richtige Orchideen, die wir im Garten ziehen können. Viel Feingefühl, Geduld und Liebe aber gehören dazu, diesen Pflanzen den Boden so zu bereiten, daß sie gesund einwurzeln und sich vermehren. Sie danken uns unser Verständnis mit einem köstlichen Blütenerlebnis von Jahr zu Jahr.

Stellvertretend für diese recht umfangreiche Pflanzengruppe wollen wir uns hier nur über den Frauenschuh unterhalten. Vorweg sei aber noch ein wichtiger Hinweis erlaubt: Wer nicht mit viel Geduld und Sorgfalt den Orchideen einen Standort im Garten herrichten kann, der ihnen wirklich zusagt und auf dem diese kostbaren Pflanzen viele Jahre und Jahrzehnte ungestört wachsen und gedeihen können, der sollte es mit ihnen gar nicht erst versuchen.

Der heimische Frauenschuh *(Cypripedium calceolus)* bringt an zusagender Stelle von Jahr zu Jahr mehr Blüten.

Frauenschuh *(Cypripedium)*
Blütezeit: Mai/Juni; Höhe: 30 cm.

Unser heimischer Frauenschuh C. calceolus ist leider in der Natur sehr selten geworden. Er steht daher wie alle Freilandorchideen streng unter Naturschutz! Wir dürfen ihn unter keinen Umständen durch Ausgraben noch weiter ausrotten! Es gibt aber eine Reihe ähnlich schöner Frauenschuhe aus dem Ausland wie *C. reginae, C. parviflorum* (Syn. *C. pubescens*), *C. macranthum* u. a., die wir ebenso wie die heimische Art *C. calceolus* aus Staudengärtnereien beziehen können.

Frauenschuhe verlangen einen leicht schattigen Standort und eine humusreiche, lehmige, gut durchlässige Erde. C. calceolus liebt kalkreichen Boden (evtl. alten Mauermörtel beimischen), *C. reginae* dagegen kalkarmen, sumpfigen Boden. Am besten pflanzen wir den Frauenschuh in die Nähe von Sträuchern oder in den lichten Baumschatten.

Die Samenkapsel eines jungen Frauenschuhs enthält über 20 000 Samen, während kräftige Exemplare sogar bis zu 30 000 Samen je Kapsel ausbilden. Vom Samen bis zur blühfähigen Pflanze vergehen aber etwa zwölf Jahre. Wenn der Standort dem Frauenschuh zusagt, vermehrt er sich durch seine Rhizome gut weiter. So haben wir in unserem Garten zwei heimische Frauenschuhpflanzen in den lichten Schatten einer Fichtenhecke gepflanzt. Bereits nach fünf Jahren war daraus ein ganzes Nest mit zehn Stück geworden. Jedes Jahr freuten wir uns auf die Blüte und suchten die versteckte Frauenschuhgruppe auf. Während des Wachstums, also im Frühjahr, braucht der Frauenschuh viel Feuchtigkeit. Winterschutz benötigen nur manche ausländischen Arten.

Die Vermehrung kann vorsichtig durch Teilung, also Abnehmen von Rhizomen, erfolgen. Am besten aber läßt man die Horste sich von selbst ausbreiten. Also die Pflanze in Ruhe lassen!

Edelsteine unter den Stauden: Orchideen

Tibetorchidee *(Pleione)*
Blütezeit: April/Mai; Höhe: 15 cm.

Diese aus dem Himalaja (Osttibet) stammende Erdorchidee wächst und blüht auch in unseren Gärten, wenn wir nur ein paar Besonderheiten beachten. Vor allem braucht sie einen leicht schattigen Platz, denn heiße, trockene Sommerwochen kann sie nicht vertragen. Der Boden sollte humusreich sein; wenn möglich, mischen wir Torf, Sand und etwas Lehm bei. Im Frühling und Sommer will die Tibetorchidee viel Feuchtigkeit, verträgt aber keinen direkten Wasserstrahl. Die Blätter und Sprosse sollten auch nicht besprüht werden. Im Herbst und Winter halten wir sie trocken bzw. schützen die Pflanze gegen Winterfeuchtigkeit, indem wir sie mit Folie oder einer Glasscheibe abdecken. Wir können die Pflanze aber auch aus der Erde nehmen und sie trocken im Keller überwintern. Kälte kann die *Pleione* dagegen recht gut vertragen, zumindest die Art *P. limprichtii*.

Alle Arten besitzen rundliche bis flaschenförmige, dunkelbraune Sproßknollen, Bulben genannt. Aus diesen treiben im Frühling einzelstehende, lilarosa Blüten, die etwa 6–7 cm breit sind.

Von den Staudengärtnereien wird neben der bereits genannten Art vielfach auch *P. formosana* mit sehr großen, cattleyenähnlichen Blüten angeboten. Diese wohl schönste Art ist jedoch nur für das Blumenfenster geeignet. Für den Garten ist nur *P. limprichtii* zu empfehlen, die sich besonders für den Steingarten, das Alpinum oder für einen Pflanztrog eignet. Hübsch sieht es aber auch aus, wenn diese prächtige Liebhaberpflanze z. B. mit Farnen, zierlichen Gräsern oder schattenliebenden *Sedum*-Arten zusammengepflanzt wird.

Pleione limprichtii – mit dem Hauch des Exotischen und dabei leicht zu kultivieren.

Es quillt aus allen Fugen

Blühen am Wege

Gartenwege mit geradlinigen, nüchternen Betoneinfassungen sind kein erfreulicher Anblick. Wieviel hübscher sieht es dagegen aus, wenn farbenfrohe Staudenpolster entlang des Weges hervorquellen und wieder zurückschwingen! Nachfolgend sind deshalb einige Stauden genannt, mit denen sich bunte Farbtupfen an den Weg zaubern lassen.

Steinkraut *(Alyssum saxatile)*
Blütezeit: April/Mai; Höhe: 20–30 cm.

Zusammen mit weißen Schleifenblumen und blauen Aubrietien ergibt sich ein bewährter Dreiklang in unserem Frühlingsgarten. Das Steinkraut, das auch unter »Steinrich« bekannt ist, schätzen wir als eine der wertvollsten Fugenpflanzen für die Trockenmauer.
Es ist ein Hunger- und Durstkünstler, der sich an mageren Stellen am wohlsten fühlt. Das Steinkraut entwickelt sehr lange Pfahlwurzeln, die selbst zwischen engen Felsspalten ein Wachsen und Blühen ermöglichen. Dies ist auch der Grund, warum es sich so schlecht verpflanzen läßt. Die reinen Arten werden deshalb durch Aussaat, die Kulturformen durch Stecklinge vermehrt.
Diese Staude braucht einen sonnigen Standort und will dort möglichst in Ruhe gelassen werden. Alle paar Jahre schneiden wir sie aber bis auf die unteren Triebknospen zurück. Dadurch behält sie ihr jugendliches Aussehen bis ins tiefe Alter und wächst nicht zu sehr in die Breite. Übrigens, die Pflanzen breiten sich nach und nach zu Büschen aus, die einen halben Quadratmeter und mehr bedecken.

Wertvolle Sorten:

Name	Farbe/Bemerkungen
'Compactum'	'sehr gedrungener Wuchs, leuchtendgelb
'Citrinum'	schwefelgelb
'Plenum'	mit dichtgefüllten, goldgelben Blüten

Polsterstauden in bunten Farben sind die schönste Wegeinfassung, die man sich denken kann.

Polster- und Steingartenstauden

Blaukissen (*Aubrieta*-Hybriden)
Blütezeit: April/Mai; Höhe: 10 cm.

Wer würde sie nicht kennen, diese in der Maiensonne ausgebreiteten blauvioletten Blütenkissen? Sie leuchten weithin sichtbar entlang des Gartenweges und von der Trockenmauer.

Aubrietien lieben einen kalkhaltigen Boden und volle Sonne. Im Gegensatz zu anderen hier besprochenen, anspruchslosen Gattungen wollen sie gut ernährt werden. Wir versorgen sie deshalb mit Komposterde und geben blauen Volldünger unter die Polster. Erst wenn das Blühen einmal nachläßt, sollten wir sie teilen und neu pflanzen. Die rosa- und rotblühenden Sorten sind meist nicht so wüchsig und nicht so langlebig wie die lila-blau-violetten. Die Vermehrung erfolgt durch Stecklinge und Teilung.

Steinkraut

Wertvolle Sorten:

Name	Farbe/Bemerkungen
'Neuling'	lavendelblau, besonders kräftig wachsend
'Schloß Eckberg'	blau (violett); diese und obige Sorte blühen besonders lange und bilden gute Polster
'Blue Emperor'	dunkelblau
'Tauricola'	dunkelblau (lila), niedrig, gute Polster
'Dr. Mules'	dunkelviolett
'Rosengarten'	rosa, wüchsige Polster
'Red Carpet'	leuchtend tiefrot
'Feuervogel'	leuchtend tiefrot
'Bordeaux'	weinrot
'Vesuv'	karminrot

Blaukissen

Zwerg-Iris (Barbata-Nana-Gruppe)
Blütezeit: April/Mai; Höhe: 15–30 cm.

Die niedrigen Zwerg-Iris wurden bereits auf S. 37 besprochen. Zusammen mit den klassischen Polsterstauden wie Aubrietien, Schleifenblume, Steinkraut, und Polsterphlox ergeben sie im Mai ein äußerst farbenprächtiges Bild.

Schleifenblume *(Iberis sempervirens)*
Blütezeit: Mai; Höhe: 15–30 cm.

Auch Schneekissen wird diese niedrige, immergrüne Staude genannt, ist sie doch zur Blütezeit mit ungezählten, strahlend weißen Blüten geradezu überschüttet. Auch nach der Blüte sehen die kugeligen Büsche mit den lederartigen, dunkelgrünen Blättern gut aus. Ein herrliches Bild, wenn im Mai entlang des Gartenweges das schneeige Weiß der Schlei-

Polster- und Steingartenstauden

Schleifenblume

fenblume zusammen mit dem Gelb von Steinkraut und Gemswurz und den blauvioletten Tönen von Blaukissen und niedrigen Iris aufleuchtet. Mit einigen roten Tulpen läßt sich diese Farbenpracht noch weiter steigern.
An den Boden stellt die Schleifenblume keinerlei Ansprüche. Er darf trocken und arm, muß aber wasserdurchlässig sein. Die Schleifenblume ist ein Kind der Sonne. Bereits im Halbschatten würde sie zu sehr verweichlichen und dann im Winter bei Kahlfrost leiden. Aus-

Polsterphlox (*P. douglasii* 'Crackerjack')

gezeichnet ist sie zur Fugenbepflanzung einer Trockenmauer geeignet. Bei der Pflanzung sollten wir berücksichtigen, daß die Polster in wenigen Jahren bereits einen halben Quadratmeter Fläche bedecken. Um dichte, üppige Büsche zu erreichen, schneiden wir sie gelegentlich bis auf die unteren Triebknospen zurück. Wir können sie aber auch alljährlich nach der Blüte um ein Drittel stutzen (Heckenschere!). Wir vermehren sie durch abgerissene, bewurzelte Triebe oder aber durch Stecklinge während des Sommers.

Wertvolle Sorten:

Name	Höhe	Bemerkungen
'Schneeflocke'	25 cm	wertvolle Sorte, reichblühend, großblumig
'Findel'	25 cm	starkwüchsig, mit großen Blüten
'Zwergschneeflocke'	15 cm	eine zierliche Form von 'Schneeflocke', kleine Polster bildend
'Weißer Zwerg'	10 cm	niedrig und buschig, aber an manchen Stellen empfindlich

Polster- oder Teppichphlox (*Phlox subulata* und *P. douglasii*)

Blütezeit: Mai/Juni; Höhe: 15 bzw. 10 cm.

Darf auf dem Prachtstaudenbeet der hohe Sommerphlox nicht fehlen, so ist es entlang des Weges und in der Trockenmauer der niedrige Polsterphlox, auf den wir nicht verzichten können. Es sind leuchtend bunte Kissen in rosa, roten, lila und weißen Farbtönen, an denen sich unser Auge freut. Am besten pflanzen wir gleich mehrere Exemplare zu einer Gruppe zusammen, damit kräftige Farbkleckse entstehen. Die flachen Polster mit den lebhaft grünen, nadelförmigen Blättern sind aber auch außerhalb der Blütezeit eine Zierde.
In der Natur kommt der Polsterphlox auf trockenen, felsigen, oder sandigen Hängen vor.

Polster- und Steingartenstauden

Wir haben es also mit einer recht anspruchslosen Staude zu tun, die sich in voller Sonne wohlfühlt. Die aufgeführten Sorten wollen nährstoffreichen, warmen, durchlässigen Boden. Kalter, nasser Boden ist ungeeignet. Die Vermehrung erfolgt durch Stecklinge, die vom Frühjahr bis in den Sommer hinein geschnitten werden können.

Wertvolle Sorten:

Name	Farbe/Bemerkungen
'White Delight'	weiß, sehr reichblühend, starkwachsend
'May Snow' (d)	reinweiß
'Daisy Hill'	rosarot
'Georg Arends'(d)	rosalila
'Crackerjack' (d)	leuchtend karminrot
'Scarlet Flame'	leuchtend scharlachrot, starkwachsend
'Temiscaming'	leuchtend magentarot
'G. F. Wilson'	schlieferblau (hell-lila-blau), starkwachsend

Sorten von P. douglasii (d) bilden dem Boden dicht aufliegende (5–10 cm), wintergrüne Polster, die mit Blüten dicht bedeckt sind.

Gänsekresse *(Arabis caucasica)*
Blütezeit: April/Mai; Höhe: 10–20 cm.

Diese Staude wächst rasch und bildet schon im ersten Jahr große Polster. Sie ist sehr ausdauernd. Die graufilzigen Blätter und die großen, weißen Blütentrauben sind voller Anmut.

Wertvolle Arten und Sorten:

Art und Sorte	Farbe/Bemerkungen
A. caucasica 'Plena'	dicht gefüllte, weiße Blüten, längere Blütezeit als einfache Formen
'Schneehaube'	gute, weiße, einfachblühende Form
A. × arendsii 'Rosabella'	leuchtend dunkelrosa Blüten, rosablühende Sorten sind nicht so ausdauernd
A. procurrens 'Neuschnee'	reich und besonders lang blühend, wintergrün

Gänsekresse

Sehr gut sehen sie entlang des Weges neben blauen Zwerg-Iris aus, passen aber auch zu allen anderen hier besprochenen Stauden. Nur neben die üppig weißblühende Schleifenblume sollten wir sie nicht pflanzen. Hier würde sie in ihrer Wirkung verblassen.

Wie das Steinkraut, so liebt auch die Gänsekresse mageren Boden, aber keine zu große Trockenheit. Es entstehen sonst Kahlstellen, die sich freilich nach Regen oder Gießen rasch wieder begrünen. Die einfache Form der Gänsekresse verträgt Halbschatten, während die gefüllte an solchen Stellen versagt. Die Vermehrung kann durch Teilung, Stecklinge oder Aussaat erfolgen. Bei der Teilung reißen wir die Pflanzen auseinander und kürzen die langen Triebe kräftig ein.

Moos-Steinbrech (*Saxifraga-Arendsii*-Hybriden)
Blütezeit: April/Mai; Höhe: 15–20 cm.

Die dichten moosartigen, immergrünen Polster dieser Staude lassen sich im Garten vielfältig verwenden. Zusammen mit anderen der in diesem Abschnitt genannten Arten können wir sie entlang des Weges pflanzen. Vor allem sind sie für solche Stellen geeignet, die durch einen Baum oder anderweitig beschattet wer-

Der Moos-Steinbrech eignet sich vorzüglich für leicht beschattete Stellen.

den. Besonders gut eignen sie sich auch an Trockenmauern, die im leichten Schatten liegen (Nordseite) und für flächige Pflanzungen an absonnigen Stellen. Sie lieben humusreichen, feuchten Boden.

Die »Moospolster« sind nicht nur im Mai während der reichen Blüte reizvoll, sondern auch danach und besonders im Spätherbst oder Winter, wenn die immergrünen Blattrosetten vom Rauhreif verziert werden.

Um Kahlstellen zu vermeiden, ist es ratsam, die Polster nach einigen Jahren zu teilen und neu aufzupflanzen. Die Vermehrung erfolgt durch Teilung und Stecklinge.

Wertvolle Sorten:

Name	Farbe
'Schneeteppich'	weiß
'Schwefelblüte'	gelb
'Blütenteppich'	rosa
'Pixie'	rosa
'Triumph'	rot
'Leuchtkäfer'	rot

Grasnelke *(Armeria maritima)*

Blütezeit: Mai/Juni; Höhe: 10–15 cm.

Über dichten, grasartigen Polstern stehen im Frühsommer die zierlichen Blütenköpfchen. Außer zur Wegeinfassung können wir die Grasnelke gut an der Trockenmauer und für eine Heide- oder Steppenpflanzung verwenden. Sie gedeiht in jedem Gartenboden in sonniger Lage. Der Boden kann auch sandig sein. Die Vermehrung erfolgt durch Teilung oder Aussaat.

Wertvolle Sorten:

Name	Farbe
'Alba'	weiß
'Frühlingszauber'	karminrosa
'Düsseldorfer Stolz'	leuchtendrot

Für die Trockenmauer eignet sich besonders die zierliche *A. caespitosa*. Sie bildet kugelige Polster, die von Jahr zu Jahr dichter werden und rosafarben blühen.

Polster- und Steingartenstauden

Hornkraut *(Cerastium tomentosum)*
Blütezeit: Mai/Juni; Höhe: 10 cm.

Eine auffallende Polsterpflanze mit weißfilzigen Blättern und zahlreichen kleinen, weißen Blüten. Diese Art wuchert bei weitem nicht so stark wie *C. biebersteinii.* Die »Tuffsteingebirge« vieler Gärten sind von ihren 20 cm hohen, grauweißen Trieben überwuchert. Sie unterdrückt dabei wertvolle, kleinere Stauden. Deswegen sollten wir sie nur entlang breiter Wege, an großen Trockenmauern oder in ausgedehnten Steingartenanlagen verwenden.
Neben der für unsere Zwecke meist wertvolleren Art *C. tomentosum* ist die Form 'Columnae' zu nennen, die noch gedrungener wächst. Durch dichte, sattgrüne Polster und reichen, weißen Blütenflor im Frühsommer zeichnet sich die nichtwuchernde Form *C. arvense* 'Compactum' aus.

Hornkraut

Pfingstnelke *(Dianthus gratianopolitanus)*
Blütezeit: Mai–Juli; Höhe: 15–20 cm.

Diese niedrige Nelke mit meist stahlblauen Polstern eignet sich zur Wegeinfassung und für die Trockenmauer. Auch die Federnelke *(D. plumarius)* läßt sich gut entlang des Weges pflanzen. Sie blüht im Mai/Juni. Die einzelnen Sorten werden 20–30 cm hoch. Beide siehe S. 25.

Hornveilchen

Hornveilchen *(Viola cornuta)*
Blütezeit: Mai–September; Höhe: 15–20 cm.

Wegen seiner sehr langen Blütezeit läßt sich das Hornveilchen gut zur Wegeinfassung verwenden. Bald wachsen die anfänglich kleinen Pflanzen in die Breite, was uns entlang des Weges nur recht sein kann. Hornveilchen lieben einen leicht feuchten Boden und können eine der Sonne etwas abgewandte Lage gut vertragen. Auch in Verbindung mit der Trockenmauer lassen sie sich an leicht schattigen Stellen verwenden. Vermehrung: Teilung.

Wertvolle Sorten:

Name	Farbe
'White Superior'	weiß
'Altona'	cremegelb
'Gelber Prinz'	gelb
'Angerland'	zart lilablau
'Blaue Schönheit'	leuchtendblau
'Hansa'	tiefblau
'G. Wermig'	mittelblau

Sehr ähnlich ist *V. gracilis.* Eine wertvolle, violette Sorte heißt 'Lord Nelson'.

Sonnenröschen 'Supreme', 'Sterntaler' und 'Lawrensons Pink'.

Sonnenröschen (*Helianthemum*-Hybriden)
Blütezeit: Juni–August; Höhe: 10–20 cm.

Diese zwergigen Halbsträucher sind allerliebst in ihren Blütenfarben. Sie eignen sich nicht nur zur Wegeinfassung, sondern ebenso auch für die Trockenmauer oder die Steppenpflanzung.

Hübsch sieht es aus, wenn die gelb, rosa oder rot blühenden Sorten mit blau oder lila blühenden Stauden zusammengepflanzt werden. Katzenminze, Lavendel und Lein sind dazu besonders geeignet.

Wir wollen uns hier nur über die wertvollen Hybriden unterhalten. Sie sind sehr sonnenliebend und wollen einen trockenen Standort. Im übrigen aber sind sie denkbar anspruchslos. Die kleinen, wildrosenähnlichen Blüten erscheinen in Massen, und viele Wochen hindurch öffnen sich täglich neue Knospen. Die Blüten der gefüllten Sorten bleiben länger geöffnet als die der einfachen. Nach der Hauptblüte sollten wir die Pflanzen zurückschneiden, damit sie nicht zu lang werden. In schneearmen Gegenden vertrocknen die immergrünen Blätter im Winter bei Sonne und gefrorenem Boden. Während sie Wasser verdunsten, können die Wurzeln aus dem Boden keines mehr nachschaffen. In solchen Lagen empfiehlt es sich deshalb, besonders die graulaubigen Pflanzen mit Fichtenzweigen leicht zu bedecken. Die Vermehrung erfolgt durch Sommerstecklinge, die sich rasch bewurzeln.

Wertvolle Sorten:

Name	Farbe/Bemerkungen
'Die Braut'	weiß
'Golden Queen'	goldgelb
'Sterntaler'	goldgelb, flachwachsend
'Gelbe Perle'	goldgelb, gefülltblühend
'Lawrensons Pink'	reinrosa
'Rosi'	leuchtendrosa
'Henfield Brilliant'	leuchtend orangerot
'Cerise Queen'	kirschrot, gefülltblühend
'Rubin'	dunkelrot, gefülltblühend
'Blutströpfchen'	blutrot
'Braungold'	braun mit gelber Mitte

Karpatengockenblume *(Campanula carpatica)*
Blütezeit: Juni–August; Höhe: 15–30 cm.

Diese äußerst anspruchslose Staude gedeiht überall gut, auch an halbschattigen Stellen, sofern der Boden nicht ausgesprochen naß und undurchlässig ist. Sie breitet sich durch Selbstaussaat aus. Lästig wird sie aber nicht, da sie nicht wuchert. Gut eignet sich die Karpatenglockenblume auch für die Trockenmauer oder im Steingarten. Selbst auf dem Staudenbeet kann diese beliebte, reichblühende Glokkenblume verwendet werden. Vorsicht vor Schnecken!

Die Sorten werden durch Teilung oder Stecklinge vermehrt.

Polster- und Steingartenstauden

Wertvolle Sorten:

Name	Höhe	Farbe
'Zwergmöve'	15 cm	silberweiß
'White Star'	30 cm	weiß
'Karpatenkrone'	20 cm	silberblau
'Blaumeise'	20 cm	hellblau
'Blaue Clips'	20 cm	himmelblau
'Isabel'	20 cm	violett
'Kobaltglocke'	25 cm	violett
'Violetta'	25 cm	dunkelviolett

Auch die niedrige, aber stark wachsende C. poscharskyana und deren Sorten können entlang des Weges und an der Trockenmauer gepflanzt werden.

Katzenminze *(Nepeta × faassenii)*
Blütezeit: Juni–September; Höhe: 30 cm.

Einzelheiten über diese Staude, die sich auch zur Einfassung von Wegen eignet, siehe S. 25.

Lavendel *(Lavandula angustifolia)*
Blütezeit: Juli/August; Höhe: 30–50 cm.

Wer größere Einfassungen einheitlich mit einer Art bepflanzen will, kann diese aromatisch duftende Pflanze aus dem Mittelmeerraum verwenden. Sie gehört zwar eigentlich gar nicht zu den Stauden, sondern zu den Gehölzen. Da sie aber in Staudengärtnereien herangezogen und in Staudenpflanzungen mit verwendet wird, soll hier kurz auf sie eingegangen werden.
Die Belaubung ist graugrün, die Blütenfarbe lavendelblau. Sehr gut läßt sich übrigens Lavendel mit Rosen zusammenpflanzen. An den Boden werden keine besonderen Ansprüche gestellt, der Standort soll in der vollen Sonne liegen. Als Einfassung kann Lavendel mit der Heckenschere geschnitten werden. Ansonsten ist leichter Rückschnitt nach der Blüte anzuraten.
Die Vermehrung von Lavendel erfolgt durch Aussaat oder Stecklinge.

Lavendel mit Bodendecker-Rose 'The Fairy'.

Wertvolle Sorten:

Name	Höhe	Farbe/Bemerkungen
'Hidcote Blue'	40 cm	blau
'Grappenhall'	60 cm	blau, besonders aromatisch, starkwachsend
'Munstead'	40 cm	tiefblau, sehr wertvoll, besonders graue Blätter
'Rosea'	40 cm	hellrosa

Die Trockenmauer

Eine Trockenmauer, gut bepflanzt, kann ein Schmuckstück unseres Gartens sein. Auch auf die mehr oder weniger große Pflanzfläche vor der Mauer sollten wir einige der hier bzw. im Abschnitt »Heide« und »Steppe« genannten Stauden bringen und Zwerggehölze dazugesellen. Auch Blumenzwiebeln dürfen dabei nicht fehlen. Die Anlage einer Trockenmauer ist in meinem Buch »Mein Hobby, der Garten« ausführlich beschrieben.
Ähnlich wie beim Wasserbecken, dürfen wir auch die Trockenmauer nicht zu dicht bepflanzen. Steine und Fugen sollten auch nach Jahren noch zu sehen sein.

Polster- und Steingartenstauden

Gartenaurikel *(Primula × pubescens)*
Blütezeit: Mai; Höhe: 20 cm.

Eine Pflanze aus Großmutters Garten, die leider etwas in Vergessenheit geraten ist. Die lederartigen Blätter sind glatt und weiß gepudert. Aus samtigen Blüten in purpurnen, gelben, blauen oder violetten Farben lacht uns ein großes, helles Auge entgegen. Die Aurikel kann im Gegensatz zu ihren Verwandten verhältnismäßig viel Sonne vertragen. Besser ist es aber, wenn wir sie in leicht beschattete Trockenmauerspalten pflanzen. Selbstverständlich können wir auch die kalkliebende, gelbblühende Bergaurikel *(P. auricula)* verwenden. Die Vermehrung erfolgt durch Teilung und Aussaat.

Silberwurz *(Dryas octopetala)*
Blütezeit: Mai/Juni; Höhe: 5–10 cm.

Sie zählt zu den ausdauerndsten Stauden. Nach einigen Jahren überzieht sie Boden und Gestein mit einer festen, immergrünen Matte. Anschließend an die Blütezeit schmückt sich die Silberwurz mit federigen Samenständen. Der Boden sollte gut durchlässig, möglichst schotterreich, die Lage sonnig sein. Die Art *Dryas × suendermannii* wird etwas höher, Blüten und Blätter sind größer. Vermehrung durch Teilung, Stecklinge und Aussaat.

Dorniges Steinkraut oder Steinrich *(Ptilotrichum spinosum)*
Blütezeit: Mai/Juni; Höhe: 15–20 cm.

Diese Staude hat eine große Ähnlichkeit mit dem Steinkraut, ist aber ausdauernder. Sie blüht etwas später und weiß. In trockener, sonniger Lage bildet sie große, üppige Polster.

Kriechendes Schleierkraut *(Gypsophila repens)*
Blütezeit: Mai–Juli; Höhe: 10 cm.

In der Natur wächst das Kriechende Schleierkraut rasig auf Schotter und steinigen Halden,

Eine Trockenmauer stützt nicht nur das Gelände ab, sie bietet in den Fugen auch Platz für Stauden.

Polster- und Steingartenstauden

meist auf Kalk. Auch im Garten sollten wir ihm kalkhaltigen Boden und eine sonnige Lage geben. Im Frühsommer erscheinen die kleinen, weißen Blüten in unglaublicher Menge. Man kann es kaum fassen, daß eine einzige Pfahlwurzel diesen Blütenreichtum aus den Fugen der Trockenmauer herausholt. Dabei entwickelt es sich unter diesen kargen Verhältnissen so stark, daß eine mehrjährige Pflanze gut einen halben Quadratmeter bedeckt. Eine der besten Stauden für die Trockenmauer zum Überhängen! Trotz ihrer Zierlichkeit sind die Teppich-Schleierkräuter so robust, daß sie jahrelang ohne Pflege am gleichen Platz und bei gleichbleibender Schönheit aushalten. Die Sorten 'Rosea' (zartrosa), 'Letchworth' und 'Rosa Schönheit' (beide rosarot) wachsen wenig rasig.
Eine kleine Kostbarkeit für unsere Trockenmauer ist *G. cerastioides* mit verhältnismäßig großen, weißen, rosageaderten Einzelblüten. Die Vermehrung der Schleierkräuter erfolgt durch Aussaat und Stecklinge.

Kriechendes Schleierkraut.

Moltkie

Moltkie *(Moltkia petraea)*
Blütezeit: Mai–August; Höhe: 30 cm.

Eine Polsterstaude oder richtiger ein Halbstrauch, der durch die wintergrünen Blätter und das klare, reine Violettblau seiner Blüten wirkt. Die Moltkie stammt aus der kargen Karstlandschaft Griechenlands und fühlt sich deshalb in den besonnten Felsspalten der Trockenmauer sehr wohl. Vermehrung durch Samen und Stecklinge.

Islandmohn *(Papaver nudicaule)*
Blütezeit: Mai–September; Höhe: 30–40 cm.

Die zierlichen Blüten des Islandmohnes in ihren feinen, weißen, gelben und roten Pastelltönen sehen bezaubernd aus. Zu vielen Trockenmauerstauden, die in Blau blühen, schaffen sie prächtige Farbkontraste. Dazu blüht der Islandmohn vom Frühjahr bis tief in den Herbst hinein und eignet sich zur Pflanzung vor die

Islandmohn

Mauer oder auf die Mauerkrone. Was wollen wir noch mehr?
Die Vermehrung erfolgt durch Aussaat. Islandmohn ist meist in Mischungen erhältlich, Staudengärtnereien bieten aber auch Pflanzware in Namenssorten der oben genannten Farben an.
Wertvolle Sorten: 'Kardinal' (kardinalrot), 'Golden Monarch' (gelb) u. a.

Knöterich *(Polygonum affine)*
Blütezeit: Mai–September; Höhe: 25 cm.

Über den kriechenden Knöterich kann auf S. 149 nachgelesen werden. Er eignet sich vor allem für leicht beschattete Trockenmauern.

Lerchensporn

Lerchensporn *(Corydalis lutea)*
Blütezeit: Mai–Oktober; Höhe: 20 cm.

Die gelben Blüten leuchten viele Monate hindurch aus der zierlichen, feinzerteilten Belaubung. Diese Art kann zwar Sonne vertragen, fühlt sich aber am wohlsten an leicht schattigen, feuchten Trockenmauern. *C. lutea* vermehrt sich durch fleißige Selbstaussaat weiter, ist jedoch an unerwünschten Stellen leicht wieder zu entfernen.

Walzen-Wolfsmilch

Walzen-Wolfsmilch *(Euphorbia myrsinites)*
Blütezeit: Mai; Höhe: 20 cm.

Der deutsche Name ist sehr zutreffend. Die graugrün beblätterten Triebe haben eine charakteristische Walzenform. Die Blüten bzw. die grünlichgelben Hochblätter treten wenig in Erscheinung. Für Trockenmauerfugen ist dies eine auffällige, dekorative Art. Der Boden soll locker und durchlässig sein, die Lage sonnig. Die Walzen-Wolfsmilch vermehrt sich leicht durch Selbstaussaat.
Auch die Gold-Wolfsmilch *(E. polychroma)* eignet sich ausgezeichnet für die Trockenmauer. Wir pflanzen sie allerdings nicht in Fugen,

Polster- und Steingartenstauden

sondern obenauf. Wenn dann im Mai die mit hellgelben Hochblättern besetzten Büsche aufleuchten, bietet sich uns zusammen mit verschiedenen gleichzeitig blühenden Polsterstauden, wie Schleifenblume, Blaukissen und Teppichphlox, ein prächtiger Anblick.

Alle Wolfsmilcharten führen einen giftigen Milchsaft, der auf der Haut Reizungen und Schwellungen verursachen kann. Darum Vorsicht bei Kindern!

Ehrenpreis *(Veronica incana)*
Blütezeit: Juni/Juli; Höhe: 30 cm.

Von den zahlreichen Ehrenpreisarten eignet sich diese mit den silberweißen, filzigen, flach am Boden liegenden Blättern besonders gut zur Pflanzung an der Trockenmauer. Siehe S. 133.

Seifenkraut *(Saponaria ocymoides)*
Blütezeit: Juni/Juli; Höhe: 20 cm.

Eine sehr anspruchslose Pflanze für die Trockenmauer, deren rosa Blütenfülle besonders gut neben den silberweißen Polstern des Hornkrautes zur Wirkung kommt. Die Sorten 'Rosa Königin' und 'Splendens' blühen besonders reich. Das Seifenkraut liebt Sonne und kalkhaltigen, armen Boden. Die lockeren Polster wachsen so rasch, daß man darauf achten sollte, ob nicht benachbarte Stauden unterdrückt werden. Durch Selbstaussaat kann diese Staude sogar lästig werden, so daß wir uns um die Vermehrung nicht zu kümmern brauchen.

Dalmatiner Glockenblume *(Campanula portenschlagiana)*
Blütezeit: Juni/Juli und September;
Höhe: 10–15 cm

Sie ist die dankbarste Glockenblume für Trockenmauern, vor allem auch, weil es um diese Zeit mit dem Blühen sehr ruhig geworden ist. Zu Hause überzieht sie die Kalkfelsen des Karstgebirges mit ihren großen Teppichen. Wenn im Juni die leuchtend violettblauen Glockenblumen zu blühen beginnen, ist von den Polstern selbst nichts mehr zu sehen. Schon in wenigen Jahren sind aus den kleinen Pflänzchen üppige Polster geworden, die aus den Mauerfugen hervorquellen. Auf Wegen und Terrassen läßt sie sich gut zwischen Platten und Steinen pflanzen. Diese Glockenblume liebt trockene, arme Plätze in voller Sonne, gedeiht aber auch im lichten Schatten. Ca. 15 cm hoch werden 'Birch Hybrid', kräftig wachsend, und 'Major', großblumig und dichte Polster bildend. Beide blühen purpurblau. Bezaubernd sieht es aus, wenn in der Nähe von *C. portenschlagiana* die kriechende, goldgelbe Schafgarbe oder der gelbe Lerchensporn blüht, die sich ebenfalls zur Bepflanzung von Trockenmauern eignen. Vermehrung durch Teilung ist das ganze Jahr hindurch möglich.

Sternmoos *(Sagina subulata)*
Blütezeit: Juni/Juli; Höhe: 5 cm.

Die sattgrünen, flachen Polster zieren unsere Trockenmauer und sind ganz hervorragend geeignet, um Lücken zwischen Platten, sei es auf der Terrasse oder am Weg, zu füllen. Im

Seifenkraut

Polster- und Steingartenstauden

Frühsommer sind die Polster mit ungezählten kleinen, weißen Sternen übersät. Am wohlsten fühlt sich das Sternmoos im leichten Halbschatten auf etwas feuchtem Boden; doch entwickelt es sich auch in der Sonne zufriedenstellend.
Über Winter leidet das üppige Grün meist ein wenig. Wir brauchen im Frühjahr aber nur feingesiebte Komposterde auf die Polster zu streuen, um sie zu neuem Leben zu erwecken. Die Vermehrung durch Teilung ist denkbar einfach.

Lein *(Linum perenne)*
Blütezeit: Juni–August; Höhe: 50 cm.

Diese Staude ist nicht nur überaus reich- und langblühend, sie ist in ihrem ganzen Aufbau auch sehr grazil. Die feinen hellblauen Blüten öffnen sich nur in der Sonne. Wir können diesen Lein in einer kleinen, lockeren Gruppe oben auf die Trockenmauer oder auch an den Fuß der Mauer pflanzen. Auch für Pflanzungen mit Steppencharakter eignet er sich.
Lein braucht viel Sonne und einen durchlässigen, nicht zu schweren Boden. Nach dem Abblühen schneiden wir die Triebe zurück. Ein Winterschutz aus Deckreisig ist ratsam. Die Vermehrung erfolgt durch Aussaat.

Lein *(Linum narbonense)*.

Die Art *L. narbonense* mit enzianblauen Blüten ist besonders schön. Wertvoll, aber empfindlicher ist die Sorte 'Six Hills' mit violetten Blüten. Sie eignet sich für leichten Boden und ist nur durch Teilung oder Stecklinge zu vermehren.
Auch der 40 cm hohe Goldflachs *(L. flavum)* läßt sich gut in Verbindung mit einer Trockenmauer pflanzen. Davon gibt es auch eine niedrige Form 'Compactum' mit nur 20 cm Höhe.

Nachtkerze *(Oenothera missouriensis)*
Blütezeit: Juni–Oktober; Höhe: 15 cm.

Ein sommerlicher Dauerblüher mit auffallenden, hellgelben Blütenschalen. Am Abend, wenn sich andere Pflanzen schlafen legen, blühen neue Knospen auf. Wenn dann ein Nachtfalter oder anderes lichtscheues Gesindel zum Nektartrinken kommt und sich dabei Bestäubung und Befruchtung vollziehen, ist es vorbei mit all der Schönheit. Die Blüten welken rasch dahin, doch andere öffnen sich bereits wieder, so daß den ganzen Sommer über keine Pause eintritt. Manchmal wird behauptet, daß die Nachtkerze bei Tag überhaupt nicht blüht, aber das stimmt erfreulicherweise nicht, wie wir leicht selbst feststellen können.
Diese Nachtkerze liebt Trockenheit und volle Sonne. Wir sollten sie zu mehreren auf die Trockenmauer pflanzen.
Vermehrung: Eine Teilung ist wegen der fleischigen Wurzeln kaum möglich. Sobald im Mai die Triebe genügend groß sind, können wir Stecklinge schneiden, die sich gut bewurzeln. Auch die Vermehrung aus Samen ist leicht.

Pyrenäen-Steinbrech *(Saxifraga longifolia)*
Blütezeit: Juli; Höhe: 70 cm.

Diese an Kalkfelsen der Pyrenäen vorkommende Steinbrechart sieht bereits ohne Blüten interessant aus. Die symmetrisch gebaute, im-

Der Pyrenäen-Steinbrech, eine prachtvolle alpine Staude, wächst besonders gut in nach Osten gerichteten Trockenmauerfugen oder zwischen Felsen. Bereits ohne Blüten fällt diese Pflanze auf.

mergrüne Blattrosette ist ein kleines Kunstwerk, an dem wir bestimmt unsere Freude haben. Dieser Steinbrech soll hier gewissermaßen stellvertretend für all die vielen Steinbrecharten stehen, die sich an einer Trockenmauer pflanzen lassen. Wer sich näher damit befassen möchte, soll zu einem Spezialwerk über Steingartenpflanzen oder zu Katalogen greifen.

Den Pyrenäen-Steinbrech sollten wir in einer Fuge unserer Trockenmauer so pflanzen, daß er nicht den ganzen Tag über Sonne bekommt. Sehr gut sagt ihm die Ostseite zu. Diese prachtvolle alpine Staude blüht erst nach einigen Jahren. Leider stirbt sie dann ab, da sie keine Nebenrosetten ausbildet. Wir können sie aber durch Aussaat vermehren.

Miere, Hainkraut
(Minuartia laricifolia)
Blütezeit: Juli/August; Höhe: 10 cm.

Bereits die Polster, die sich aus zarten Trieben mit glänzend grünen, nadelförmigen Blättern bilden, sind eine Zierde für die Trockenmauer. Während der Blütezeit sind sie von den schneeweißen Blüten völlig bedeckt. Hübsch sieht es aus, wenn in der Nähe niedrige Glockenblumen blühen. Ein kalkhaltiger Boden und sonnige Lage sagen dieser Polsterstaude am besten zu. Die Vermehrung erfolgt durch Rißlinge, die wir wie Stecklinge in ein Sand-Torf-Gemisch stecken, bis sie sich bewurzelt haben. Auch Aussaat oder Teilung ist möglich.

Bepflanzungsvorschläge

Für eine Trockenmauer in der Sonne sind u. a. folgende Stauden geeignet:

zur Bepflanzung der Fugen	zur Pflanzung auf die Mauerkrone bzw. vor die Mauer
Aurikel *(Primula auricula)*	Blaukissen *(Aubrieta)*
Bergwaldmeister *(Asperula arcadiensis* u. a.*)*	Ehrenpreis *(Veronica incana)*
Blaukissen *(Aubrieta)*	Glockenblumenarten *(Campanula)*
Dolomiten-Fingerkraut *(Potentilla nitida)*	Gänsekresse *(Arabis)*
Fetthenne *(Sedum-*Arten*)*	Grasnelke *(Armeria)*
Hauswurz *(Sempervivum-*Arten*)*	Hornkraut *(Cerastium tomentosum* 'Columnae'*)*
Karpatenglockenblume *(Campanula carpatica)*	Islandmohn *(Papaver nudicaule)*
Pfingstnelke *(Dianthus gratianopolitanus)*	Katzenminze *(Nepeta × faassenii)*
Polsterphlox *(Phlox subulata)*	Kugelwolfsmilch *(Euphorbia polychroma)*
Schafgarbe, niedrige Arten *(Achillea)*	Lein *(Linum perenne)*
Schleierkraut *(Gypsophila aretioides* u. a.*)*	Schleifenblume *(Iberis)*
Schleifenblume *(Iberis)*	Schleierkraut *(Gypsophila paniculata* 'Rosenschleier'*)*
Sonnenröschen *(Helianthemum-*Arten*)*	Seifenkraut *(Saponaria ocymoides)*
Steinbrech *(Saxifraga-*Arten*)*	Steinkraut *(Alyssum)*
Storchschnabel *(Geranium dalmaticum)*	
Walzenwolfsmilch *(Euphorbia myrsinites)*	

Polster- und Steingartenstauden

Für eine Trockenmauer im Halbschatten sind u. a. folgende Stauden geeignet:

zur Bepflanzung der Fugen	zur Pflanzung auf die Mauerkrone bzw. vor die Mauer
Dalmatiner Glockenblume *(Campanula portenschlagiana)* Felsenteller *(Ramonda myconi)* Gänsekresse *(Arabis procurrens* 'Neuschnee') Haberlee *(Haberlea rhodopensis)* Lerchensporn *(Corydalis lutea)* Steinbrech *(Saxifraga-Arendsii--Hybriden)* Teppichprimel *(Primula × pubescens)* Farne: Milzfarn *(Asplenium trichomanes)* Hirschzungenfarn *(Phyllitis scolopendrium)* Tüpfelfarn *(Polypodium vulgare)*	Gänsekresse *(Arabis procurrens)* Knöterich *(Polygonum affine)* Pfennigkraut *(Lysimachia nummularia)* Schaumblüte *(Tiarella cordifolia)* Steinbrech *(Saxifraga × urbium,* syn. *S. umbrosa* hort.) Waldsteinie *(Waldsteinia ternata)*

Die Ramondie, auch Felsenteller genannt, ist eine immergrüne, vornehm wirkende Steingartenpflanze, die sehr alt werden kann. Sie liebt einen windgeschützten, leicht beschatteten Platz und entwickelt sich besonders gut in einer möglichst senkrechten Spalte, die mit humoser Erde gefüllt ist. Die immergrünen Rosetten haben auch ohne Blüten ihren Reiz. Die Art *R. myconi* kommt in den Pyrenäen auf Kalkfelsen vor und blüht im Mai/Juni.

Rund um das Wasserbecken

Wasser bringt Leben in unseren Garten. Bereits mit einer bescheidenen Vogeltränke können wir ihm ein i-Tüpfelchen aufsetzen, und erst recht mit einem Wasserpflanzenbecken. Eine Wasserfläche – und sei sie noch so klein – lädt ein zum Verweilen, zum Beobachten, zum Erholen. Wir sehen, wie sich die Pflanzen, der blaue Himmel und die ziehenden Wolken in ihr spiegeln. Wie ein Wasserbecken gebaut wird und andere Einzelheiten finden wir in Büchern zu diesem speziellen Thema.

Zum Füllen des Wasserbeckens nehmen wir Leitungswasser. (Mehr hierzu, vor allem auch über die Erdmischung siehe bei Seerosen, S. 152.) Sobald das Wasser eingelassen ist, geht unter dem Einfluß von Luft, Licht und Wärme ein Umsetzungsprozeß vor sich. Meist siedeln sich Algen an, und das Wasser wird trübe und undurchsichtig. Um die Algen zu bekämpfen, können wir einen mit Humintorf gefüllten Sack ins Wasser hängen. Auf Dauer gesehen aber sind es die verschiedenen Sumpf- und Wasserpflanzen in Verbindung mit der Kleintierwelt, die für das biologische Gleichgewicht und damit klares Wasser sorgen. Falsch wäre es, das undurchsichtige Wasser gegen frisches auszuwechseln. Der ganze Umsetzungsprozeß müßte dann von vorn beginnen.

In der Bepflanzung des Wasserbeckens sollten wir uns sehr beschränken. Eine Pflanze je Quadratmeter Wasserfläche genügt. Nur ein

Dieser Steingarten erhält durch die kleine Wasserfläche eine recht persönliche Note.

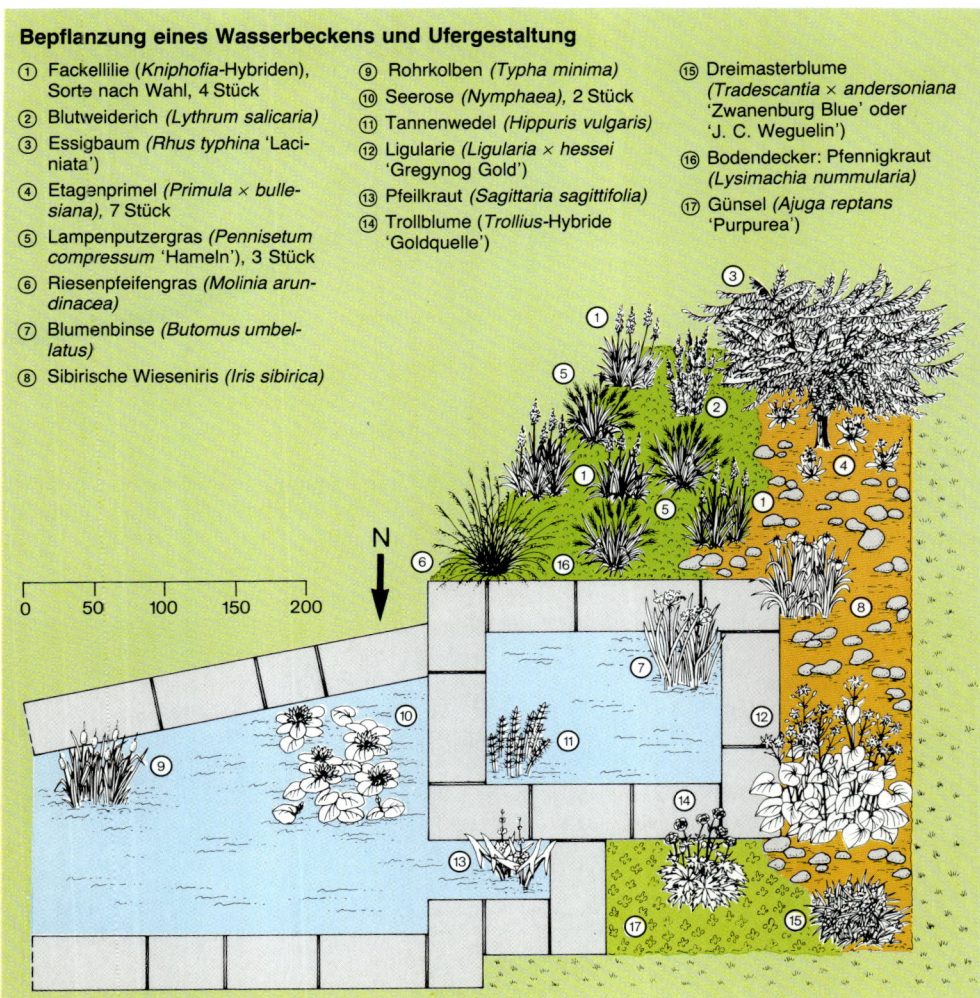

Bepflanzung eines Wasserbeckens und Ufergestaltung

1. Fackellilie (*Kniphofia*-Hybriden), Sorte nach Wahl, 4 Stück
2. Blutweiderich (*Lythrum salicaria*)
3. Essigbaum (*Rhus typhina* 'Laciniata')
4. Etagenprimel (*Primula × bullesiana*), 7 Stück
5. Lampenputzergras (*Pennisetum compressum* 'Hameln'), 3 Stück
6. Riesenpfeifengras (*Molinia arundinacea*)
7. Blumenbinse (*Butomus umbellatus*)
8. Sibirische Wieseniris (*Iris sibirica*)
9. Rohrkolben (*Typha minima*)
10. Seerose (*Nymphaea*), 2 Stück
11. Tannenwedel (*Hippuris vulgaris*)
12. Ligularie (*Ligularia × hessei* 'Gregynog Gold')
13. Pfeilkraut (*Sagittaria sagittifolia*)
14. Trollblume (*Trollius*-Hybride 'Goldquelle')
15. Dreimasterblume (*Tradescantia × andersoniana* 'Zwanenburg Blue' oder 'J. C. Weguelin')
16. Bodendecker: Pfennigkraut (*Lysimachia nummularia*)
17. Günsel (*Ajuga reptans* 'Purpurea')

Drittel des Beckens sollte mit Pflanzen bedeckt sein, damit das Wasser noch genügend zur Wirkung kommt.

Wasserbecken, deren Oberfläche mit üppigen Seerosenblättern völlig zu ist, sind keine Zierde.

Zwischen Pflanzen und Tieren unseres Wasserbeckens besteht eine enge Lebensgemeinschaft. Die im Wasser gelösten Nährstoffe werden von den Pflanzen aufgenommen. Diese geben andererseits bei der Assimilation Sauerstoff ab, den die Fische wiederum zum Leben benötigen. Wenn sich Pflanzen und Tiere in idealer Weise ergänzen, sprechen wir vom »biologischen Gleichgewicht«. Am besten eignen sich für unser Wasserbecken Goldfische und Goldorfen, weil sie durch ihre leuchtende Farbe gut zu sehen sind.

In größeren Wasserbecken mit ausreichender Tiefe belassen wir die Fische den Winter über im Freien. Aus kleineren Becken nehmen wir im Herbst die Fische heraus, geben sie in ein mit Wasser gefülltes Aquarium oder eine kleine Wanne und stellen sie den Winter über in einen kühlen Raum. Dort brauchen wir sie kaum zu füttern.

Rund um das Wasserbecken

Stauden am Wasserbecken

Sumpfdotterblume *(Caltha palustris)*
Blütezeit: April/Mai; Höhe: 20–25 cm.

Im Frühling leuchtet sie uns vom Rand kleiner Wassergräben und Bächlein entgegen; aber auch in der Nähe unseres Sumpf- oder Wasserbeckens ist die buttergelbe Sumpfdotterblume ein hübscher Frühlingsschmuck. Dazu passen Rosenprimeln *(Primula rosea)* und das blaue Kaukasus-Vergißmeinnicht (S. 50). Durch eine Gruppe von reinweißen Narzissen (Dichternarzissen) läßt sich dieses Frühlingsbild noch steigern.

Der Boden braucht keineswegs sumpfig zu sein; eine etwas höhere Bodenfeuchtigkeit genügt vollauf, damit sich die Sumpfdotterblume wohlfühlt. Bei Trockenheit müssen wir zusätzlich gießen. Am liebsten hat die Sumpfdotterblume lehmigen Boden. An das Licht stellt sie dagegen keine besonderen Ansprüche. Sie gedeiht in der Sonne wie im leichten Schatten. Während ich bei den meisten Stauden die schlichten, einfachen Formen vorziehe, möchte ich hier auch die gefülltblühende *C. palustris* 'Multiplex' empfehlen. Sie blüht länger als die einfache heimische Art und verträgt auch mehr Trockenheit. Über 50 cm hoch wird *C. polypetala*. Diese sehr großblumige Art bildet Ausläufer und breitet sich aus. Sie blüht erst im Mai/Juni und steht gern im flachen Wasser oder braucht doch feuchteren Boden als die vorhin genannten Formen. Die Vermehrung aller Arten ist durch Teilung leicht möglich.

Scheincalla *(Lysichiton americanus)*
Blütezeit: April/Mai; Höhe: 40–50 cm.

Diese tropisch aussehende Staude, die sich in unmittelbarer Nähe des Wasser- oder Sumpfbeckens verwenden läßt, will ausgesprochen feuchten Boden. Besonders gut entwickelt sie sich an einem morastigen, nährstoffreichen Standort. Sie kann auch einen dauernden Wasserstand bis zu 5 cm vertragen. Auffallend ist im Frühjahr die große, gelbe Blütenhülle, die

Sumpfdotterblume

Die große, gelbe Blütenhülle der Scheincalla fällt im Frühjahr bereits von weitem auf.

Rund um das Wasserbecken

den Blütenkolben umschließt. Die riesigen, blaugrünen Blätter entwickeln sich erst danach.

Sie ist so richtig etwas für den Gartenfreund, der das Besondere liebt. Eine hübsche Farbwirkung ergibt sich, wenn in unmittelbarer Nähe größere Gruppen der Rosenprimel *(Primula rosea)* und die weißblühende Form der Sumpfdotterblume *(Caltha palustris* 'Alba') stehen.

Etwas zierlicher als die oben genannte Art und mit einer weißen Blütenhülle ausgestattet ist *L. camtschatcensis.* Sie blüht etwas später als *L. americanus.*

Im Winter ist bei der Scheincalla leichter Laubschutz ratsam.

Die Vermehrung durch Teilung ist schwierig. Sie erfolgt am besten aus Samen im Sumpfbeet.

Trollblume

Trollblume *(Trollius × cultorum)*
Blütezeit: Mai/Juni; Höhe: 50–80 cm.

Durch Züchterfleiß ist es gelungen, sowohl die Farbe als auch die Größe und Zahl der Blüten dieser auf moorigen, ungedüngten Wiesen heimischen Pflanze erstaunlich zu steigern. Alle Übergänge vom hellsten Gelb bis zum rötlichsten Orange sind heute in der Farbskala vertreten.

Trollblumen lieben einen lehmigen, feuchten, nahrhaften Gartenboden. Sind diese Verhältnisse an unserem Wasserbecken nicht von Natur aus gegeben, so setzen wir dem Boden entsprechend Torf zu und gießen öfters. Vor allem während der Vegetationszeit, also von März bis Juli, sollte man das nicht vergessen.

Leichter Schatten wird gut vertragen und ist in trockenen Lagen geradezu willkommen. Wegen der leuchtenden Farbe und der reichen Blütenfülle ist diese Staude auch für das Prachtstaudenbeet sehr geeignet. Zum Schnitt bevorzugen wir die langstieligen Sorten. Sollten die Blumen nicht gleich in Wasser gestellt und daher etwas welk geworden sein, so stellen wir sie bis fast an die Blüten ins Wasser. Sie erholen sich dann rasch wieder.

Trollblumen gehören zur Familie der Hahnenfußgewächse und wollen wie ihre Verwandten (Pfingstrose, Eisenhut usw.) möglichst lange am gleichen Platz bleiben. Ältere Büsche können beinahe einen ganzen Quadratmeter bedecken und sind von unvergleichlicher Schönheit. Sie quellen geradezu über von ihren goldenen Blütenkugeln. Bei der Pflanzung wollen wir also ausreichend Platz vorsehen, damit sie später nicht zu sehr beengt stehen.

Wenn sie im Frühjahr etwas lange auf sich warten lassen, fasse man sich in Geduld. Sie lassen sich nämlich Zeit mit dem Aufstehen vom Winterschlaf. Um die frühe Entwicklung zu fördern, düngen wir bereits beizeiten. Nach der Blüte schneiden wir sie zurück, wollen dabei aber das Laub nach Möglichkeit schonen. Wenn möglich, sollten wir Trollblumen etwas in den Hintergrund pflanzen, so daß sie nach der Blüte von Sommer- oder Herbststauden verdeckt werden.

Die Vermehrung erfolgt am besten durch Teilung nach der Blüte. Werden Gartenformen durch Aussaat vermehrt, so variieren sie vielfach in der Farbe, was aber durchaus reizvoll sein kann.

Wertvolle Sorten:

Name	Höhe	Farbe/Bemerkungen
'Byrnes Giant'	70 cm	hellgelb, großblumig
'Lemon Queen'	60 cm	hellzitronengelb, kräftiger Wuchs
'Alabaster'	50 cm	rahmweiß, schwachwachsend
'Earliest of All'	60 cm	reich goldgelbblühend; die früheste Sorte (ab April) verträgt Trockenheit relativ gut
'Goldquelle'	70 cm	goldgelb, großblumig, schöne Sorte, kräftiger Wuchs
'Baudirektor Linné'	60 cm	orangerot, kräftiger Wuchs
'Orange Globe'	80 cm	orangegelb
'Prichard's Giant'	80 cm	tief goldorange

Sehr spät blüht die wertvolle *T. chinensis* (syn. *T. ledebourii*) 'Golden Queen'. Die goldgelben Blütenblätter sind bei ihr ausnahmsweise weit geöffnet. Die Blütezeit liegt im Juni/Juli. Höhe: 90–100 cm. Diese Sorte ist auch für etwas trockenere Stellen geeignet.

Schildblatt *(Peltiphyllum peltatum)*
Blütezeit: April/Mai; Höhe: bis 100 cm.

Diese imposante Blattstaude paßt so richtig ans Wasser, ganz gleich, ob es sich um einen Teich, einen Bachlauf oder ein künstlich gebautes Becken handelt. Auch neben einen Gießwasserbehälter gepflanzt wirkt das Schildbrett schon aus der Ferne recht dekorativ.

Bereits im April/Mai erscheinen auf 50 cm ho-

Schildblatt, zusammen mit blauer *Scilla hispanica*.

hen, behaarten Stielen die doldenartigen Blütenstände mit weißen oder rötlichen Blüten. Die sich anschließend entwickelnden schildförmigen Blätter mit 30 cm Durchmesser befinden sich auf langen, elegant überhängenden Stielen.

Das Schildbrett gedeiht am besten in frischem bis feuchtem Boden, kommt aber auch an trockenen Stellen gut zurecht. Sonnige oder halbschattige Plätze werden gleich gut vertragen. Für Einzelstellung ist diese Pflanze wie geschaffen, wirkt aber auch in der Nachbarschaft von Großstauden (Herkulesstaude u. a.), bzw. der im Abschnitt »Wasserbecken« genannten Stauden. Die Vermehrung kann durch Teilung oder Aussaat erfolgen.

Rund um das Wasserbecken

Taglilie *(Hemerocallis)*
Blütezeit: Mai–September (je nach Art bzw. Sorte).
Höhe: 50–120 cm.

Taglilien passen schon von ihrer Blattform her vorzüglich in die Nähe eines Wasserbeckens, wo wir sie mit anderen zu Wasser passenden Stauden wirkungsvoll gruppieren können, etwa vor die Weidenblättrige Sonnenblume, zu Wieseniris, Dreimasterblume, Gräsern (Riesenchinaschilf, Lampenputzergras, Pfeifengras) und anderen.

Alles Wissenswerte über diese schöne und dabei so anspruchslose Staude finden Sie auf S. 111, wo die *Hemerocallis*-Hybriden, also die zahlreichen Züchtungen, besprochen sind. Diese eignen sich ebenso für eine Pflanzung vor Gehölzen oder in Wassernähe wie die Wildarten, die besonders auf frischen bis etwas feuchten Böden gut gedeihen. Wertvoll unter den Wild-Taglilien ist vor allem die starkwüchsige *H. citrina* (100 m), die im Juli/August zitronengelb und sehr reich blüht; die eleganten, lilienartigen Blüten öffnen sich erst abends und duften dann ähnlich angenehm wie Maiglöckchen.

Bereits im Mai blüht die hellgelbe *H. flava* (70 cm), die seit altersher bei uns auf Wiesen verwildert ist. Die rotbraune *H. fulva* (120 cm) schließlich kann man im Sommer des öfteren in alten Bauerngärten blühen sehen. Diese wuchernde Art braucht entsprechend Platz und eine sonnige, warme Stelle.

Zur Pflanzung an ein kleines Wasserbecken eignet sich *H. minor* sehr gut. Die Höhe beträgt nur 30–40 cm. Die dunkelgrünen Blätter haben ein grasartiges Aussehen. Hübsch wirkt es, wenn die zitronengelben Blüten im Mai mit dem Blau des Kaukasus-Vergißmeinnichts zusammenklingen. Alle diese Wildarten eignen sich auch vorzüglich für den naturnahen Garten, vor allem, weil sie kaum einer Pflege bedürfen.

Sibirische Wieseniris *(Iris sibirica)*
Blütezeit: Juni; Höhe: 80–100 cm.

Diese auch bei uns auf Moorwiesen heimische Schwertlilie paßt wegen ihrer schilfartigen Blätter zur Pflanzung in der Nähe von Wasser. Sie bevorzugt feuchten Boden, wächst im Garten aber auch an trockenen Stellen gut. Die Blüten sind nicht so prächtig und auffallend wie die ihrer vornehmen Schwester (S. 107), sie sind aber in ihrer Eleganz und edlen Farbe deshalb nicht weniger schön. Auch bei *I. sibirica* sind wir überrascht über die hübschen Sorten, die uns angeboten werden. Die Blütenstände lassen wir hier ausnahmsweise stehen, sind sie doch auch im Winter noch ein schöner Schmuck. Das gleiche gilt von den Blättern.

Wertvolle Sorten von Sibirischer Wieseniris:

Name	Höhe	Farbe/Bemerkungen
'Caesar's Brother'	100 cm	sehr schönes, ausdauerndes Blattwerk, große nachtblaue Blüten, wüchsig und reichblühend
'Sea Shadow'	100 cm	dunkelblau
'Perry's Blue'	100 cm	große klarblaue Blüten
'Cambridge'	80 cm	türkisblau, an der Basis weiß und gelb gefleckt, besonders hübsch und reichblühend
'Mountain Lake'	50 cm	lichtblau, Blüten an verzweigten Stielen
'My Love'	70 cm	kräftig hellblau mit feiner Zeichnung
'Mrs. Rowe'	80 cm	hübsch silbrig-rosa-lavendel, im Alter kleinblütig und wäßrig in der Farbe
'Mac Even'	80 cm	purpurrot
'Snow Crest'	70 cm	reinweiß, großblumig
'White Swirl'	80 cm	elfenbeinweiß, großblumig

Rund um das Wasserbecken

Japanische Schwertlilien
(*Iris kaempferi* und *Iris laevigata*)
Blütezeit: Juni/Juli; Höhe: 80 cm.

Für die Umgebung unseres Wasserbeckens sind diese zwei hübschen Japanerinnen wie geschaffen. Sie sind es wert, daß wir uns mehr um sie annehmen. Die Blüten fallen sowohl in der Form als auch in der Farbe aus dem üblichen Rahmen.

I. laevigata will als Sumpfpflanze das ganze Jahr über feucht stehen. Sie eignet sich gut für ein Sumpfpflanzenbecken. Die ursprüngliche Form blüht blau. Über Sorten kann in Katalogen nachgelesen werden.

Die andere Schöne aus dem Fernen Osten, *I. kaempferi,* kommt in ihrer Heimat in Überschwemmungsgebieten vor. Im Frühjahr treten die Flüsse über die Ufer und setzen dabei auch die Standorte dieser Iris unter Wasser. Im Sommer geht dann das Wasser wieder zurück, und die Pflanzen stehen bis zum kommenden Frühjahr trocken. Diesen gewohnten Rhythmus sollten wir der prächtigen *I. kaempferi* auch bei uns im Garten bieten: Vom Austrieb bis zur Blüte feucht, dann trocken, und zwar in sonniger Lage.

Wir pflanzen in humusreichen Gartenboden, der möglichst kalkarm sein soll. Wir können sie z. B. in Körbe oder andere Gefäße setzen, die wir im Frühjahr so tief in das Wasserbecken stellen, daß bis handhoch das Wasser darüber steht. Nach der Blüte werden sie dann in der Umgebung in normalen Gartenboden eingesenkt.

Auch mit Folien läßt sich der feucht-trockene Rhythmus künstlich herstellen. Wir bauen in der Umgebung des Wasserbeckens eine »Wanne«, die mit Erde gefüllt wird. Bis zur Blüte wird in diese Wanne reichlich Wasser gegossen. Ich habe *I. kaempferi* in ganz gewöhnliche Blecheimer (Marmeladeneimer u. ä.) gesetzt

Oben: Die Sibirische Wieseniris mit eleganten Blüten ist für die Nähe des Wasserbeckens wie geschaffen.
Unten: Eine fernöstliche Schönheit – die Japanische Schwertlilie.

Tibetprimel *(Primula florindae)*.

und diese in die Pflanzung rund um das Wasserbecken bodeneben eingegraben. Vom Austrieb bis zur Blüte blieben die Eimer randvoll mit Wasser gefüllt, nach der Blüte wurden sie sich selbst überlassen. So konnte die Erde austrocknen und bekam nur bei Regen etwas ab. Wer dies alles nicht machen will, dem sei zum Trost gesagt, daß auch in normalen Gartenboden gepflanzte neuere Züchtungen von *I. kaempferi* reich blühen. Man sollte dann allerdings dafür sorgen, daß der Boden möglichst lehmhaltig und mit Torfmull angereichert sowie bis zur Blüte gut feucht gehalten wird.

Die Blüten dieser Iris sind z. T. ungewöhnlich groß und kommen in prachtvollen Farbschattierungen von Weiß über Rosa, Blau bis zum tiefen Violett vor. In Japan ist eine große Zahl von Kulturformen vorhanden, die immer mehr ihren Weg auch in unsere Gärten finden. Von den Staudengärtnereien werden vielfach Sämlinge in besonders schönen Farben angeboten. Man kann auch Farbwünsche äußern.

Einzelheiten über Sorten können in einem Staudenkatalog nachgelesen werden. Ich bin vor allem von der schönen 'Aiogata' mit ihren überaus eleganten, tiefvioletten Blüten auf zierlichen, langen Stielen begeistert. Vermehrung: Ältere Pflanzen lassen sich gut teilen.

Sumpfprimeln (*Primula* spec.)
Blütezeit: Juni–August; Höhe: 50–80 cm.

Sie lieben sehr feuchte, kühle Plätze und lichten Schatten. Solange der Boden feucht ist, gedeihen sie aber auch in der vollen Sonne. Vielleicht können wir in Verbindung mit dem Wasserbecken eine kleine Gruppe dieser Schönheiten pflanzen. Leider sind manche nicht sehr langlebig. Ältere Pflanzen lassen sich durch Teilung vermehren, sonst durch Aussaat.

Die Sumpfprimeln sehen ganz anders aus als die vom Frühlingsgarten her bekannten Kissenprimeln. Am Ende langer Stiele sitzen bei ihnen gelbe Dolden, deren Einzelblüten nickend herunterhängen.

Bei der starkwachsenden *Primula florindae* werden die überhängenden gelben Blüten bis zu 80 cm hoch. Die Blätter liegen bei dieser ausdauernden Art flach rosettenartig am Boden.

P. sikkimensis wird etwa 50 cm hoch und ist zierlicher als obige. Die schwefelgelben, nickenden Blütenglöckchen sitzen auf bemehlten Stengeln. Am Wasserbecken lassen sich auch die bezaubernden Etagenprimeln (S. 48), die gleiche Ansprüche haben, vorteilhaft verwenden.

Vor allem die Japanprimel *(P. japonica)* sei hier genannt. Obwohl sie nicht zu den Sumpfprimeln zählt, paßt diese wüchsige, dankbare Etagenprimel (60 cm) ausgezeichnet in die Nähe von Wasser. Je nach gewählter Sorte blüht sie im Mai/Juni in verschiedenen Rosa- und Rottönen.

Rund um das Wasserbecken

Fackellilie (*Kniphofia*-Hybriden)
Blütezeit: Juni–September (je nach Sorte);
Höhe: 50–150 cm (je nach Sorte).

Fackellilie oder Feuerpfeil – diese beiden deutschen Bezeichnungen sind treffend! Um ihre Wirkung zu erhöhen, sollten wir sie vor den dunklen Hintergrund einer Strauchkulisse und – wenn möglich – in größeren Gruppen pflanzen. Ein herrliches Bild, wenn dann im Sommer und Herbst die gelben und roten Blütenpfeile aufleuchten. Auch für die Vase ist diese Schönheit gut geeignet. Mit ihren markanten Blütenkolben und den schilfähnlichen Blättern paßt die Fackellilie ausgezeichnet in die Nähe von Wasser. Hübsch finde ich sie hier in der Gesellschaft von Gräsern. Hohes Chinaschilf im Hintergrund, Blaustrahlhafer und die Sibirische Schwertlilie sind gute Partner. Auch das dunkelgrüne, gesunde Laub der Fackellilie ist bis in den Winter hinein eine Zierde.

Ein guter, nahrhafter Boden ist das richtige für diese Staude. Die Lage soll sonnig sein. Im Sommer liebt sie leicht feuchten Boden, was aber nicht heißt, daß sie im Sumpf stehen will. Im Winter ist sie gegen Nässe sogar recht empfindlich. Vor Beginn der kalten Jahreszeit binden wir die wintergrünen Blätter oben schopfartig zusammen und bringen eine etwa 30 cm hohe Schicht von trockenem Laub oder Torf um die Pflanzen. Obenauf werden ein paar Fichtenzweige gelegt, damit der Wind das

Die Fackellilie mit schilfartigen Blättern und aparten, leuchtkräftigen Blüten bringt den Hauch des Besonderen in die Pflanzung rund ums Wasserbecken. Sie braucht allerdings ein wenig Winterschutz.

Wertvolle Sorten von Fackellilien:

Name	Höhe	Blütezeit*	Farbe/Bemerkungen
'Lemon Ice'	120 cm	spät	hellzitronengelb
'Green Lemon'	80 cm	spät	zitronengelb
'Limelight'	100 cm	spät	goldgelb
'Royal Standard'	100 cm	früh	gelb mit rot; beste Schnittsorte
'Bronzeleuchter'	60 cm	spät	hellbronze, blüht bis zu den ersten Frösten
'Bressingham Gleam'	70 cm	spät	hellorange
'Fyrverkeri'	120 cm	früh	orangerot
'Bressingham Flame'	70 cm	spät	orangerot
'Scarlet Cap'	100 cm	früh	scharlachrot
'Safranvogel'	90 cm	früh	lachsrosa
Hybriden	80 cm	spät	Farbmischung

* frühblühend = Juni/Juli–August/September; spätblühend = Juli/August–September

Rund um das Wasserbecken

Laub nicht wegtragen kann. Im Frühjahr werden die Blätter etwa um ein Drittel eingekürzt.
Die Vermehrung durch Teilung erfolgt im April/Mai. Dies ist auch die beste Pflanzzeit. Weitere Sorten siehe Kataloge; dort werden meist auch bewährte, widerstandsfähige Farbmischungen angeboten. Die Höhe und auch die Winterhärte der einzelnen Sorten schwankt, je nachdem, wie lange sie im Garten stehen. Vielfach werden Fackellilien wegen mangelnder Winterhärte nicht alt.

Dreimasterblume
(Tradescantia × andersoniana)
Blütezeit: Juni–September; Höhe: 40 cm.

Die Gartenformen dieser Staude sind durch vielfältige Kreuzungen entstanden. Sie sind anspruchslos, wollen aber ausreichend feuchten Boden und lassen sich gut in der Nähe von Wasser, aber auch auf dem Prachtstaudenbeet verwenden. Die bescheiden aussehenden Blüten schließen sich an sonnigen Tagen bereits um die Mittagszeit.
Die Blütezeit zieht sich lange hin, und das Laub bleibt bis in den Herbst hinein grün. Die verblühten Stengel schneiden wir ab, weil sonst unerwünschte Sämlinge aufgehen und die wertvollen Sorten verdrängen. Die Vermehrung erfolgt durch Teilung; durch Aussaat erhalten wir viele Zwischentöne.

Wertvolle Sorten:

Name	Farbe/Bemerkungen
'Alba major'	weiß, großblumig
'Karminglut'	karminrot
'J. C. Weguelin'	himmelblau
'Zwanenburg Blue'	dunkelblau
'Rosi'	reinrosa

Gauklerblume *(Mimulus luteus)*
Blütezeit: Juni–September; Höhe: 20–30 cm.

Über mehrere Monate hinweg bringt die Gauklerblume hübsch geformte, goldgelbe Lippenblüten hervor. Die flachwurzelnden Pflanzen gedeihen am besten an halbschattigen, feuchten Stellen. Durch Selbstaussaat vermehren sie sich leicht weiter, so daß sie an zusagenden Stellen des Gartens ohne unser Zutun erscheinen. Werden die Pflanzen zuviel, können wir sie leicht herauszupfen.

Dreimasterblume

Gauklerblume *(Mimulus × tigrinus* 'Grandiflorus').

Von den Gartenformen ist am schönsten *M. × tigrinus* 'Grandiflorus' mit großen, gelbrot gefleckten Blüten. Diese Form ist allerdings nicht ausdauernd, so daß wir sie wie eine Einjahrsblume behandeln und immer wieder neu aussäen müssen.

Ligularie *(Ligularia)*
Blütezeit: Juli–September;
Höhe: 100–150 cm, je nach Art.

Mit dieser behäbig ausgebreiteten Staude lassen sich sehr gut größere Wasserbecken, Bachläufe und Teichränder beleben. Auch auf breiten Staudenrabatten kann die Ligularie verwendet werden. Für kleinere Gärten ist sie im allgemeinen zu wuchtig. Einzelstehend, also als Solitärstaude, kann sie einen Punkt im Garten oder am Haus vorteilhaft betonen. Ligularien entwickeln üppige Blattmassen. Außerdem beherrschen auch die gelben Blütenkolben oder Blütenschirme den Garten. In halbschattiger Lage, bei kräftigem, feuchtem Boden, aber auch in der Sonne fühlen sie sich wohl. Leider sind sie sehr durch Schnecken gefährdet. Vermehrung der Pflanzen durch Teilung.

Ligularie *(Ligularia przewalskii)*.

Einige wertvolle Arten:
Ligularia dentata (syn. *L. clivorum*) 'Desdemona'   Höhe: 100 cm
Sehr apart durch die großen purpurroten Blätter, die Blüten sind rötlichorange.
Ligularia × hessei   Höhe: 170 cm
Die hohen, gelben Blüten sind bei der Riesen-Ligularie kolbenförmig; besonders hübsch ist die englische Sorte 'Gregynog Gold' mit kupfrigem Farbton.
Ligularia × palmatiloba   Höhe: 150 cm
Die Palmblatt-Ligularie blüht besonders früh (Juni); hübsch sind nicht nur die dekorativen, handförmig gelappten Blätter, sondern auch die leuchtendgelben Blüten.
Ligularia przewalskii   Höhe: 100–120 cm
Die tief handförmig geschlitzten Blätter erinnern an einen japanischen Ahorn; schmale, schlanke Blütenähren (gelb); trotz des unaussprechlichen Namens soll diese besonders wertvolle Art genannt werden, da sie niedriger bleibt als die anderen und grazile Blütenstände entwickelt. Sie ist deshalb auch für den kleineren Garten geeignet. In guten Böden breitet sich der Wurzelstock allerdings etwas aus.

Blutweiderich *(Lythrum)*
Blütezeit: Juli–September;
Höhe: 60–150 cm (je nach Sorte).

Diese bekannte, beinahe strauchartige Staude liebt feuchten Boden. Aber auch an trockenen Standorten gedeiht sie, nur bleibt sie hier kleiner. Die Blüten werden gern von Schmetterlingen beflogen. Vermehrung durch Teilung. Gute Sorten von *L. salicaria* sind 'Feuerkerze' (120 cm) mit leuchtend rosaroten Blüten, 'Zigeunerblut' (120 cm), leuchtend dunkelrot und

Der Blutweiderich steht an diesem Wasserbecken in voller Blüte, dazu weiße Seerosen und Ligularien.

'Robert' (80 cm) mit lachskarminroten Blüten. Zierlicher und eleganter wirkt die Art *L. virgatum*. Sie wird nur 60–80 cm hoch und ist deshalb für kleinere Verhältnisse geeignet. Eine sehr langblühende, hübsche Sorte hiervon ist 'Rose Queen' (60 cm) mit zierlichen rosaroten Blütenrispen.

Mädesüß *(Filipendula)*
Blütezeit: Juli/August; Höhe: 100–120 cm.

Zusammen mit dem Weiderich *(Lythrum)* und anderen Stauden läßt sich das Mädesüß in der Umgebung von Wasser verwenden. Der Standort soll sonnig bis halbschattig sein, der Boden leicht feucht. Besonders während des Triebes ist diese Staude für reichlich Wasser dankbar. Sonst aber ist ihr jeder Gartenboden recht. Die Vermehrung erfolgt durch Teilung.

Schön ist *F. rubra* 'Venusta' (bis 150 cm) mit rosaroten Blüten. Eine gute Gartenform ist auch *F. purpurea* 'Elegans' (80 cm), dunkelrosa bis karminrot.

Gelenkblume *(Physostegia virginiana)*
Blütezeit: Juli–September; Höhe: 70–100 cm.

Ihren Namen hat die Gelenkblume zu Recht, lassen sich doch die enggestellten, meist in vier Reihen stehenden Einzelblüten drehen, als ob sie Gelenke hätten. Sie bleiben so stehen, wie man sie stellt.

Rund um das Wasserbecken

Die Gelenkblume ist außerordentlich robust und kann durch unterirdische Wurzelausläufer sogar lästig werden. Die Blüten werden von Bienen stark beflogen. Zwei Monate hält die reiche Blüte an. Die großen Büsche wirken nur, wenn sie nicht durch andere Stauden beengt stehen. Sie sollten gelegentlich geteilt und neu aufgepflanzt werden. Wir können die Gelenkblume in Wassernähe und in größeren Prachtstaudenpflanzungen verwenden.

Die Vermehrung ist durch Teilung leicht möglich. Wir können aber auch im Frühjahr Wurzelrißlinge abnehmen, also Triebe mit Wurzeln, die von der Mutterpflanze abgerissen werden, ohne daß wir diese ausgraben.
Wertvolle Sorten sind 'Bouquet Rose' (70 cm) mit violettrosa Blüten. 'Vivid' (60 cm), weinrot, zeichnet sich durch niedrigen, kompakten Wuchs aus. Sie blüht erst im September/Oktober. 'Summersnow', weiß, wird 90 cm hoch.

Pflanzung um ein Wasserfaß

① Gartenbambus (*Sinarundinaria murielae*), 2 Stück
② Taglilie (*Hemerocallis*-Hybriden), 2 Stück
③ Blutweiderich (*Lythrum salicaria*), 3 Stück
④ Trollblume (*Trollius × cultorum* 'Goldquelle')
⑤ Sibirische Wieseniris (*Iris sibirica*)
  a 'Mrs. Rowe'
  b 'Mountain Lake'
  c 'White Swirl'
⑥ Lilie (*Lilium* spec. 'Feuer und Rauch'), 3 Stück
⑦ Kugelprimel (*Primula denticulata*)
⑧ Hohe Batiris (Barbata-Elatior-Gruppe), 2 Stück
⑨ Duftveilchen (*Viola odorata*), 4 Stück
⑩ Rosenprimel (*Primula rosea*), 7 Stück
⑪ Japanische Schwertlilie (*Iris kaempferi* 'Aiogata')
⑫ Trollblume (*Trollius chinensis* 'Golden Queen')
⑬ Ligularie (*Ligularia przewalskii*)
⑭ Bodendecker: Pfennigkraut (*Lysimachia nummularia*), 30 Stück
⑮ Knöterich (*Polygonum affine* 'Superbum'), 10 Stück

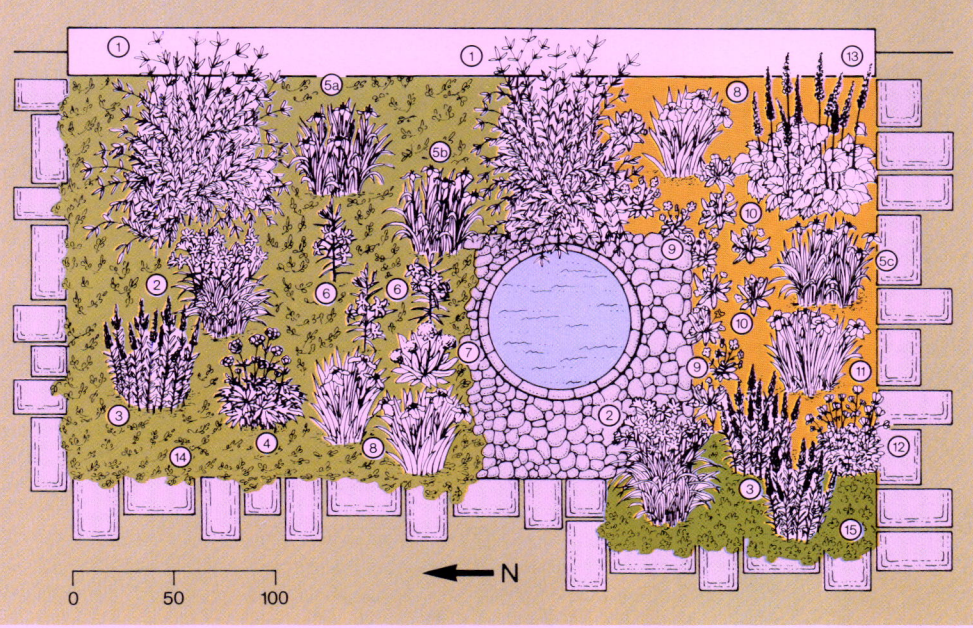

Aus dem bodendeckenden Knöterich erhebt sich neben der Sibirischen Wieseniris (in weiß und blau) die Gelbe Sumpfschwertlilie. Links im Bild kann man die tief handförmig eingebuchteten Blätter der *Ligularia przewalskii* erkennen. Der Plan auf S. 147 gibt weitere Anregungen für eine schlichte Pflanzung rund um ein Wasserfaß.

Einige Bodendecker für die Pflanzung am Wasserbecken

Bodendecker sind das »Salz in der Suppe«. Das gilt für verschiedene Pflanzgemeinschaften, die in diesem Buch vorgestellt wurden (Steppe, Heide, Schatten), und ebenso in der Nähe von Wasser. Bodendecker bilden den ruhigen, dem Boden dicht anliegenden Teppich, aus dem halbhohe, hohe oder sogar riesige Pflanzengestalten wie die Weidenblättrige Sonnenblume, der Purpurdost oder die Herkulesstaude herausragen.

Das Blau der eleganten Wieseniris kommt erst richtig zur Geltung, wenn sich die Blüten über einem Teppich aus sattgelbem Pfennigkraut oder rosa blühendem Knöterich erheben, und der Günsel mit braunroten Blättern ist der passende Untergrund für gelbblühende Sorten von Taglilien oder Fackellilien. Gleichzeitig entsteht eine interessante räumliche Wirkung.

Rund um das Wasserbecken

Pfennigkraut *(Lysimachia nummularia)*
Blütezeit: Juni/Juli; Höhe: 5 cm.

Eine wertvolle, bodenbedeckende Staude für feuchte Plätze, die auch unter dem Namen »Hellerkraut« bekannt ist. In ihrem Äußeren ist sie ganz für die Umgebung des Wasserbeckens geschaffen. Die glänzend grünen, rundlichen Blätter machen einen üppigen Eindruck, wie wir ihn von der Umgebung des Wassers erwarten. Die pfenniggroßen Blüten sind von sattgelber Farbe. Die Vermehrung durch Teilung ist einfach und sehr ergiebig.

Pfennigkraut

Günsel

Günsel *(Ajuga reptans)*
Blütezeit: April–Juni; Höhe: 10 cm.

Der Kriechende Günsel liebt lehmigen, kühlfeuchten Boden. Es stehen uns Formen mit verschiedenen Blattfarben zur Verfügung, so daß sich zu dem Grün der meisten höheren Stauden interessante Farbkontraste schaffen lassen.
A. reptans 'Purpurea' hat braunrote Blätter, bei 'Variegata' ist das Laub weißgelb gefleckt und bei 'Burgundy Glow' purpurrosa mit weiß. Die blauen Blüten sind ein zusätzlicher Schmuck. 'Teppichrosa', mit rötlichgrünen Blättern, blüht rosa. Die Vermehrung durch Teilung der kriechenden Rhizome ist einfach. Auf zusagendem Standort wachsen sie leicht an und bedecken rasch den Boden.

Fiederpolster *(Cotula)*
Höhe: 2–5 cm.

Die gefiederte Art *C. squalida* bildet einen bräunlichgrünen Teppich, *C. dioica* ist dunkelgrün. Die Blüten sind unscheinbar. Uns genügen für die Bodenbedeckung in der Nähe des Wasserbeckens die hübschen Blättchen.
Sowohl Sonne als auch Halbschatten sagt diesem Bodendecker bei genügend Bodenfeuchtigkeit zu. Trotz des dichten Teppichs fühlen sich Blumenzwiebeln darunter wohl.

Knöterich *(Polygonum affine)*
Blütezeit: Juni–Oktober; Höhe: 20 cm.

Dieser niedrig und dicht dahinkriechende Verwandte der bekannten hohen, wild wuchernden Knöterricharten hat bald das ihn umgebende Erdreich bedeckt. Die Blätter sind gesundgrün, im Winter bronzefarben, die Blüten tiefrosa. Besonders die Sorte 'Superbum' ist sehr reichblühend. Am besten sagen diesem Knöterich sonnige bis leicht schattige Lagen und etwas feuchter Boden zu.

Pfeilkraut

Simse

Pflanzen im Wasserbecken

Wenn nicht anders angegeben, eignen sich die folgenden Pflanzen bevorzugt für flachen Wasserstand (5–20 cm).

Gelbe Sumpfschwertlilie *(Iris pseudacorus)*
Blütezeit: Juni/Juli; Höhe: 80–100 cm.

Diese bei uns an Gräben und Teichen heimische Schwertlilie hat kräftige, schilfartige Blätter, die bis zum Herbst tadellos aussehen. Die Blüten sind gelb. Sie wächst in flachem Wasser, es genügt aber auch feuchter Boden, und sogar gelegentliche Trockenheit wird vertragen. Vermehrung durch Teilung.

Pfeilkraut *(Sagittaria sagittifolia)*
Blütezeit: Juni/Juli; Höhe: 50 cm.

Eine unserer hübschesten Pflanzen für flachen Wasserstand! Die aus dem Wasser ragenden Blätter sind langgestreckt und pfeilförmig, die im Wasser flutenden dagegen rundlich. Die weißlich-rötlichen Blüten sind klein und stehen in lockerer Rispe. Die Vermehrung durch Teilung ist einfach. Das Wachstum ist so üppig, daß wir des öfteren eingreifen müssen. Es ist deshalb zu raten, das Pfeilkraut in kleine Körbe, große Töpfe oder ähnliche Pflanzgefäße zu setzen und diese ins Wasser zu stellen.

Simse *(Scirpus lacustris)*
Blütezeit: Juni–August; Höhe: 150–250 cm.

Ihre bis zu 250 cm hoch werdenden peitschenförmigen Halme erinnern uns sofort an überlange Zwiebelröhren. Eine interessante Pflanzengestalt! Besonders hübsch finde ich es, wenn die Pflanzen aus nur wenigen Halmen bestehen. Sie sehen dann kostbarer aus. Wir sollten sie deshalb in Pflanzgefäße setzen, damit sie nicht wuchern können. Die gebüschelten, bräunlichen Blüten entstehen am Ende

Rund um das Wasserbecken

der peitschenförmigen Triebe. Der Wasserstand kann 20–120 cm, ja sogar noch tiefer sein. Vermehrung durch Teilung.
Besonders interessant sieht die Zebrasimse (*S. tabernaemontani* 'Zebrinus') aus. Die bis zu 150 cm langen »Zwiebelröhren« sind weiß quergestreift und erinnern an Stachelschweinborsten. Am besten sagt ihr flacher Wasserstand (10–20 cm) zu.

Froschlöffel *(Alisma plantago-aquatica)*
Blütezeit: Juli–September; Höhe: 100 cm.

Die großen, löffelartigen Blätter sind langgestielt und erreichen eine Höhe von 40–50 cm. Die großen, zierlichen Blütenrispen sind im Sommer mit ungezählten kleinen, weißen Blüten geschmückt. Der Wasserstand kann bis zu 30 cm betragen. Vermehrung durch Teilung des Wurzelstockes oder Aussaat in feuchten Boden.

Blumenbinse *(Butomus umbellatus)*
Blütezeit: Juli/August; Höhe: 80–100 cm.

Bei dieser Sumpf- oder Wasserpflanze ragen die binsenartigen Blätter steil empor. Die rosafarbenen Blütendolden stehen auf etwa 100 cm hohen, runden Stengeln. Eine sehr wertvolle, winterharte Staude, die besonders für größere Wasserbecken geeignet ist. Ein Wasserstand von 5–10 cm reicht aus, er kann aber auch bis zu 50 cm betragen.
Die bildhübsche Blumenbinse wirkt allerdings erst, wenn wir sie am Ufer mit Froschlöffel, Gelber Sumpfschwertlilie, Pfeilkraut und Rohrkolben zusammenpflanzen.

Tannenwedel *(Hippuris vulgaris)*
Blütezeit: Juli/August; Höhe: 30–40 cm.

Die aus dem Wasser ragenden Triebe sehen auf den ersten Blick Fichtenzweigen sehr ähnlich. Die Blüte ist unscheinbar. Diese Pflanze für flachen Wasserstand breitet sich stark aus und kann in kleineren Becken lästig werden. Wir sollten sie deshalb nicht auf den Beckengrund auspflanzen, sondern in einen Korb, eine Kiste oder eine Betonröhre mit 30–50 cm Durchmesser. Vermehrung durch Teilung.

Rohrkolben *(Typha)*

Wir müssen hier verschiedene Arten unterscheiden und können je nach Größe des Wasserbeckens wählen. Die Vermehrung ist bei allen durch Teilung leicht möglich.

Typha latifolia
Blütezeit: Juli/August; Höhe: 250 cm.
Diese Art kommt in der Natur in sauren Hochmoorböden vor. Wir alle kennen sie mit ihren breitlinealen Blättern und den schwarzbraunen Rohrkolben. Sie wuchert sehr stark, ist also nur für größere Wasserbecken in Pflanzgefäßen zu empfehlen.

Tannenwedel

Rohrkolben *(Typha angustifolia)*.

Typha angustifolia
Blütezeit: Juli/August; Höhe: 100–200 cm.

Diese Art wird nicht ganz so hoch wie *T. latifolia*. Sie hat zierlichere Blätter und Kolben, wuchert aber ebenfalls und sollte deshalb in Wasserbecken nicht frei ausgepflanzt werden.

Typha minima
Blütezeit: Mai/Juni; Höhe: 40–60 cm.

Ein sehr zierlicher Rohrkolben, den wir auch im kleinsten Becken verwenden können. Er hat sehr schmale Blätter und kleine, geradezu verspielt aussehende Kolben.

Seerose *(Nymphaea)*
Blütezeit: Juni–September.

Die Primadonna unter den Wasserpflanzen! Es gibt wohl kaum einen Gartenfreund, der sie nicht gern in seinem grünen Reich hätte, der sich nicht gern über den Rand eines Wasserbeckens beugen würde, um ihre makellose Schönheit zu bewundern.

Und doch ist sie nur selten in den Gärten zu finden. Wohl deshalb, weil die meisten Gartenfreunde glauben, die Kultur wäre zu schwierig, oder weil sie meinen, sie müßten sich einen großen Teich anlegen. Dies aber ist ein Irrtum. Selbst im bescheidensten Reihenhaus- oder Kleingarten kann man Seerosen zum Blühen bringen, wenn einige Punkte beachtet werden.

Seerosen wollen möglichst volle Sonne und ruhiges Wasser, das auch nicht durch einen Springbrunnen bewegt werden darf. Andernfalls werden sie blühfaul. Zu tiefe, kleine Becken sind ungeeignet, weil sich das Wasser darin schlecht erwärmen kann. Nur wenn die Wassertemperatur den Sommer über 15–20° C beträgt, können wir uns an einer reichen Blüte freuen.

Für Seerosen und auch andere Wasserpflanzen hat sich folgende Erdmischung bewährt: 2 Teile möglichst kalkarme, lehmige Garten- oder Ackererde aus der der obersten Bodenschicht und 1 Teil normaler Torf (kein Torfmischdünger). Ist die Erde kalkreich oder hat das Wasser hohe Härtegrade, so gibt man zu 4 Teilen dieser Erdmischung 1 Teil Humintorf, um den pH-Wert zu senken.

Soweit es sich von der Tiefe des Pflanzgefäßes bzw. des Wasserbeckens her machen läßt, bringt man zuerst eine 5–10 cm hohe Schicht aus grobem Kies ein. Darauf kommt dann – besonders, wenn das Wasser sehr hart ist – eine 10 cm hohe Schicht Humintorf und darauf die oben beschriebene Erdmischung in 20–30 cm Stärke.

In Teichen oder größeren Wasserbecken werden Seerosen meist auf den Grund ausgepflanzt. In kleineren Becken, die wir im allgemeinen selbst bauen (Folien, Fertigbecken aus

Rund um das Wasserbecken

Kunststoff), pflanzen wir sie in Weidenkörbe oder andere seitlich durchlöcherte Behälter, sofern es nicht auch hier möglich ist, die Seerosen frei in den Boden auszupflanzen. Solche Pflanzgefäße sollten einen oberen Durchmesser von mindestens 30 cm haben und 20–30 cm tief sein.

Nach dem Eintreffen werden die Seerosen sofort ausgepackt und bis zur Pflanzung in einen Eimer mit Wasser gelegt. Die beste Pflanzzeit ist von Ende April bis Mitte August. Die Rhizome kommen leicht schräg und ganz flach in den Boden, so daß sie eben noch mit Erde bedeckt sind. Dann werden sie mit einem Stein beschwert oder mit einer Astgabel verankert. Dadurch wird verhindert, daß sie beim Einlassen des Wassers hochschwimmen. Nachdem wir die Erde gut angedrückt haben, kann die Oberfläche daumenstark mit gewaschenem Kies oder grobem Sand abgedeckt werden.

Als Wasser verwenden wir ganz normales Leitungswasser, nachdem die Qualität von Regenwasser bei der heutigen Umweltverschmutzung nicht mehr der zurückliegender Zeiten entspricht. Ist das Wasser zu hart, d. h. enthält es zuviel Kalk, so läßt man es am

Da es heute Spezialfolien gibt, ist der Preis für solch ein selbstgebautes Wasserbecken erschwinglich. Im Becken sind allerdings zu viele Pflanzen, so daß vom Wasser bald nicht mehr viel zu sehen sein wird.

Die heimische Seerose *(Nymphaea alba)* ist in ihrem strahlenden Weiß nach wie vor mit die schönste.

besten langsam durch einen mit Torf gefüllten Korb einlaufen. Gechlortes Leitungswasser sollte man einige Tage abstehen lassen.
Unmittelbar nach der Pflanzung oder dem Einbringen der Pflanzgefäße läßt man nur soviel Wasser in das Becken, daß es bis etwa 10 cm über die Pflanzen reicht. Das Wasser erwärmt sich dann schneller und die Pflanzen wachsen schneller an. Nach etwa zwei Wochen bilden die Rhizome neue Wurzeln und Blätter. Entsprechend dem Wachstum der Blattstiele wird immer wieder Wasser nachgefüllt, bis schließlich der vorgesehene Wasserstand erreicht ist.
Zur Düngung: Damit müssen wir vorsichtig sein, denn durch starken Nährstoffgehalt wird der Algenwuchs gefördert. In den Boden ausgepflanzte Seerosen brauchen meist gar nicht gedüngt zu werden. Seerosen in Behältern geben wir in der Wachstumszeit, also von April bis August, monatlich 1–2 Düngetabletten, die in das Erdreich um die Pflanze leicht eingedrückt werden. Ebenso kann man Hornspäne mit Lehm vermischen und diesen – nachdem er gut angefeuchtet wurde – in Form kleiner Bällchen um die Pflanze herum etwas in die Erde drücken.
Seerosen müssen frostfrei überwintert werden. In genügend tiefen Becken ist das nicht schwierig. Hier verbleibt das Wasser auch den Winter über und friert nicht bis zum Grunde ein. Zur Sicherheit können auch noch Schutzmaßnahmen ergriffen werden. Durch Herausschöpfen von Wasser zwischen Eisdecke und

Rund um das Wasserbecken

Wasser entsteht eine gut isolierende Luftschicht, die ein weiteres Gefrieren verhindert. Ein in das Eisloch gestecktes Strohbündel ermöglicht darüberhinaus den Luftaustausch. Bei flacheren Becken empfiehlt es sich, das Wasser im Herbst abzulassen. Wir bedecken in diesen Fällen die Seerosen mit einer 30 cm hohen Laubschicht. Die Pflanzgefäße können aber auch herausgenommen und im Keller oder einem anderen kühlen Raum frostfrei und leicht feucht überwintert werden.

Sollten einmal Schädlinge auftreten, so dürfen keine chemischen Mittel verwendet werden. Wir würden damit die Fische im Becken abtöten, und auch die Wasserpflanzen könnten Schaden nehmen. Läuse bekämpfen wir durch Überbrausen der Blätter mit einem nicht zu scharfen Wasserstrahl. Wenn Larven aus den Blättern elliptische Stücke herausfressen, so schneiden wir die befallenen Blätter ab und verbrennen sie. Auch Schlammschnecken, die wir an dem spiraligen, spitz auslaufenden Gehäuse erkennen, sind durch ihren Blattfraß sehr schädlich. Wir lesen sie sorgfältig ab.

Wenn die Blätter der Pflanzen nach einigen Jahren gelblich werden und klein bleiben und auch der Blütenreichtum nachläßt, so ist dies ein Zeichen von Nährstoffmangel. Es wird dann Zeit, in neue Erde umzupflanzen.

Zu einem festlichen Anlaß können wir auch einmal Seerosenblüten in Schalen als Tischschmuck verwenden. Nach dem Schneiden legen wir die offenen Blüten erst eine halbe Stunde in die Sonne. Anschließend wird der Stengel frisch nachgeschnitten und ins Wasser gesteckt. Sie schließen sich dann nicht mehr und bleiben einige Tage frisch.

Seerosen in rosa, roten und gelben Farbtönen haben etwas Exotisches an sich.
Oben: 'Masaniello'.
Mitte: *Nymphaea odorata* 'Sulphurea'.
Unten: 'Mrs. James Brydon'.

Rund um das Wasserbecken

Die verschiedenen Seerosensorten verlangen einen unterschiedlichen Wasserstand. Wir brauchen also nur die richtige Wahl zu treffen, um sowohl in einem großen Teich als auch in einem kleinen Becken Freude an Seerosen zu haben.
Nachstehend einige empfehlenswerte Sorten:

Für kleinere Becken mit niedrigem Wasserstand (20–40 cm)
Bei Gefäßkultur entwickelt sich das Blattwerk dieser Sorten auf der Wasseroberfläche bis zu einem Durchmesser von 0,25–1,00 m

Name	Farbe/Bemerkungen
N. pygmaea 'Alba'	Zwergseerose mit kleinen, reinweißen Blüten, die bis Spätherbst erscheinen; Wasserstand 5–20 cm, günstigste Wassertiefe 10 cm, deshalb auch zur Pflanzung in Schalen geeignet
'Laydeckeri Lilacea'	lilarosa, in rosa übergehend
'Froebeli'	karminrot, blüht auch bei kühler Witterung zuverlässig
'Laydeckeri Purpurata'	dunkelrot, junge Blätter rötlich
'Maurice Laydecker'	Zwergform mit kleinen, purpurroten Blüten, reizvoll; für sehr niedrigen Wasserstand (20 cm), deshalb auch zur Pflanzung in Schalen geeignet
N. odorata 'Sulphurea'	schwefelgelb

Für Becken mit einem mittleren Wasserstand (40–80 cm)
Die Blätter nehmen bei Gefäßkultur einen Durchmesser von 1,00–1,30 m ein.

Name	Farbe/Bemerkungen
'Marliacea Albida'	reinweiß, duftend, wüchsige Sorte
'Masaniello'	tiefrosa, duftend
N. odorata 'Rosennymphe'	dunkelrosa, im Abblühen verblassend
'James Brydon'	rosarote, gefüllte, kugelige Blüten; besonders wertvoll
'Marliacea Chromatella'	große, leuchtendgelbe Blüten; eignet sich auch für tiefen Wasserstand; frostempfindlich
'Sunrise'	die schwefelgelben Blüten öffnen sich bereits am frühen Morgen

Für größere Becken mit hohem Wasserstand (80–120 cm und mehr)
Der Durchmesser des Blattwerks beträgt bei Gefäßkultur etwa 1,50–1,80 m.

Name	Farbe/Bemerkungen
N. alba	heimische Art mit weißen, duftenden Blüten; günstigste Wassertiefe 100–150 cm
'Pöstlingberg'	besonders große, schneeweiße Blüten
N. tuberosa 'Richardsonii'	ballförmige, gefüllte weiße Blüten; eignet sich auch für mittleren Wasserstand
'Colossea'	zartrosa-fleischfarben, langblühend
'Charles de Meurville'	weinrot, sehr großblumig, zuverlässig blühend
'Gloriosa'	leuchtendrot, weißlich verwaschen; starkwüchsig
'Marliacea Chromatella'	siehe Tabelle für mittleren Wasserstand

Grazile Gräser

In den meisten Gärten finden wir zwar Phlox und Pfingstrosen, Margeriten und Herbstastern, aber kaum Gräser. Wenn der Gartenfreund das Wort »Gras« hört, geht er innerlich meist schon in Abwehrstellung wie ein Igel. Er denkt an das lästige Unkrautzupfen und an den Schweiß, den er vergossen hat, um die Quekkenwurzeln bei der Erstbearbeitung seines Grundstückes zu entfernen.

Doch viele Gartenfreunde ahnen nicht, wieviel Schönes unter den Gräsern zu finden ist. Der moderne Gartengestalter verwendet sie sehr gern, denn sie kommen seinem Bestreben entgegen, ungezwungene, natürliche Gärten zu schaffen, in denen sich der Ruhe suchende Mensch von heute erholen kann. Wer Freude an zierlichen Formen, an eleganter Linienführung, am Spiel des Windes und an zurückhaltenden Farben hat, der wird begeistert sein von den Schätzen, die uns das große Reich der Gräser bietet. Schön sind viele von ihnen auch im Winter, wenn sich ihre bizarren Formen von der Schneedecke abheben.

Die wertvollsten Gräser wurden auf den nächsten Seiten so zusammengestellt, wie sie zu den einzelnen Pflanzengemeinschaften dieses Buches passen. Natürlich gibt es keine starren Grenzen. Die angegebenen Höhen beziehen sich auf den Zustand, in dem die betreffende Art am schönsten wirkt. Es ist also entweder die Blatt- oder Blütenhöhe angegeben. Die Vermehrung der Gräser können wir durch Teilung oder Aussaat vornehmen. Wo es eine Besonderheit gibt, ist dies im Text angegeben.

Zu den Gräsern zählen auch die Bambusarten. Sie sind wintergrün und mit ihren verzweigten, holzigen Halmen sehr elegant. Die niedrigen Arten vergilben in rauheren Gebieten oft den Winter über und müssen dann im Frühjahr bis auf den Boden zurückgeschnitten werden. Alle Bambusarten sind für lichten Schatten dankbar. Der Boden soll im Sommer nicht zu trocken sein. In rauheren Gebieten pflanzen wir

Prachtvoll, wenn sich die Blütenfahnen von *Miscanthus* 'Silberfeder' vor dem blauen Himmel abheben.

Einen reizvollen Anblick bietet die mit Rauhreif belegte Japan-Segge *(Carex morrowii* 'Variegata').

sie am besten in Hausnähe und geben Schutz gegen Wintersonne.

Selbstverständlich müssen wir uns auch in der Auswahl der Gräser weise beschränken, je nach Gartengröße. Mit etwas Geschick können wir den verschiedensten Pflanzengemeinschaften durch Gräser eine persönliche Note geben.

Einige der nachfolgend genannten Gräser wachsen im Laufe von Jahren zu imposanten Pflanzengestalten heran. Durch ihr interessantes Blätterwerk oder auffallende Blütenstände wirken sie bereits aus der Ferne. Sie eignen sich deshalb auch gut zur Einzelstellung.

Gräser für den lichten Schatten

Japan-Segge *(Carex morrowii)*
Blütezeit: ab April; Höhe: 40 cm.

Eines der schönsten immergrünen Gartengräser mit schmalen, glänzenden Blättern. Gut geeignet in kleinen Gruppen oder einzeln unter Gehölzen. An sonnigen Stellen für ausreichende Feuchtigkeit sorgen! Die Sorte *C. morrowii* 'Variegata' hat einen hellen Blattrand.

Berg-Segge *(Carex montana)*
Blütezeit: März/April; Höhe: 15–20 cm.

Ein reizendes, kleines Gras, an dem wir bestimmt unsere Freude haben. Entzückend ist die frühe, schwefelgelbe Blüte, die z. B. gut zu den pelzig behaarten, violetten Küchenschellen paßt. Hübsch ist aber auch die Herbstfärbung die von Goldbraun bis Dunkelbraun reicht. Dieses anspruchslose Gras wächst in Sonne und Schatten! Vor der Blüte, also gegen Anfang März, sollten wir die vorjährigen Blätter wegschneiden. Übrigens sind die Blüten hier etwas niedriger als die Blätter.

Riesen-Segge *(Carex pendula)*
Blütezeit: Juni/Juli; Höhe: 150 cm.

Von allen heimischen Seggen ist sie die auffallendste Pflanzengestalt. Sie ist immergrün und erreicht bald einen Durchmesser von 1 m. Ab Frühsommer werden die kniehohen, saftiggrünen Horste von beinahe mannshohen, eleganten Halmen überragt, von denen die Ähren herabpendeln. Einzeln oder in kleinen Gruppen nimmt sich dieses Gras in Gesellschaft anderer schattenliebender Stauden hübsch

Grazile Gräser

aus, auch im Winter. Alle drei Jahre, oder wenn es durch Frost geschädigt wurde, sollten wir es scharf zurückschneiden.
Alle genannten Seggen, Sauergras-*(Carex-)* Arten, sind langlebige Stauden, die durch die Schönheit ihrer wintergrünen Horste auffallen.

Schnee-Hainsimse *(Luzula nivea)*
Blütezeit: Juni/Juli; Höhe: 50 cm.

Erst wenn dieses 20 cm hohe immergrüne Gras richtig eingewachsen ist, entfaltet es seinen Reiz. Die Blätter sind am Rande weiß behaart. Die zierlichen weißen Blütenstände befinden sich auf 50 cm hohen Halmen.

Wald-Hainsimse *(Luzula sylvatica)*
Blütezeit: Mai/Juni; Höhe: 25 cm.

Sie ist sehr anspruchslos und läßt sich dicht an die Bäume pflanzen. Selbst unmittelbar am Stamm von so starken Bodenräubern wie Birken haben ihre 25 cm hohen Blattschöpfe ein tadelloses Aussehen. Schatten, sogar vollen, kann sie gut vertragen. Die wintergrünen Blätter sind dunkelgrün und glänzend. Am Rande sind sie dicht bewimpert.
Die beiden Hainsimsen-Arten eignen sich gut zur Pflanzung unter Gehölzen in Verbindung mit anderen Stauden und Blumenzwiebeln. Die Kultur ist in jedem Gartenboden möglich.

Rasenschmiele *(Deschampsia caespitosa)*
Blütezeit: Juni/Juli; Höhe: 100 cm.

Ein besonders schönes Gras für lichten Schatten und feuchten Boden. Es verträgt aber auch Sonne und kurzfristige Trockenheit recht gut. Entzückend sieht es aus in Verbindung mit Lilien, Astilben, Eisenhut, Herbstanemonen und anderen Stauden. Wir können es auch in kleinen Gruppen oder einzeln aus Teppichen von Maiglöckchen, Haselwurz, Purpurgünsel

Riesen-Segge

Rasenschmiele

Grazile Gräser

und anderen Bodenbedeckern herauswachsen lassen. Die Verwendbarkeit ist schier grenzenlos. Das schöne Dunkelgrün der 30 cm hohen, halbkugeligen Horste bleibt bis zum August erhalten, doch die halbvergilbten Blätter machen selbst im Winter noch einen guten Eindruck.

Die zierlichen Blütenähren sind gelblichbraun. Am frühen Morgen sind sie oft so sehr mit Tautröpfchen überladen, daß sie sich unter der glitzernden Last nach unten beugen. Ein herrlicher Anblick! Nach dem Verblühen sind die Ähren allerdings keine Zierde mehr. Wir sollten sie abschneiden. Die Blattschöpfe werden dagegen erst im zeitigen Frühjahr, also etwa im März, bis zum Boden heruntergeschnitten.

Von der Rasenschmiele gibt es auch Sorten wie 'Bronzeschleier' (goldbraune Blütenähren), 'Goldschleier' (gelbliche Blütenähren, früh), 'Tauträger' (duftige Blütenähren auf straffen Halmen, spät) u. a.

Gräser für den Heidegarten

Schillergras *(Koeleria glauca)*
Blütezeit: Juni/Juli; Höhe: 20 cm.

Dieses Gras bildet graugrüne Horste. Die Blüten sind etwa 30 cm hoch. Das Schillergras fühlt sich in sandigen Kiefernwäldern wohl. Der Boden soll also durchaus mager und sandig sein, der Standort trocken und sonnig.

Schwingel-Arten

Diese niedrigen, horstbildenden Gräser sind hart, wintergrün und ausdauernd. Sie lassen sich sowohl einzeln als auch in kleineren oder größeren Gruppen vielseitig verwenden. Man pflanzt sie gern im Heidegarten und in Verbindung mit kleinen Nadel- und Laubgehölzen.

Blauschwingel und Beetrose 'Sarabande'.

Auch Rosen und Zwiebelgewächse, besonders Wildtulpen, passen gut zu ihnen. Im leichten Boden und in sonniger Lage fühlen sich die meisten Arten wohl, aber auch schwerere Böden und leichter Schatten werden vertragen. Die Vermehrung durch Teilung ist vom Frühjahr bis zum Spätsommer möglich.

Bärenfellschwingel *(Festuca scoparia)*
Blütezeit: Juni; Höhe: 10–15 cm.

Ein bildhübsches Gras, in das man sich auf den ersten Blick verlieben kann! Wie Igel sehen die saftiggrünen Horste aus und laden geradezu ein, mit den Händen darüberzustreicheln. Mit dieser Art läßt sich auch im kleinsten Garten viel anfangen.
Pralle Sonne sagt dem Bärenfellschwingel nicht so recht zu, dagegen fühlt er sich an leicht schattigen Stellen sichtlich wohl. Dort verträgt er auch Trockenheit. Zu beachten ist, daß wir die einzelnen Pflanzen nicht zu nahe zusammenrücken. Sie geraten sonst aneinander und sehen bald zerzaust aus. Ihre Schönheit, die saftiggrüne Igelform, leidet sichtlich darunter. Bei genügend weitem Stand entwickeln sich die einzelnen Exemplare im Laufe der Jahre zu quadratmetergroßen, saftiggrünen Polstern. Die Blüten fallen allerdings wenig auf.

Blauschwingel *(Festuca glauca)*
Blütezeit: Juni; Höhe: 20 cm.

Ein kleiner, blauer Edelstein unter den Gräsern! Dabei ist diese Schwingelart erstaunlich widerstandsfähig; Sonne und Trockenheit verträgt sie sehr gut. Aber auch schattige Plätze werden ohne Widerwillen in Kauf genommen. Mit den kleinen, blauen Büscheln lassen sich interessante Farbkontraste erzielen, auch im kleinsten Garten. Die Blüten werden etwa 35 cm hoch. Diese Art eignet sich aber auch zur Bepflanzung von Flächen, da die einzelnen Polster bald zu einem geschlossenen Teppich zusammenwachsen. Im Winter werden die Blätter farblich unscheinbar.

Atlasschwingel

Atlasschwingel *(Festuca mairei)*
Blütezeit: Juni/Juli; Höhe: 60 cm.

Die starken, graugrünen Horste eignen sich gut zur Einzelstellung (Solitär). Die gelben, 100 cm hohen und längeren Blütenhalme vertrocknen nach der Blüte und sollten dann entfernt werden. Der Atlasschwingel fühlt sich in voller Sonne wohl und ist genügend winterhart.

Bärenfellschwingel

Grazile Gräser

Gräser für eine Pflanzung mit Steppencharakter

Blaustrahlhafer *(Helictotrichon sempervirens,* syn. *Avena sempervirens)*
Blütezeit: Juli/August; Höhe: 120 cm.

Ein herrliches, weithin wirkendes, blaues Gras, das seine Schönheit bis tief in den November hinein und länger beibehält. Es fühlt sich in jedem Gartenboden, ja selbst auf Sandboden wohl. Sonne! Über den dekorativen, blaugrünen Horsten wiegen sich im Sommer blaßgelbe Blüten an eleganten, brusthohen Stielen. Bei der Form 'Pendula' hängen die Blütenrispen besonders stark über. Trockene Halme entfernen wir bereits im Sommer, im zeitigen Frühjahr schneiden wir sämtliche Triebe dicht über dem Boden ab, damit der Neutrieb nicht durch vergilbte Teile gestört wird.

Lampenputzergras *(Pennisetum compressum)*
Blütezeit: August–Oktober; Höhe: 70 cm.

Bei diesem Gras sind es weniger die Blätter als vielmehr die auffallenden, lampenputzerarti-

Lampenputzergras

Blaustrahlhafer

gen Blüten, die es zu einem überaus aparten Gartenschmuck machen. Ab August erheben sich aus den kräftigen Horsten die hübschen, rotbraunen Blütenähren (70 cm). Besonders der Anblick am frühen Morgen, wenn in den Blütenähren die Tautropfen hängen, ist von großer Schönheit. In die Vase gestellt, verlieren die Ähren noch nach Jahren nichts von ihrem Reiz.

Die Lage soll möglichst warm, sonnig und windgeschützt sein, der Boden durchlässig. Im Winter darf keine stagnierende Nässe vorhanden sein, im Sommer dagegen will das Lampenputzergras viel Wasser haben. An sehr trockenen Plätzen sollten wir die Pflanzen nach etwa fünf Jahren in nicht zu kleine Stücke aufteilen (nur im Frühjahr!) und neu aufpflanzen. Wir können uns dann wieder an einer reichen Blüte freuen. Die Jungpflanzen werden gut gewässert und erhalten im Herbst eine leichte Laubdecke. Dies kann auch bei älteren Pflanzen nicht schaden, besonders in rauhen Gebieten.

Das Lampenputzergras ist im Garten vielseitig verwendbar. Sehr gut paßt es auch in die Nähe des Wasserbeckens und zu anderen Pflanzungen.

Die Sorte 'Hameln' ist reich- und frühblühend (ab Juli). Sie bildet kräftige Horste, die nur etwa 30 cm hoch werden. Höhe der Blütenähren: 60 cm.

Grazile Gräser

Federgras-Arten

Bei diesen schwachwachsenden Gräsern brauchen wir keine Angst zu haben, daß sie wuchern oder andere Arten verdrängen. Sie lieben ausgesprochen trockene Standorte in voller Sonne. Selbst bei leisestem Windhauch bewegen sich die langen, federartigen Grannen, vor allem, wenn sie freistehen. Dadurch geben sie unserer Steppenpflanzung einen ganz besonderen Akzent. Auch aus der Nähe betrachtet sind diese Grannen ein Meisterwerk in Form und Zweckmäßigkeit.

Reiher-Federgras *(Stipa barbata)*
Blütezeit: Juli/August; Höhe: 80 cm.

Eines der prächtigsten Gräser für den Garten! Die Bewegungen der stets unruhigen Grannen sind von malerischer Schönheit. Die flauschigen Fruchtstände werden etwa 80 cm hoch und sehen ebenso wie die sehr schmalen, langen Blätter recht zierlich aus.
Dieses Gras braucht viel Sonne. Nach dem Verblühen schneiden wir es zurück, da es sonst unordentlich aussieht. Wenn der Wind die reifen Grannen fortträgt, bohren sie sich mit ihrer Samenspitze ins Erdreich, um dort im nächsten Jahr zu keimen. So ziehen wir auch die Jungpflanzen: Sobald sich die Grannen im Sommer leicht von den Halmen lösen, stecken wir sie einzeln in kleine Töpfe und senken diese im Garten ein. Im kommenden Frühjahr erscheinen dann die grünen Halme, die sich bis zum Herbst zu kräftigen Pflanzen entwickeln. Wir sollten dieses Gras möglichst mit Topfballen pflanzen, da es sonst Jahre dauert, bis es im Vollbesitz seiner Schönheit ist.

Mädchenhaargras *(Stipa pennata)*
Blütezeit: Mai/Juni; Höhe: 60 cm.

Dieses aparte Steppengras fruchtet besonders früh, ebenso wie *St. ucrainica*. Der Reiz liegt auch bei diesen in den sehr langen, fedrigen Grannen.

Garten-Sandrohr *(Calamagrostis × acutiflora* 'Karl Foerster')
Blütezeit: Juli/August, Höhe: 170 cm.

Dieses Staudengras grünt sehr früh. Charakteristisch sind die steilen, aufrechten, frischgrünen Horste. Die dicht an dicht stehenden dunkelbraunen Halme wirken mit ihren schmalen, gelben Ähren bis in den Winter hinein. Übrigens, die Gartenform ist sehr anspruchslos, dabei völlig zahm und hat mit dem queckenhaft wuchernden wilden Sandrohr nichts gemein.

Mädchenhaargras *(Stipa ucrainica)*.

Grazile Gräser

Garten-Sandrohr 'Karl Foerster'.

Goldleistengras

Das Garten-Sandrohr eignet sich aber nicht nur für Pflanzungen mit Steppencharakter und für andere naturnahe Bereiche, es kann ebensogut in Prachtstaudenpflanzungen verwendet werden (siehe Pflanzskizze S. 82/83).

Gräser, die sich für die Zusammenpflanzung mit Prachtstauden eignen

Grundsätzlich sollten wir mit Gräsern auf Prachtstaudenrabatten recht sparsam umgehen. Dies gilt besonders für die hohen Arten, von denen wir nur in größeren Abständen einzelne Exemplare pflanzen.

Die beiden erstgenannten Arten sieht man zwar besonders in Bauerngärten häufig, doch sie wuchern oft zum Ärgernis des Gärtners. Ich möchte vor ihnen warnen, obwohl der Liebhaber ihnen besonders zugetan ist wegen ihrer bunten Blätter.

Weißgrünes Glanzgras
(Phalaris arundinacea 'Picta')
Höhe: 100 cm.

Ein üppig wucherndes, altes Gartengras, das nicht »totzukriegen« ist, mit schilfartigen, weißgestreiften Blättern. Als »Bandgras« der Bauerngärten bekannt.

Goldleistengras *(Spartina michauxiana* 'Aureomarginata')
Blütezeit: August/September; Höhe: 150 cm.

Sowohl das einzelne, elegant überhängende Blatt, als auch der ganze Busch ist – besonders im Alter – von bezaubernder Schönheit. Die grünen Blätter sind beiderseits von gelben Streifen eingefaßt. Wem die unordentlich wirkenden, mannshohen Blütenstiele nicht gefallen, kann sie abschneiden. Die Blätter bilden ein aparten Vasenschmuck. Da sie auch den Winter über schön sind, werden sie erst im

Grazile Gräser

Frühjahr abgeschnitten. Das geringe Wuchern nehmen wir bei diesem Gras gern in Kauf. Es ist übrigens sehr anspruchslos und verträgt sowohl Sonne wie Halbschatten, Dürre und Feuchtigkeit.

Buntlaubiges Wassersüßgras *(Glyceria maxima* 'Variegata')
Höhe: 150 cm.

Ebenfalls ein stark wucherndes Gras mit breiten, gelb- und weißgestreiften Blättern. Geeignet für Uferbepflanzungen.

Rutenhirse *(Panicum virgatum* 'Strictum')
Blütezeit: August/September; Höhe: 170 cm.

Dieses Gras läßt sich nicht nur in Verbindung mit Prachtstauden verwenden, es eignet sich auch für die »Steppe« und in der Nähe des Wasserbeckens. Das reizvolle, sturmfeste Gras bildet hohe, mächtige Büsche. Wir sollten es nur einzeln pflanzen. Im Spätsommer und Herbst schmückt es sich mit bräunlichen, lockeren Blüten, die auch in der Vase sehr dekorativ sind. Trockenheit wird tadellos vertragen, und außer dem Rückschnitt im Frühjahr macht uns die Rutenhirse keine Arbeit. Die Sorte 'Rehbraun' ist besonders duftig. Die rotbraune Blatt- und Halmfärbung ist bis zum Herbst eine Gartenzierde mit besonderer Note. 'Rehbraun' wird nur 120 cm hoch und blüht von Juli bis September. Wertvoll für die »Steppe«.

Rutenhirse *(Panicum virgatum* 'Rehbraun').

Silberfahnengras *(Miscanthus sacchariflorus* 'Robustus')
Blütezeit: September/Oktober; Höhe: 200 cm.

Herrlich, wenn im Herbst die seidig-silberweißen Blütenfahnen wehen! Bis Ostern sind sie eine Gartenzierde! Leider wuchert dieses Gras, es ist aber so schön, daß wir nicht darauf verzichten wollen. Wir müssen eben gelegentlich das Zuviel mit dem Spaten abstechen, oder aber – besonders im kleineren Garten – das Gras von vorneherein in einen Betonring pflanzen, der in den Boden versenkt wurde. Das Silberfahnengras ist absolut winterhart und bevorzugt frische, kräftige Gartenböden in voller Sonne. Es wächst aber auch auf trockensten, leichten Böden recht üppig, nur läßt hier der Blütenreichtum meist zu wünschen übrig.

Wegen seiner wuchernden Eigenschaften ist dieses Gras weniger für das Staudenbeet geeignet. Hübsch sieht es aber aus, wenn wir es an einer gesonderten kleinen Ecke mit blauen Herbstastern oder Blaustrahlhafer zusammenpflanzen. Auch für eine »Steppenpflanzung« läßt es sich vom Aussehen her gut verwenden.

Außer den in diesem Abschnitt genannten Arten kann man aber auch an anderer Stelle besprochene Gräser gut zu Prachtstauden gesellen, wie z. B. Lampenputzergras, Blaustrahlhafer, Grünstrahlschwingel und verschiedene Arten von Chinaschilf.

Das Pampasgras, eine imposante Pflanzengestalt mit weißen Federbüschen, vor wolkenverhangenem Himmel.

Gräser für die Umgebung des Wasserbeckens

Die folgenden Gräser passen wegen ihres meist schilfartigen Aussehens ausgezeichnet in die Nähe von Wasser.

Pampasgras *(Cortaderia selloana)*
Blütezeit: Oktober; Höhe: 150–250 cm.

Das Pampasgras ist der Star unter den Gartengräsern. Wenn vor dem wolkenverhangenen Herbsthimmel die silberweißen Federbüsche leuchten, begeistert uns der fremdartige Reiz dieses Bildes. Sehr gut nimmt sich dieses Gras auch in der Steppenpflanzung aus.
Es ist zweihäusig; besonders schön sind die Blüten von weiblichen Pflanzen.
Der Blattbusch erreicht eine Höhe von 70–100 cm, die Blüten werden übermannshoch und sind weithin sichtbar. Es ist wohl das dekorativste aller Gräser und eignet sich daher auch als einzelnstehende Staude (Solitär). Es gibt auch eine Zwergform (*C.s.* 'Pumila'), deren Blütenfahnen nur 100–120 cm hoch werden.
Besonders im Winter darf es nicht naß stehen. Wir wählen deshalb im Garten einen geschützten, sonnigen Platz aus. Der Boden soll tiefgründig, nahrhaft und vor allem recht durchlässig sein. Während des Wachstums sollten wir dieses Gras häufig gießen und düngen. Im Herbst werden die Blätter nicht zurückgeschnitten. Die Pflanze braucht unbedingt einen guten Winterschutz (siehe S. 187). Erst im Frühjahr entfernen wir die vergilbten Blätter dicht über dem Boden. Nur Frühjahrspflanzung!

Grazile Gräser

Riesenchinaschilf *(Miscanthus floridulus,* syn. *M. japonicus,* syn. *M. sinensis* 'Giganteus')
Höhe: 200–300 cm.

Dieses winterharte, schilfartige Gras kommt bei uns nicht zur Blüte. Die mächtigen Büsche vergilben im Spätherbst; der Wind treibt dann das Laub durch den ganzen Garten. Deshalb evtl. bereits im Dezember bis auf den Boden abschneiden. Die kräftigen Halme eignen sich, nachdem die Blätter von Hand abgestreift sind, ausgezeichnet zum Stäben von Blumen. Das Riesenchinaschilf läßt sich als Solitärstaude, also allein gestellt, aber auch für eine mehrmalige Wiederholung auf großen Staudenrabatten gut verwenden. Am besten gedeiht es auf kräftigen, feuchten Böden in voller Sonne. Es nimmt aber auch mit leichtem Schatten und trockenen Standorten vorlieb.

Chinaschilf *(Miscanthus sinensis* 'Silberfeder')
Höhe: 200 cm.

Es ist ähnlich wie die beiden vorhin genannten Arten, entwickelt aber auch in rauhen Gebieten zuverlässig im September übermannshohe Halme mit weithin leuchtenden, silbrigen Blütenfahnen. Deshalb besonders wertvoll!
Das Zwerg-Chinaschilf *(M. purpurascens)* wächst horstig und wird nur 100 cm hoch. Die schilfartigen Blätter verfärben sich bei dieser Art bereits im Sommer rötlichbraun.

Stachelschweingras *(Miscanthus sinensis* 'Strictus')
Höhe: 150 cm.

Dieses recht eigenwillig aussehende Gras wächst steif aufrecht. Charakteristisch sind die gelblichen Querstreifen. Hübsch sieht es aus, wenn wir es in der Nähe des Wasserbeckens einzeln gestellt aus Flußkieseln – darunter ist natürlich Erde – herauswachsen lassen oder zu orangeroten Fackellilien pflanzen.

Riesenchinaschilf

Stachelschweingras

Grazile Gräser

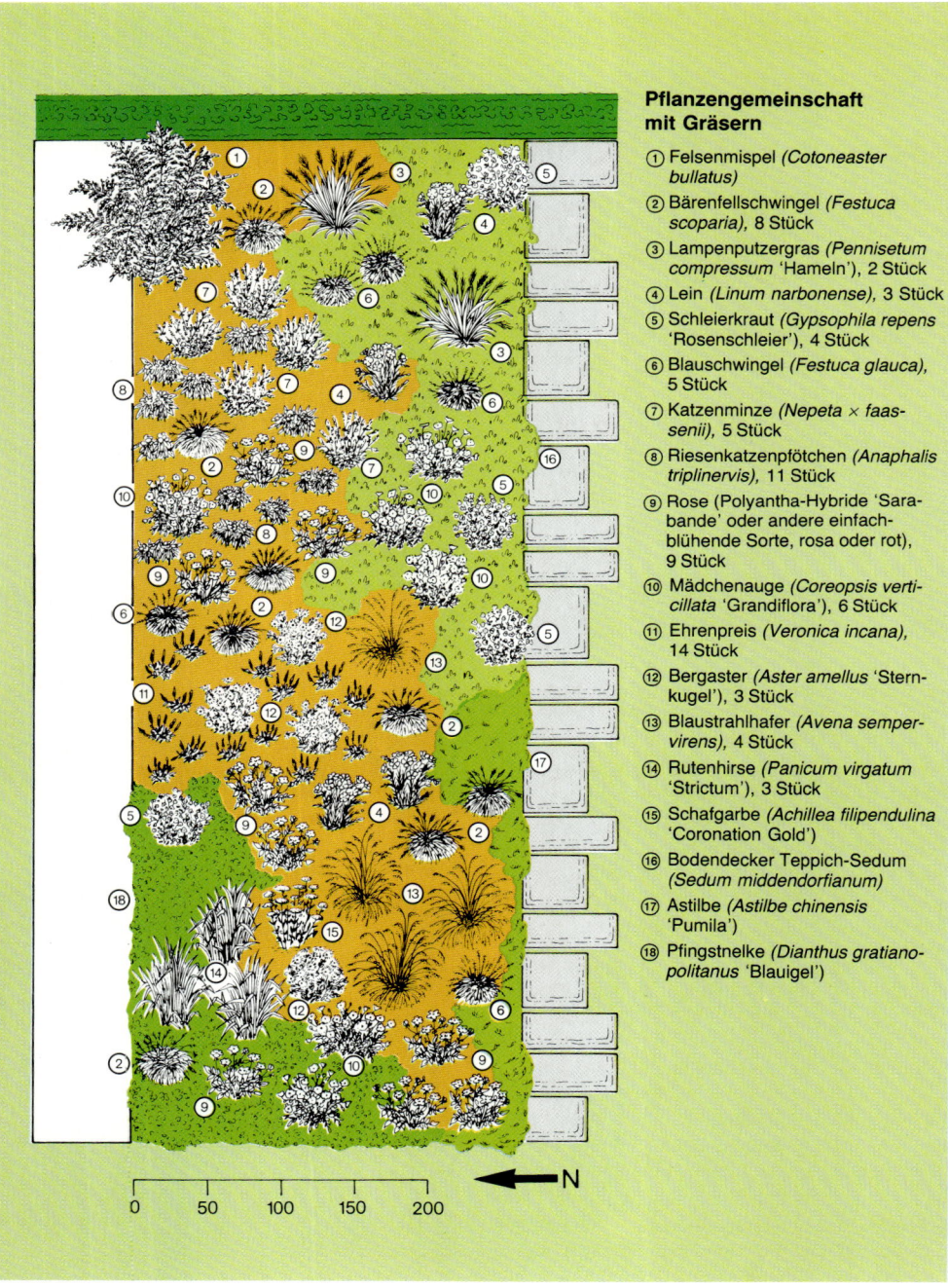

Pflanzengemeinschaft mit Gräsern

① Felsenmispel *(Cotoneaster bullatus)*
② Bärenfellschwingel *(Festuca scoparia),* 8 Stück
③ Lampenputzergras *(Pennisetum compressum* 'Hameln'), 2 Stück
④ Lein *(Linum narbonense),* 3 Stück
⑤ Schleierkraut *(Gypsophila repens* 'Rosenschleier'), 4 Stück
⑥ Blauschwingel *(Festuca glauca),* 5 Stück
⑦ Katzenminze *(Nepeta × faassenii),* 5 Stück
⑧ Riesenkatzenpfötchen *(Anaphalis triplinervis),* 11 Stück
⑨ Rose (Polyantha-Hybride 'Sarabande' oder andere einfachblühende Sorte, rosa oder rot), 9 Stück
⑩ Mädchenauge *(Coreopsis verticillata* 'Grandiflora', 6 Stück
⑪ Ehrenpreis *(Veronica incana),* 14 Stück
⑫ Bergaster *(Aster amellus* 'Sternkugel'), 3 Stück
⑬ Blaustrahlhafer *(Avena sempervirens),* 4 Stück
⑭ Rutenhirse *(Panicum virgatum* 'Strictum'), 3 Stück
⑮ Schafgarbe *(Achillea filipendulina* 'Coronation Gold')
⑯ Bodendecker Teppich-Sedum *(Sedum middendorfianum)*
⑰ Astilbe *(Astilbe chinensis* 'Pumila')
⑱ Pfingstnelke *(Dianthus gratianopolitanus* 'Blauigel')

Grazile Gräser

M. sinensis 'Zebrinus' ist ein ähnliches »Zebragras«. Die Blätter stehen aber hier an den langen Halmen nicht straff aufrecht, sondern hängen bogig über. Dadurch gefällt es vielen Gartenfreunden noch besser.

Feinhalm-Miscanthus *(Miscanthus sinensis* 'Gracillimus')
Höhe: 150 cm.

Ein grazil überhängendes Gras, das sich in Einzelstellung zu besonderer Schönheit entfaltet. Im Winter bewegen sich die bronzefarbenen, schilfartigen Blätter ebenso elegant im Wind wie im grünen, sommerlichen Zustand. Erst im März schneiden wir die Halme dieses völlig winterharten Grases ab. Getrocknet sind sie ein schöner Vasenschmuck.

Riesenpfeifengras *(Molinia arundinacea,* syn. *M. altissima)*
Blütezeit: September/Oktober; Höhe: 150–200 cm.

Die grazilen, goldenen Blütenhalme, die sich aus 50 cm hohen Horsten entwickeln, sind im Oktober ein Genuß für das Auge. Die Blütenstände stehen straff aufrecht da, die Enden hängen elegant über. Es ist ein hübsches, heimisches Gras, das besonders auf leichtem Boden vorkommt. Bestens auch für den Heide- oder Naturgarten geeignet. In den Staudengärtnereien angebotene Auslesen sind 'Karl Foerster', 'Fontäne', 'Transparent', 'Windspiel' u. a.

Riesenpfeifengras

her fügt es sich besonders gut in eine Pflanzung am Wasser ein, ist aber auch anderweitig im Garten verwendbar. Auch für Trockensträuße ist es gut geeignet.

Pfahlrohr *(Arundo donax)*
Höhe: 250–300 cm.

Ein riesiges Gras, das bei uns nicht immer zuverlässig ausdauert. Wir wollen es deshalb möglichst geschützt pflanzen. Wenn die Blätter im Herbst abgeschnitten werden und der Wurzelstock mit Laub oder strohigem Stallmist eingedeckt wird, überdauert es unsere Winter. Während der Vegetationszeit (Mai–Juli) ist ein mehrmaliger Dungguß angebracht. In nahrhaften Boden und in die Nähe von Wasser gepflanzt, erweckt dieses ornamentale Riesengras den Eindruck üppigster Vegeta-

Plattährengras *(Uniola latifolia)*
Blütezeit: September/Oktober; Höhe: 80–100 cm.

Ein stets sauber aussehendes Gras mit plattgedrückten Ähren, das warme Sommer liebt. Mit Ausnahme von tiefem Schatten wächst dieses Gras überall gut und gilt als geradezu unverwüstlich. Wir sollten es so pflanzen, daß wir es aus der Nähe betrachten können, denn nur so zeigt es uns seine Schönheit. Vom Aussehen

Grazile Gräser

tion, besonders in Gegenden mit wilden Wintern. Zur Blüte kommt es nur in den Mittelmeerländern, wo diese markante Gestalt geradezu wie »Unkraut« wächst.

Immergrüner Schirmbambus *(Sinarundinaria murielae)*
Höhe: 200 cm und darüber.

Ein zuverlässiger Bambus für Sonne und lichten Schatten! Die glänzend dunkelgrünen Blätter sitzen an rohrartigen, harten Stengeln. Im Alter vermag diese Art Büsche von 1 m und wesentlich mehr im Durchmesser zu bilden. Die Art *S. nitida* unterscheidet sich durch zierlichere Blätter. Wie auch die vorhergehende Art liebt sie frischen bis leicht feuchten, nährstoffreichen Boden und ist auch in den stärksten Wintern absolut hart. Die Blätter rollen sich in der kalten Jahreszeit wie auch bei *S. murielae* zusammen. Im Gegensatz zu den Gräsern werden bei den Bambusarten die Triebe im Frühjahr nicht abgeschnitten.

Kriechender Zwergbambus *(Arundinaria pumila,* syn. *Sasa pumila)*
Höhe: 30–50 cm.

Eine niedrige, absolut winterharte Art. In rauheren Gebieten vergilbt sie zwar im Winter, treibt aber regelmäßig im Frühjahr kräftig grün aus. Da sie stark wuchert, also Ausläufer treibt, ist diese Art auch als Bodendeckung für größere Flächen geeignet.

Der Immergrüne Schirmbambus ist auch bei uns zuverlässig winterhart.

Individualisten

Eigenwillige, markante Gestalten fühlen sich in der Masse nicht wohl; sie wollen sich abheben, sich von ihr unterscheiden. Auch bei den Stauden stehen diese Individualisten allein, oder, wie man sagt, als Solitär – und beherrschen das Gesamtbild. An ausgewählten Stellen des Gartens können wir mit solchen Stauden außergewöhnliche Wirkungen erreichen und diesen Stellen eine besondere Note geben. Solitärstauden lassen sich bespielsweise neben dem Hauseingang, an der Terrasse, zur Betonung eines Brunnens, eines Sitzplatzes oder am Eckpfeiler einer Pergola verwenden. Wir nehmen dazu nur solche Stauden, die eine möglichst lange Zeit des Jahres hindurch gut aussehen und durch ungewöhliche Blattformen, aparte Blütenstände oder eine bizarre Wuchsform ins Auge fallen.

In den verschiedenen Abschnitten dieses Buches wurden bereits Arten genannt, die zwar in Gemeinschaften gut gedeihen, sich aber auch einzeln stellen lassen, wie z. B. Waldgeißbart, Ligularie, Steppenlilie und vor allem verschiedene hohe Gräser. Hier folgen nur »Individualisten«, die auf den vorangegangenen Seiten noch nicht erwähnt wurden.

Schaublatt *(Rodgersia)*
Blütezeit: Juni/Juli; Höhe: 100–150 cm, je nach Art.

Ein prächtiges Bild, wenn sich die üppig grünen, dekorativen Blätter dieser Staude des Halbschattens über einem Teppich von rotbraunem Günsel ausbreiten oder in Verbindung mit Etagenprimeln, Farnen und anderen Schattenstauden den Raum beherrschen. Rodgersien passen auch ans Wasser. Eine gute Wirkung läßt sich erzielen, wenn eine der hier genannten Arten zusammen mit Begleitstauden neben den Hauseingang an der Ost- oder Norseite gepflanzt wird.

Die verschiedenen Arten wollen einen windgeschützten, leicht schattigen Standort und humusreichen, nahrhaften Boden. Sie lieben genügend Bodenfeuchtigkeit, wollen aber keinesfalls naß stehen. Die Vermehrung erfolgt durch Teilung.

Die Blätter verschiedener Schaublatt-Arten, die meist 60–100 cm hoch werden, gleichen dem Laub bekannter Gehölze, wie es im botanischen Artnamen zum Ausdruck kommt. So sieht das Laub von *R. aesculifolia* in der Form den Blättern von Roßkastanien *(Aesculus)* täuschend ähnlich. Es ist nur wesentlich größer. Bei *R. sambucifolia* gleicht es Blättern des Hollunders *(Sambucus)*. Das Laub von *R. podophylla* ist handförmig gefiedert. Besonders reizvoll sind die sehr großen, schildförmigen Blätter von *Astilboides tabularis,* syn. *Rodgersia tabularis*. Diese tropisch-üppig wirkende Art benötigt mehr Bodenfeuchtigkeit als die oben genannten Rodgersien. Man sollte sie auch gegen Hagel geschützt pflanzen, da nach einem Unwetter die Blätter zerfetzt sind, und dann recht unschön aussehen.

Schaublatt *(Astilboides tabularis)*.

Königskerzen

Königskerze *(Verbascum)*
Blütezeit: Juni–August; Höhe: 100–200 cm.

Königskerzen sind jedem von uns von Kindheit her bekannt. Die mächtigsten unter ihnen, vor allem die heimischen, an die 2 m hoch werdenden Arten, stellen wir am besten allein. Aber auch in einer Pflanzung mit Steppencharakter lassen sie sich verwenden. Sie lieben Sonne und sandige, sehr durchlässige Böden. Auch auf Geröll wachsen sie willig. Viele von ihnen sind nur zweijährig. Doch wenn wir sie einmal im Garten haben, säen sie sich ohne unser Zutun immer wieder von selbst aus.
Oft wachsen sie auf der Terrasse zwischen Plattenfugen heraus, und man kann nur staunen, wie üppig sie sich selbst bei so bescheidenem Lebensraum entwickeln. Im Hochsommer erheben sich über den großen Blattrosetten die hohen Blütenkerzen, die gerade an einer Terrasse oder so ganz unvermittelt zwischen Wegplatten recht dekorativ wirken können.
Die einzelnen Arten kreuzen sich leicht miteinander, so daß zahlreiche Bastarde entstehen. Die Vermehrung erfolgt durch Samen, Nebenrosetten oder Wurzelschnittlinge.

Einige wertvolle Arten:
V. bombyciferum
Diese zweijährige Art wird 180 cm hoch. Die ganze Pflanze ist dicht weißfilzig behaart, die Blüten sind schwefelgelb. Sehr wirkungsvoll als Einzelstaude.
V. olympicum
Auch diese grauweiß-filzige Art ist zweijährig und erreicht eine Höhe von 200 cm. Die Blattrosetten sind sehr groß, die mächtigen Blütenkandelaber sind fast bis zur Spitze reich verzweigt.
V.-Hybriden
Je nach Sorte nur 100–130 cm hoch in hellgelben, leuchtendgelben, gelbbronze, rosa und weißen Farbtönen. Siehe Kataloge!

Herkulesstaude *(Heracleum mantegazzianum)*
Blütezeit: Juli/August; Höhe: 250–300 cm.

Wirklich ein Riese von Gestalt! Über den wuchtigen, gezackten Blättern erhebt sich im Juli/August ein weitausladender, weißer Blütenschirm, wobei die dekorativen, bis zu 1 m breiten Schirmdolden aus Tausenden von kleinen Einzelblüten bestehen. Wir können diese Staude in Einzelstellung, in größeren, parkähnlichen Gärten, aber auch zur Gruppenpflanzung verwenden.
Am besten gedeiht sie in lehmigem, also nicht zu leichtem Boden, vor allem, wenn der Standort etwas feucht ist und mit Düngung nicht gespart wird. Leichter Schatten wird gut vertragen.

Individualisten

Das aber sollte man wissen: Nach der Blüte wirft diese Staude derart toll mit Samen um sich, daß der Garten im kommenden Jahr aussieht, als würden hier erwerbsmäßig Herkulesstauden herangezogen. Es ist eine recht mühsame Arbeit, sie alle zu entfernen. Kommt man nicht frühzeitig genug dazu, so wird es noch schwieriger, denn von den rübenartigen Pfahlwurzeln bleiben bestimmt Stücke zurück, die wieder austreiben. Wir sollten deshalb die meisterhaft gestalteten Fruchtstände bereits vor der Samenreife wegnehmen. Sie eignen sich vorzüglich als winterlicher Schmuck, vor allem in Bodenvasen und zu Dekorationszwecken.

H. mantegazzianum ist meist nur zweijährig. Im ersten Jahr entwickelt sich das Blattwerk, im zweiten Jahr der Blütenstand. Sie ist leicht durch Samen zu vermehren.

Manche Personen leiden unter Hautausschlag, wenn sie mit der Herkulesstaude in Berührung kommen. Also Vorsicht beim Vorbeigehen! Schuld daran sind die Haare des Stengels und der Blattstiele. Auf der Haut entstehen rote Flecken, die einer Verbrennung ähnlich sehen. Dieser Ausschlag soll mit Lysol geheilt werden können.

Neben der genannten gibt es die Art. *H. lanatum,* die allerdings kaum noch angeboten wird. Sie blüht bereits im Juni/Juli und wird anfänglich nicht so hoch. Vor allem aber ist sie ausdauernd und gewinnt mit zunehmendem Alter an Schönheit. Exemplare, die 20 Jahre und länger am gleichen Platz stehen, kommen – was Höhe und Mächtigkeit betrifft – an *H. mantegazzianum* heran, ja, sie können diese sogar noch überflügeln.

Vermehrung durch Samen und Stockteilung.

Die Herkulesstaude mit imposantem, weißem Blütenschirm.

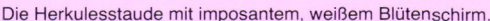

Individualisten

Federmohn

Federmohn *(Macleaya cordata)*
Blütezeit: Juli/August; Höhe: 250 cm.

Eine der dekorativsten Stauden für Einzelstellung mit großen, blaugrünen, ausgebuchteten Blättern. Aber auch die lockeren, federförmigen, weißlich-rosa Blütenrispen, bzw. korallenroten bei der Sorte 'Coral Plum' ('Korallenfeder'), können sich sehen lassen.
Wegen des üppigen Aussehens paßt der Federmohn sehr gut ans Wasserbecken, in ein Kiesbeet unter der Dachtraufe oder vor eine weißgeschlemmte Mauer, vielleicht neben dem Hauseingang. Übrigens, vor einer weißen Mauer wirkt diese mächtige Staude mit ihrem ornamentalen Blattwerk besonders attraktiv, weil in diesem Fall die Wirkung durch das Schattenspiel der gelappten Blätter noch erhöht wird.

Einen Schönheitsfehler hat der Federmohn allerdings: er wuchert. Wenn wir die Pflanze sich selbst überlassen, kommen bald in der ganzen Umgebung Federmohn-Schößlinge aus dem Boden; das attraktive Aussehen ist dahin. Der Federmohn wird zum »Unkraut«, er wird lästig; die vielen Triebe wachsen nicht mehr so hoch wie ehedem, und auch die gelappten Blätter verlieren bedeutend an Größe. Dies läßt sich aber verhindern, wenn wir den Federmohn in einen Betonring mit nicht allzu großem Durchmesser pflanzen. So kann er nicht ausbrechen. Noch ein Tip: Im Frühjahr nur wenige, besonders kräftige Triebe belassen – vielleicht 5 oder 7 –, die übrigen dicht am Boden abschneiden. So steht in unserem Garten ein mächtiges Gewächs mit einem Hauch von Exotischem.

Palmlilie *(Yucca filamentosa)*
Blütezeit: August/September; Höhe: 120–150 cm.

Einzelstehend oder in lockeren, kleinen Gruppen bringt diese attraktive Staude ihre Schönheit am besten zur Geltung, vor allem, wenn sie aus einem Teppich dazu passender Bodendecker (Stachelnüßchen, Ziest u. a.) herausragt. Besonders gut wirkt die Palmlilie inmitten einer Steppenpflanzung.
Dem Äußeren nach könnte man sie für eine Palmenart halten, die im Herbst in ein Glashaus gebracht werden muß. Die Palmlilie ist aber bei uns winterhart. Ja, sie kann sogar sehr alt werden, wenn wir sie in vollsonniger Lage auf kalkhaltigem, gut durchlässigem Boden pflanzen und für etwas Schutz gegen Winternässe sorgen und sie in rauhen Gegenden den Winter über mit Fichtenzweigen abdecken.

Palmlilien – ihr ganzes Aussehen zeigt uns an, daß diese Staude viel Sonne und Trockenheit verträgt.

Über den 30–50 cm hohen, blaugrünen Blättern, die auch den Winter über erhalten bleiben und einer Rosette ähneln, erheben sich im Spätsommer Schäfte mit großen, weißen Blütenglocken. Nach der Blüte schneiden wir die Schäfte unten ab, damit sich Nebenrosetten ausbilden können. Neben 'Elegantissima', die noch größere Blütenstände als die Art bringt und stärker wächst, werden in den Staudenkatalogen eine ganze Reihe wertvoller Formen angeboten.

Besonders unempfindlich gegen Kälte ist die im Alter stammbildende Art *Y. glauca*, die sich für sehr trockene Stellen eignet. Vermehrung durch Teilung.

Sonnenhut *(Rudbeckia maxima)*
Blütezeit: August/September; Höhe: 200 cm.

Eine recht eigenwillige Gestalt unter den Sonnenhüten! Die eiförmigen Blätter sind von blaugrüner Farbe und sehr dekorativ. Überaus apart sind auch die großen, goldgelben Blüten mit einem spitzen, schwarzen Hut in der Mitte. Im lichten Schatten wirkt diese Staude auch gut zwischen Laub- und Nadelgehölzen, vorausgesetzt, daß sie freisteht, also nicht durch andere Pflanzen beengt wird. Der Boden sollte etwas feucht sein. Die Vermehrung dieser Staude, die sich vor allem auch für den Naturgarten eignet, erfolgt durch Teilung.

Individualisten

Purpurdost *(Eupatorium purpureum)*
Blütezeit: August/September; Höhe: 180 cm.

Diese dekorative Riesenstaude mit rotbraunen Stengeln und weinroten Blüten eignet sich vor allem für die Wassernähe. Besonders wertvoll ist die Form 'Atropurpureum', die auf dunklen Stielen nicht nur kräftig purpurrot blüht, sondern auch kompakt und breit wächst. Am besten sagen dem Purpurdost ein lehmhaltiger, eher etwas feuchter als zu trockener Boden und volle Sonne zu. Leichter Schatten wird gut vertragen, sofern sich die Pflanzstelle nicht unter Bäumen befindet.
Als Begleitstunden eignen sich besonders gut Weiderich, Ligularie, Taglilie, Trollblume und andere feuchtigkeitsliebende Blütenstauden bzw. Gräser.

Der Purpurdost, eine Riesenstaude, nimmt sich gut in Wassernähe aus.

Die Blätter der Weidenblättrigen Sonnenblume bewegen sich bereits beim leisesten Windhauch.

Weidenblättrige Sonnenblume
(Helianthus salicifolius)
Blütezeit: September/Oktober; Höhe: 250 cm.

Die sehr langen, weidenähnlichen Blätter an hohen Stielen geben dieser Staude ein beinahe exotisches Aussehen. Es ist ein Bild von besonderer Schönheit, wenn sich die vielen Blätter bei leisestem Wind bewegen. Noch reizvoller wird es, wenn sich diese Bewegung in einem Wasserbecken spiegelt. Den ganzen Sommer über ist diese Pflanze üppig und schön. Die kleinen, gelben Blüten passen eigentlich gar nicht so recht zu dem edlen Charakter dieser Pflanze. Sie erscheinen aber erst sehr spät im Jahr. Zu dieser Zeit hat die Weidenblättrige Sonnenblume auch ihre volle Höhe erreicht und fällt bei Wind leicht auseinander.

Diese eindrucksvolle Wildstaude verwenden wir als Solitärpflanze in Einzelstellung oder in kleineren Gruppen, je nach Gartengröße. Die Vermehrung durch Teilung ist einfach.

Individualisten

Riesenschleierkraut *(Crambe cordifolia)*
Blütezeit: Juni; Höhe: – 200 cm.

Diese Solitärstaude ist in unseren Gärten nur selten zu sehen. So war es nicht verwunderlich, daß auf der Internationalen Gartenbauausstellung in München (IGA 83) die Besucher immer wieder vor den gewaltigen, reichverzweigten Blütenständen stehenblieben. Die großen Blätter sind im Austrieb violett getönt, später grün. Der Wurzelstock ist kräftig und fleischig; deshalb sollte das Riesenschleierkraut nur an vollsonniger Stelle auf tiefgründigem Boden gepflanzt werden.

Eine besondere Fernwirkung ergibt sich vor einem dunklen Gehölzhintergrund. Auch auf eine Böschung oder Trockenmauer gesetzt heben sich die riesigen, duftigen Blütenstände prächtig vor blauem Himmel ab. Das Riesenschleierkraut, eine Bienenfutterpflanze, ist sehr ausdauernd und braucht viel Platz.

Riesenschleierkraut

Der Staudengarten im Jahreslauf

Januar

Bestimmt sind wir mit den besten Vorsätzen ins neue Jahr gegangen, auch was den Garten angeht. Vielleicht wird es höchste Zeit, daß wir die Beetstaudenpflanzung im Frühjahr erneuern und alte, abgewirtschaftete Sorten durch bessere ersetzen. Jetzt haben wir noch die Ruhe, um mit Bleistift und Papier eine kleine Pflanzskizze anzufertigen. Vielleicht gibt es auch noch schattige Plätze in unserem Garten, die bisher ohne Pflanzen blieben, weil wir glaubten, dort könne bestimmt nichts wachsen. Am besten, wir schlagen gleich das Schattenkapitel auf (S. 43 ff.), um nachzulesen, welche hübschen Stauden es für diesen Bereich gibt.

Wenn unsere Pflanzskizzen fertig sind, sollten wir gleich die Bestellung aufgeben, um rechtzeitig im Frühjahr pflanzen zu können.

Februar

Schnee deckt die Staudenpflanzung zu, der Boden ist gefroren. Unser Garten schläft noch. Doch nur scheinbar, denn unter der Schneedecke regt sich bereits neues Leben. Wenn Ende Februar die Sonnenstrahlen kräftiger werden und der Schnee an der Südseite des Hauses schmilzt, dann sind sie im Nu da, die ersten Frühlingsblüher: Winterlinge, Schneeglöckchen, Wildkrokus und auch schon die prächtigen, großen Krokus in ihren bunten Ostereierfarben. Auch die Schneeheide öffnet in geschützten Lagen ihre roten Blüten, und besonders schön sieht es aus, wenn dazwischen weiße Schneeglöckchen und lilafarbene Krokus eingestreut sind. Zwei Monate später würden wir sie kaum noch beachten, diese Bescheidenen unter den Stauden. Jetzt aber freuen wir uns kindlich über jede Blüte.

Während uns in den Frühjahrs- und Sommermonaten die Arbeit leicht zuviel wird, hätten wir jetzt bei den ersten warmen Sonnenstrahlen so richtig Lust, die Hemdärmel hochzukrempeln und etwas zu tun. Doch – lassen wir den Garten noch ein bißchen schlafen.

März

Wenn die ersten blauen Veilchen und zierlichen, rosafarbenen Primeln *(Primula rosea)* zu blühen anfangen, beginnt der Frühling und damit auch die Gartenarbeit.

Soweit Winterschutz gegeben wurde, ist das Laub bzw. das Deckreisig zu entfernen. Beim Tränenden Herz lassen wir das Deckmaterial aber in der Nähe liegen, damit es bei stärkerem Frost gleich wieder zur Hand ist. Für die im Austrieb ebenfalls frostempfindlichen Lilien stellen wir Blumentöpfe bereit und stülpen sie vor Frostnächten darüber.

Für Pflanzenbestellungen wird es jetzt höchste Zeit, damit die Sendung noch rechtzeitig in unsere Hand kommt.

Wenn wir im Herbst gepflanzt haben, sehen wir nach, ob nicht durch Frost verschiedene Pflanzen gehoben wurden. Solche hochgefrorenen Stauden sind anzudrücken, damit die Wurzeln wieder Verbindung mit der Erde bekommen.

Soweit noch Unkraut vorhanden ist, wird es entfernt. Dabei lockern wir vorsichtig den Boden, damit die Blumenzwiebeln nicht beschädigt werden.

Bereits im März beginnen die ersten Vorfrühlingsboten zu blühen: Kissenprimel, Veilchen, Schneeglanz und andere Kleinzwiebelgewächse.

Der Staudengarten im Jahreslauf

Gräser schneiden wir bis auf den Boden zurück. Verschiedene Gräser, die über Winter nicht dürr werden, wie z. B. Blauschwingel, Bärenfellschwingel u. ä., werden lediglich ausgekämmt.

Sobald die Blattspitzen der Tulpen und Narzissen einige Zentimeter aus dem Boden spitzen, ist der günstigste Zeitpunkt für die Düngung gekommen. Besonders bei älteren Pflanzungen ist sie wichtig, damit die Zwiebeln gekräftigt werden und im kommenden Frühjahr wieder größere Blüten bringen. Je Quadratmeter streuen wir eine Handvoll eines blauen Volldüngers aus und hacken ihn oberflächlich ein. Dabei ist darauf zu achten, daß kein Dünger in die Blattachseln fällt.

Wer Freude daran hat, Stauden-Jungpflanzen selbst heranzuziehen, soll an die Aussaat denken. Wenn der Frost aus dem Boden ist, kann die bei einigen Stauden empfohlene Vermehrung durch Wurzelschnittlinge vorgenommen werden. Das gleiche gilt für die leichteste Vermehrungsart, die Teilung. Wir teilen aber nicht nur, um zu vermehren. Bei älteren Pflanzen verschiedener Staudenarten ist dies nötig, damit Wuchsfreudigkeit und Blütenfülle erhalten bleiben. Wie es gemacht wird, ist auf S. 19 nachzulesen. – Bei trockenem Wetter kann auch bereits die Fläche für Neupflanzungen hergerichtet werden.

April

Während im März das Blühen noch zaghaft war, wird es nun schon lebhafter. Unter goldgelben Forsythien schimmern die Blausternchen wie eine kleine Wasserfläche, und neben weißen Birkenstämmen leuchten Narzissen auf. Dazu gesellen sich Tulpen in allen Farben. Im lichten Schatten beginnt die zierliche Elfenblume zu blühen, das blaue Kaukasus-Vergißmeinnicht und die Gelbe Frühlingsmargerite oder Gemswurz, wie sie auch genannt wird. Und dann die frühlingshaften Pastelltöne der Primeln! Kaiserkronen heben majestätisch ihren Blütenschopf, und liebliche Schachbrettblumen fühlen sich unter einem Fliederstrauch

Narzissen und Tulpen gehören als typische Frühlingsboten in jede Staudenpflanzung.

sichtlich wohl! Besonders kräftige Farbtupfen leuchten uns zum Ende des Monats von der Trockenmauer entgegen: in Weiß die Gänsekresse, in Gelb das Steinkraut, Blaukissen und rosa, rote und lila Phloxpolster. An trockener Stelle fällt der gelbgrüne Kugelbusch der Wolfsmilch ins Auge.

Im April können wir uns aber nicht nur über das Blühen freuen – und über so manchen Graupelschauer und klirrenden Nachtfrost ärgern, im April gibt es auch eine Menge zu tun. Staudenpflanzungen werden jetzt angelegt. Auf S. 11 ff. lesen wir, was dabei im einzelnen zu beachten ist.

Stehen im Garten Büsche von Sommer- oder Herbststauden, die im Blühen nachgelassen haben? Jetzt ist die beste Zeit, um sie aus dem Boden zu nehmen, zu teilen und neu aufzupflanzen. Dabei kürzen wir die Wurzeln ein, damit sie beim Pflanzen nicht nach oben umgebogen werden.

Das restliche Deckmaterial nehmen wir nun weg. Sobald der Boden trocken ist, wird er flach gelockert – auf Blumenzwiebeln achten! – und dabei vorhandenes Unkraut entfernt. Die rechtzeitige Unkrautbekämpfung ist sehr wichtig, um Blütenansatz und Samenbildung zu

Der Staudengarten im Jahreslauf

vermeiden. Außerdem: Warten wir hiermit zu lange, so wächst uns die Arbeit leicht über den Kopf, und wir werden des Unkrautes nicht mehr Herr.

Wenn Dauerunkräuter wie Giersch, Ackerwinde, Sauerampfer, Löwenzahn, Disteln u. a. sichtbar werden, so sind diese so tief als möglich abzustechen. Haben sich solche hartnäckigen Unkräuter bereits im Wurzelstock von Stauden festgesetzt, so hilft nur noch, die Pflanzen aus dem Boden nehmen, zu teilen, die Unkräuter sorgfältig auszulesen und die geteilten Stauden neu zu pflanzen.

Beetstaudenpflanzungen decken wir nach einer oberflächlichen Lockerung des Bodens gut daumenstark mit halbverrottetem Kompost oder Torfersatzstoffen ab (Mulchen). Gleichzeitig geben wir organischen bzw. organischmineralischen Volldünger. Bei längerer Trockenheit wird gegossen.

Zwischen die Wildstauden, wie wir sie vor allem im schattigen Bereich und an warmen, trockenen Stellen gepflanzt haben, streuen wir ebenfalls Kompost oder Torf, geben aber keine mineralischen Dünger. Sie würden sich sonst zu üppig entwickeln und dabei ihre charakteristische Blattform und Farbe verlieren.

Mai

»Im wunderschönen Monat Mai ...« macht uns die Witterung leider oft einen Strich durch die Vorstellung von einem »Wonnemonat«, denn es kann im Mai recht unfreundliche, kalte Tage geben. Die »Eisheiligen« fallen ja schließlich in die Mitte dieses Monats.

Wenn aber die Sonne scheint, dann ist im Garten tatsächlich alles eitel Wonne. Viele der bereits im April genannten Staudenarten blühen auch im Mai weiter, vielfach erreichen sie erst ihren Höhepunkt. Außerdem kommen viele neue hinzu. Im Schatten blühen Waldanemonen, Maiglöckchen und Salomonssiegel; an der Trockenmauer sind es rosettenbildende Steinbrecharten und Polsternelken. Die Prachtstaudenrabatte beginnt allmählich ihren Namen Ehre zu machen. Zusammen mit dem blauen Kaukasus-Vergißmeinnicht blühen gelbe Frühlingsmargeriten und rote Darwintulpen. An anderer Stelle sind es die üppigen Goldkugeln der Trollblumen, die uns ins Auge fallen, dann Bauernpfingstrosen und Weiße Frühlingsmargeriten und schließlich an einem leicht schattigen Platz die rosafarbenen Blüten des Tränenden Herzens, zu denen so gut das zarte Blau des Kaukasus-Vergißmeinnichtes paßt. Kommt dann noch ein blühender Apfelbaum hinzu, so ist das Frühlingsbild vollkommen.

Doch auch hinsichtlich der Arbeit ist der Mai ein recht gesegneter Monat: Bereits verblühte Stauden können jetzt geteilt und neu aufgepflanzt werden. Auch viele Sommer- und Herbststauden, wie z. B. Astilben, Taglilien, Sommerphlox, Sonnenhut-Arten, Goldruten, Sonnenbraut, Herbstastern, Gartenchrysanthemen u. a. lassen sich noch gut umpflanzen. Wichtig ist dabei immer, daß wir die Pflanzen in kleine Teilstücke zerlegen. Nach dem kräftigen Angießen wird der Boden mit halbverrottetem Kompost oder Torf abgedeckt, um das Austrocknen zu vermeiden.

Vor kalten Nächten schützen wir das Tränende Herz und Dahlien mit Deckreisig oder Folien. Wichtig ist auch der Schutz der empfindlichen

Blühende Obstbäume, Tulpen, Narzissen, Gemswurz und vielerlei Polsterstauden sorgen im Mai für Farbe.

Der Staudengarten im Jahreslauf

Lilien. Am besten eignen sich hierzu Blumentöpfe, die untertags wieder abgenommen werden.

In diesem Monat beginnt der Versand von Seerosen und anderen Wasserpflanzen. Wer es versäumt hat, kann noch rasch in einer Staudengärtnerei bestellen.

Nach längerem Regen oder wiederholtem Gießen muß der Boden gelockert und von Unkraut gesäubert werden. Bei Trockenheit ist es besser, wenn wir lieber seltener, dafür aber durchdringend gießen. Sofern wir nicht bereits im März/April einen organischen Dünger gegeben haben, streuen wir bei Beetstauden je Quadratmeter eine Handvoll eines blauen Volldüngers aus oder düngen flüssig. Besser ist es die Menge auf zwei Gaben (Mai und Juni) zu verteilen, um eine Auswaschung von Stickstoff in den Untergrund (Grundwasser!) zu vermeiden.

Die Samenstände der verblühten Zwiebelpflanzen (Kaiserkronen, Tulpen, Narzissen) werden abgeschnitten; ebenso verwelktes Laub. Dadurch ersparen wir den Pflanzen eine unnötige Kraftvergeudung. Noch grüne Blätter müssen aber erhalten bleiben; denn sie erzeugen Baustoffe, die in die Zwiebeln abtransportiert werden. Zwiebelpflanzen dagegen, deren Aussaat erwünscht ist (wie z. B. Schneeglöckchen, Blausternchen u. a.), lassen wir in Ruhe.

Juni

Während im Schatten die zierlichen Astilben mit dem Blühen beginnen, freuen wir uns am Wasserbecken über die ersten Seerosen und eine fernöstliche Schönheit, die Japanische Prachtiris. Mit schmalen, schwertförmigen Blättern und blauen Blüten ragt an anderer Stelle die *Iris sibirica* aus einem flachen Polster des gelbblühenden Pfennigkrauts heraus. Und dann erst das Prachtstaudenbeet! Hier werden bereits kräftige Töne angeschlagen. Die Edelpaeonien blühen in verschwenderischer Pracht, dazu kommen an anderer Stelle die leuchtkräftigen Kerzen der Lupinen, die Weiße und Bunte Frühlingsmargerite und der Türkische Mohn, der seine in der Knospe zerknitterten, seidigen Blütenblätter in der Sonne glättet und rotglühend leuchten läßt. Blaue Farbtöne bringt der Feinstrahl ins Staudenbeet, bis dann Ende Juni die hohe Zeit der Rittersporne beginnt. Zusammen mit dem Weiß der Großen Sommermargerite, dem feurigen Rot der Brennenden Liebe, dem kräftigen Gelb von hohen Schafgarben, rosa oder orangeroten Taglilien, gelbem Felberich und rosa, lachsfarbenen und tiefroten Bartnelken bietet sich unserem Auge eine unwahrscheinliche Farbenfülle dar. An trockenen Stellen blühen die Junkerlilie und die schlanken, hohen Steppenkerzen. Und für sich allein gestellt, nur umgeben von niederen Polsterstauden, können wir die orchideenhafte Iris bestaunen. Bei allem Schwärmen dürfen wir aber die Arbeit nicht vergessen.

Bei Gewitterregen und starkem Wind fallen Lupinen und Rittersporne leicht um. Lupinen an ungeschützten Stellen werden durch kleine Stäbe gestützt. Zu freistehendem Rittersporn stecken wir vor die stärksten Blütentriebe an der windabgewandten Seite ebenfalls dünne Bambus- oder verzinkte Eisenstäbe; aber immer so, daß die Schönheit des Wuchses möglichst nicht gestört wird. Auf keinen Fall wol-

Pfirsichblättrige Glockenblumen und die rote Karthäuser-Nelke ergeben im Juni ein duftiges Bild.

Der Staudengarten im Jahreslauf

len wir alle Triebe zusammenraffen und mit einer Schnur an einen Pfahl binden! Das gilt auch für andere nicht genügend standfeste Stauden. Bei Lupinen schneiden wir sofort nach der Blüte die Samenstände heraus. Sie treiben dann aus den Blattachseln neue Blüten und verlängern so den Flor. Auch die verblühten Teile des Mohns entfernen wir (Ausnahme S. 18).

An der Trockenmauer und entlang der Wege braucht sich das Blühen nach dem Abklingen der im Mai tonangebenden Polsterstauden (Blaukissen, Steinkraut u. a.) keineswegs zu erschöpfen. Bei überlegter Bepflanzung setzen Sonnenröschen, Thymian, Karpatenglockenblume, Blauer Lein, Hornkraut, Fetthennen und andere das Blühen fort. Diese Arten können auch im Sommer gepflanzt werden, da sie von den Staudengärtnereien – soweit empfindlich – in Töpfen angeboten werden.

Ende des Monats säen wir die Zweijahresblumen aus (auch Halbstauden genannt). Hierzu zählen Stiefmütterchen, Vergißmeinnicht, Maßliebchen *(Bellis),* Goldlack, Bartnelken und Marienglockenblumen. Um die gleiche Zeit werden auch Malven, Fingerhut, Akelei, Kokardenblume, Islandmohn und die herrlich duftende Nachtviole ausgesät. Den Samen von Stiefmütterchen, *Bellis* und Vergißmeinnicht streuen wir dabei locker in Reihen, so daß nicht erst pikiert werden muß, sondern vom Saatbeet aus gleich an Ort und Stelle verpflanzt werden kann. Für feine Sämereien, wie die des Islandmohns oder der Marienglockenblume, verwenden wir eine Saatschale, die übrigen Arten kommen auf ein Freilandbeet unter Folienschutz.

Das inzwischen vergilbte Laub der Frühlingsblüher wird jetzt abgeschnitten. Außerdem wird zwischen den Stauden der Boden oberflächlich gelockert, das Unkraut entfernt, bei Bedarf gedüngt und bei anhaltender Trockenheit in den Vormittags- oder Abendstunden gewässert.

Juli

Der Sommer hat seinen Höhepunkt erreicht. Jetzt sind die Sommerstauden an der Reihe. Im Schatten gesellen sich zu den duftig blühenden Astilben die mächtige, weiße Gestalt des Waldgeißbarts und die schlanken, eleganten Silberkerzen. An trockenen, sonnigen Stellen blühen in Gelb die Königskerzen und wiegen sich die langen Grannen des Mädchenhaargrases im Wind. Auf dem Prachtstaudenbeet geht der erste Auftritt des Rittersporns zu Ende, während die farbenfrohen Sommerphloxe und die Große Margerite in voller Schönheit aufleuchten. Dazu kommen tiefblauer Eisenhut, bronzefarbene und kupferrote Sonnenbraut-Sorten und das leuchtendgelbe Sonnenauge, alle auch vorzüglich zum Schnitt geeignet. Lange blüht noch die Ritterspornsorte 'Völkerfrieden', die sich durch eine sehr gute Remontierfähigkeit (Nachblühen) auszeichnet und gar nicht genug empfohlen werden kann. Wirklich, ein Blühen ohne Ende!

Trollblumen, Feinstrahl und frühe Margeriten sind nach der Blüte bis kurz über den Boden zurückzuschneiden, damit sie erneut austreiben und es zu einer Nachblüte im Spätsommer oder Herbst kommt. Weiße und bunte Frühlingsmargeriten sollten alle 2–3 Jahre nach der Blüte geteilt und neu gepflanzt werden.

Rittersporne, Steppenkerzen und Margeriten bilden in dieser Prachtstaudenrabatte einen Blüh-Höhepunkt.

Der Staudengarten im Jahreslauf

August

Auch ein Kleingarten gewinnt durch eine farbenfrohe Pflanzung aus winterharten Blütenstauden.

Im lichten Schatten blühen rosa Herbstanemonen, blauer Eisenhut, weiße Silberkerzen und in Lila eine sehr wertvolle, bodendeckende Astilbe. In voller Sonne blüht unentwegt die hellblaue Katzenminze neben grauen Gräsern, goldgelben und roten Schafgarben, tiefvioletten Salvien, goldgelben Kamillen und hellblauen Edeldisteln. Auf dem Prachtstaudenbeet sind es Phlox und Eisenhut, Goldruten, Sonnenauge, Sonnenbraut, Sonnenblume, Sonnenhut und Sommeraster.

Jetzt ist die Zeit gekommen, um die edlen Schwertlilien zu teilen und neu aufzupflanzen. Sehr alte Pfingstrosen (15–20 Jahre) können Ende August/Anfang September geteilt werden.

Nicht standfeste Herbststauden, wie hoher Sonnenhut und Sonnenblume, sind zu stäben. Wie in den vorhergehenden Monaten den Boden lockern bei Trockenheit gießen, aber nicht mehr düngen. Verblühte Teile wegschneiden, damit die Beetstauden keinen Samen ansetzen.

Ende des Monats ist der Pflanzzeitpunkt für Kaiserkronen und Madonnenlilien gekom-

Rittersporne werden sofort nach der Blüte auf 10 cm über dem Boden heruntergeschnitten. Wir lockern den Boden um die Stöcke herum und geben hier nochmals eine Volldüngung (eine Handvoll je Quadratmeter). Dadurch bekommen wir einen nochmaligen kräftigen Austrieb und erneute Blütenbildung im Spätsommer. Von dieser Ausnahme abgesehen, ist im Juli die Düngung der Prachtstauden einzustellen; sie dürfen nicht mehr zu neuem Trieb angeregt werden. Nur Stauden, die erst spät blühen, wie Herbstastern u. ä., geben wir noch eine schwache Volldüngergabe.

Jetzt werden auch das restliche vergilbte Laub der Frühjahrs- und Vorsommerblüher und die Blütenstände der abgeblühten Stauden entfernt. Grundsätzlich gilt: Keine Samenansätze dulden! Die Stäbe werden an den abgeschnittenen Stauden weggenommen und für andere wieder verwendet.

Bei heißer Witterung ist durchdringend zu wässern. Je nach Bedarf wird der Boden gelokkert und das Unkraut entfernt. Treten Blattläuse auf, so ist abends vorsichtig mit einem zugelassenen Mittel zu spritzen (nur befallene Stellen). Offene Blüten dürfen bei dieser Behandlung nicht getroffen werden, um eine Gefährdung für die Bienen auszuschließen.

Sommerblumen lassen sich gut mit Prachtstauden kombinieren. Hier blühen Verbenen (V. rigida) zwischen Sommermargeriten und Mädchenauge 'Sonnenkind'.

Der Staudengarten im Jahreslauf

men. Die Knollen von Kaiserkronen legen wir 25–30 cm tief in den Boden. Madonnenlilien dürfen dagegen nur etwa 10 cm tief gepflanzt werden, so daß ihr Blattschopf über der Erde sichtbar bleibt.

Sämlinge von Stiefmütterchen, Maßliebchen *(Bellis)*, Vergißmeinnicht, Malven, Goldlack u. ä. sind nun an Ort und Stelle zu bringen, damit sie sich bis zum Herbst zu kräftigen Pflanzen entwickeln können. Wenn der dafür vorgesehene Platz noch anderweitig belegt ist, versetzen wir sie vorerst auf ein abgeerntetes Gemüsebeet.

September

Wir sind nun schon im Herbst, aber trotzdem läßt die Blütenfülle noch nicht nach, besonders, soweit es die Prachtstaudenpflanzung betrifft. Vom Vormonat steht noch vieles in Blüte, und einige neue Arten kommen hinzu. Es sind vor allem die verschiedenen Herbstastern. Angefangen von den niedrigen Kissenastern bis zu den mächtigen, hohen Büschen der Rauhblattastern sind es die Gartenchrysanthemen, die in bunten Farben leuchten. Wie gesagt, es sind nur zwei Pflanzengattungen, die neu zu den anderen kommen, aber sie stehen uns in Hunderten von Sorten zur Verfügung. Wir können in Farben schwelgen, können alle möglichen Kombinationen durchführen, soweit der Platz hierfür ausreicht.

Im September herrschen gelbe und blauviolette Töne vor. Rot findet man selten. Wir sollten deshalb im nächsten Frühjahr daran denken, einige rote Dahlien (siehe S. 74) mit in die Pflanzung hereinzunehmen.

Ab Monatsmitte beginnt der Staudenversand. Bestellungen sollten jetzt umgehend aufgegeben werden, damit die Sendung nicht zu spät ankommt und dann bei ungünstiger Witterung gepflanzt werden muß.

Von jetzt bis November können Tulpen und andere frühlingsblühende Zwiebeln gepflanzt werden. Als Faustregel gilt, die Zwiebeln etwa dreimal so tief in den Boden zu bringen, wie sie selbst dick sind, Tulpen z. B. 15–20 cm tief. Dabei sind sie im Sandboden etwas tiefer zu leben als im Lehmboden.

Wenn wir neue Staudenpflanzungen anlegen wollen, so ist jetzt der richtige Zeitpunkt dafür gekommen. Bei günstiger Herbstwitterung sind sie gegenüber Frühjahrspflanzungen im Vorteil. Wichtig ist eine gründliche Bodenvorbereitung, denn die Stauden bleiben viele Jahre an der gleichen Stelle.

Alle verblühten Stauden können jetzt geteilt und verpflanzt werden. Ausnahmen sind dabei zu berücksichtigen. So dürfen Skabiosen, Monarden, Fackellilien und die verschiedenen Gräser nur im Frühjahr geteilt und neu gepflanzt werden.

Blütenstände schneiden wir jedesmal nach der Blüte ab. Manche Herbstblüher können nämlich durch Selbstaussaat lästig werden. Die robusten Sämlinge bedrängen dann die edlen Sorten. Dies gilt besonders für Goldruten-Sorten.

Das Auspflanzen der Zweijahresblumen sollte jetzt erfolgen, damit sie bis zum Frostbeginn gut einwurzeln können.

Vor der winterharten Sonnenblume blühen Salbei *(Salvia patens)* und kupfrig-orange Kosmeen 'Sunset'.

Der Staudengarten im Jahreslauf

Oktober

Das Blühen wird zwar schwächer, aber es hört noch lange nicht auf. Immer noch blühen im Halbschatten blauer Eisenhut, rosa Anemonen und weiße Silberkerzen. An trockenen, warmen Plätzen zeigen sich die Gräser von ihrer schönsten Seite, und auf dem Prachtstaudenbeet blühen unermüdlich Staudensonnenblumen, hohe und niedrige Sonnenhüte, Herbstastern und die farbenfrohen Gartenchrysanthemen. Dazwischen heraus leuchtet das Blau der zweiten Ritterspornblüte.

Jetzt heißt es, das Frühjahr vorbereiten und Blumenzwiebeln pflanzen. Wir wollen dabei aber nicht nur an Tulpen, Narzissen und die in einer Staudenpflanzung fast zu pompös wirkenden Hyazinthen denken, sondern vor allem auch an die lieblichsten unter den Frühlingsblühern, die zwar nicht so groß sind wie die anderen, dafür aber um so zarter und feiner: Winterling, Schneeglöckchen, Wildkrokus, Blausternchen, Traubenhyazinthen, Schachbrettblumen und andere. Sie lassen sich gut unter Sträuchern und lichtem Gehölz in Verbindung zu Stauden ansiedeln und vermehren sich sogar fortlaufend weiter.

Die noch blühenden Stauden sind mit Folien, Tüchern oder Rupfen (Sackleinen) gegen Nachtfröste zu schützen. Wichtig ist eine gute Befestigung. Nach stärkeren Frösten schneiden wir die Beetstauden bis zum Boden herunter. Dies gilt für Goldruten, Sommerphlox, Pfingstrosen, Rudbeckien, Herbstastern, Staudensonnenblumen, Iris usw. Bei Wildstauden, die in Verbindung mit Gehölzen stehen, lassen wir dagegen die Fruchtstände stehen. Wenn sich dann Rauhreif und Schnee auf Waldgeißbart, Astilben, Wiesenraute, Mädesüß und Silberkerzen legen, »blühen« diese Stauden ein zweites Mal auf. Auch die Gräser lassen wir, wie sie sind.

An einem sonnigen Tag gegen Ende des Monats wird die Staudenpflanzung zu ihrem Winterschlaf gebettet. Alles Unkraut wird entfernt und der Boden dabei mit der Grabgabel nur oberflächlich gelockert, damit keine Wurzeln und flachliegenden Blumenzwiebeln beschädigt werden. Nach dem Abschneiden der teilweise recht mächtigen Beetstauden lassen sich auch Wurzelunkräuter wie Quecken, Giersch, Ackerwinde u. ä. mit der Grabgabel verhältnismäßig gut aus dem Boden holen. Im Frühjahr sind wir bestimmt sehr froh, wenn wir nicht gleich mit diesen etwas lästigen Arbeiten beginnen müssen, und für die Stauden ist es besser, wenn dies jetzt geschieht.

Im Oktober ist Pflanzzeit für Lilien. Alle Arten ohne Blätter über den Zwiebeln kommen etwa 20 cm tief in den Boden. Ausnahme: die Madonnenlilie, siehe S. 116.

November

Im Staudengarten beginnt nun die ruhige Zeit. Frostnächte haben inzwischen das große Blühen beendet. Spätsommer- und Herbststauden ziehen jetzt endgültig ein und sind dicht über dem Boden abzuschneiden, soweit das nicht bereits im Oktober geschehen ist.

Nur einige Gartenchrysanthemen sind noch in Blüte. Wollen wir sie noch etwas um uns haben, dann müssen wir sie vor Nachtfrösten und überraschend eintretendem Schneefall schützen.

Herbstastern *(A. pyrenäus* 'Lutetia') und Lampenputzergras bringen Stimmung in den herbstlichen Garten.

Der Staudengarten im Jahreslauf

Auch jetzt können die Staudenpflanzungen noch von Unkraut gesäubert werden. Mit dem Umgraben muß man sehr vorsichtig sein. Am besten wird der Boden nur leicht durchgehackt oder oberflächlich mit der Grabgabel bearbeitet. Anschließend bleibt der Boden grob liegen, damit der Frost im Winter seine »krümelnde« Wirkung tun kann.

Das Wasserbecken wird entleert. Wasserpflanzen wie Seerosen u. a. können im Becken verbleiben, wenn das Wasser tief genug ist bzw. wenn wir sie kniehoch mit Laub bedecken.

Auch einige andere Staudenschönheiten brauchen besonderen Winterschutz: Die Blätter der Fackellilie binden wir oben schopfartig zusammen, so daß Wasser nicht in das Herz eindringen kann. Um die Pflanze geben wir dann eine dicke Laubschicht und decken einige Fichtenzweige darüber, damit der Wind das Laub nicht davonwehen kann. Die empfindlichen, fleischigen Wurzeln sind nun ausreichend gegen Kälte geschützt.

Die andere Staude, die genauso warm eingepackt werden will, ist das Pampasgras. Im Winter muß es sehr trocken und geschützt stehen, sonst fault es. Am besten umschütten wir es mit trockenem Laub und stülpen eine Kiste darüber.

Auch auf die Steppenlilien geben wir eine Laubdecke, die mit Fichtenzweigen festgehalten wird. Ebenso werden wintergrüne Steingartenpflanzen locker mit Fichtenzweigen abgedeckt, damit ihnen der Wechsel von Wintersonne und Kälte nicht schadet. Im Gebirge haben sie Schutz durch Schnee. Alle übrigen Stauden brauchen keinen Winterschutz.

Dezember

Nun sind die Farben der letzten Herbstblüher erloschen. Doch zu Weihnachten blüht trotz Schnee und Winterkälte eine bescheidene Schönheit auf, die Christrose. Jedesmal, wenn im Winter der Schnee den Boden für ein paar Tage freigibt, setzt sie ihre Blüte unbekümmert fort, bis in den März hinein. Auch einige voreilige Kissenprimeln zeigen bereits etwas Farbe.

Ansonsten tritt nun eine Ruhepause von drei Monaten ein, die auch wir uns gönnen dürfen. Nur ein paar Handgriffe sind noch zu tun, dann kann es zu schneien beginnen.

Im Spätsommer bzw. Herbst gepflanzte Stauden schützen wir mit locker aufgelegten Fichtenzweigen. Auch immergrüne Steingartenpflanzen erhalten eine solche Schutzdecke; ebenso die schon im November genannte Steppenlilie, die Japan-Anemonen und einige Gräser, die wir mit einer handhohen Laub- oder Torfschicht bedecken. Das Abdecken darf erst bei Eintritt stärkerer Fröste geschehen, doch noch ehe der Boden fest gefroren ist.

Und was wünschen wir uns zu Weihnachten? Ein großes Buch mit vielen leeren, weißen Seiten. Wir können es als Gartentagebuch benutzen und dort unsere Erlebnisse, die Witterung, Erfahrungen mit neuen Sorten, Interessantes von Gartenschauen und vieles andere mehr eintragen. Illustriert mit eigenen Fotos oder Zeichnungen, wird es uns bestimmt ein sehr wertvolles Buch. Wenn wir es dann später einmal aufschlagen, werden wir immer wieder neu von den glücklichen Stunden eines Gartenjahres zehren können.

Tabellen

Wildstauden für Halbschatten bis Schatten

In vielen Gärten gibt es schattige Stellen, die sich mit Wildstauden reizvoll und dabei pflegeleicht bepflanzen lassen. Wildstauden, wie sie draußen am natürlichen Standort vorkommen, sind auch für Freunde des Naturgartens das Richtige. In der Tabelle wird eine Auswahl von Wildstauden gebracht, die in Staudengärtnereien kultiviert und dort erhältlich sind.

Die meisten der aufgeführten Wildstauden eignen sich für Halbschatten, einige auch für vollen Schatten. In Katalogen ist dies jeweils mit den Symbolen ◐ und ● vermerkt. Bodendeckende Wildstauden, die für eine solche Pflanzung unentbehrlich sind, können den Tabellen auf den nachfolgenden Seiten entnommen werden.

Deutscher Name	Botanischer Name/Sorte	Höhe	Blütezeit
Vorfrühlings-Alpenveilchen	Cyclamen coum	5 cm	Febr./März
Waldanemonen	Anemone blanda, A. apeninna,	15 cm	März–Mai
(Buschwindröschen u. a.)	A. nemorosa		(je nach Art)
Leberblümchen	Hepatica nobilis	10 cm	März/April
Gänsekresse	Arabis procurrens	15 cm	März/April
Bergenie	Bergenia cordifolia	40 cm	April/Mai
Kaukasus-Vergißmeinnicht	Brunnera macrophylla	50 cm	April/Mai
Lerchensporn	Corydalis cava	20 cm	April/Mai
Elfenblume	Epimedium pinnatum u. a.	30–50 cm	April/Mai
Wolfsmilch	Euphorbia polychroma	40 cm	April/Mai
Frühlingsplatterbse	Lathyrus vernus	30 cm	April/Mai
Schildblatt	Peltiphyllum peltatum	80–100 cm	April/Mai
Primel	Primula elatior, P. juliae u. a.	10–20 cm	April/Mai
Lungenkraut	Pulmonaria angustifolia	30 cm	April/Mai
Maiapfel	Podophyllum peltatum u. a.	30 cm	April/Mai
Pfingstrose	Paeonia mlokosewitschii	70 cm	Mai
	P. tenuifolia	40 cm	Mai
Christophskraut	Actaea alba	60 cm	Mai/Juni
Hainanemone	Anemone sylvestris	40 cm	Mai/Juni
Akelei	Aquilegia vulgaris	60 cm	Mai/Juni
Aronstab	Arum italicum	30 cm	Mai/Juni
Frauenschuh	Cypripedium calceolus u. a.	30 cm	Mai/Juni
Schwertlilie	Iris forrestii u. a.	50 cm	Mai/Juni
Salomonssiegel	Polygonatum multiflorum	60 cm	Mai/Juni
Silberhahnenfuß	Ranunculus aconitifolius	70 cm	Mai/Juni
Moos-Steinbrech	Saxifraga trifurcata u. a.	15 cm	Mai/Juni
Duftsiegel	Smilacina racemosa	60 cm	Mai/Juni
Falsche Alraunwurzel	Tellima grandiflora	40 cm	Mai/Juni
Wiesenraute	Thalictrum aquilegifolium	100 cm	Mai/Juni
Trollblume	Trollius europaeus u. a.	50 cm	Mai/Juni
Trauerglocke	Uvularia grandiflora	30 cm	Mai/Juni
Herzblume	Dicentra eximina	20 cm	Mai–Juli
Spierstaude	Filipendula hexapetala	30 cm	Mai–Juli
Nelkenwurz	Geum, versch. Arten	30 cm	Mai–Juli
Gelber Scheinmohn	Meconopsis cambrica	30 cm	Mai–Sept.
Lerchensporn	Corydalis lutea	20 cm	Mai–Okt.

Tabellen

Deutscher Name	Botanischer Name/Sorte	Höhe	Blütezeit
Frauenmantel	*Alchemilla mollis*	40 cm	Juni/Juli
Waldgeißbart	*Aruncus sylvester*	180 cm	Juni/Juli
Waldglockenblume	*Campanula macrantha*	100 cm	Juni/Juli
Diptam	*Dictamnus albus*	70 cm	Juni/Juli
Fingerhut	*Digitalis grandiflora* u. a.	80 cm	Juni/Juli
Storchschnabel	*Geranium* × *magnificum*	50–70 cm	Juni/Juli
Feuerlilie, Madonnenlilie, Türkenbund u. a.	*Lilium,* versch. Arten	40–180 cm	Juni/Juli
Etagenprimel u. a.	*Primula japonica, P.* × *bullesiana, P. florindae* u. a.	50–80 cm	Juni/Juli
Schaublatt	*Rodgersia,* versch. Arten	100–150 cm	Juni/Juli
Nachtviole	*Hesperis matronalis*	70 cm	Juni/Juli
Juli-Silberkerze	*Cimicifuga racemosa*	200 cm	Juli
Eisenhut	*Aconitum napellus*	120 cm	Juli/Aug.
Sterndolde	*Astrantia major*	80 cm	Juli/Aug.
Spierstaude	*Filipendula rubra* 'Venusta'	150 cm	Juli/Aug.
Ballonblume	*Platycodon grandiflorum* 'Mariesii'	30 cm	Juli/Aug.
Sommer-Alpenveilchen	*Cyclamen purpurascens*	10–15 cm	Juli–Sept.
Schwalbenwurzenzian	*Gentiana asclepiadea* u. a. Arten	50 cm	Juli–Sept.
Funkie, Herzlilie	*Hosta,* versch. Arten	30–80 cm (je nach Art)	Juli–Sept.
Ligularie	*Ligularia,* versch. Arten	100–180 cm	Juli–Sept.
Blutweiderich	*Lythrum salicaria*	60–100 cm	Juli–Sept.
Wiesenraute	*Thalictrum dipterocarpum*	120 cm	Juli–Sept.
Lampionpflanze	*Physalis franchetii*	40 cm	Aug./Sept.
Krötenlilie	*Tricyrtis hirta*	50 cm	Aug./Sept.
Septembersilberkerze	*Cimicifuga ramosa*	200 cm	September
Eisenhut	*Aconitum wilsonii*	150 cm	Aug.–Okt.
Bleiwurz	*Ceratostigma plumbaginoides*	20 cm	Aug.–Okt.
Lanzensilberkerze	*Cimicifuga cordifolia*	200 cm	Aug.–Okt.
Herbst-Alpenveilchen	*Cyclamen hederifolium*	10–15 cm	Sept./Okt.
Wachsglöckchen	*Kirengeshoma palmata*	60 cm	Sept./Okt.
Christrose	*Helleborus niger* u. a.	25–50 cm (je nach Art)	Okt.–Mai

Farne, schattenliebende Gräser und verschiedene Blumenzwiebel-Arten eignen sich ebenfalls.

Tabellen

Bodendecker für sonnige Stellen

Immergrüne Arten

Deutscher Name	Botanischer Name/Sorte	Höhe	Blütezeit
Stachelnüßchen	*Acaena buchananii*	bis 5 cm	Mai
Schleifenblume	*Iberis sempervirens*	15–30 cm	Mai
Blaukissen	*Aubrieta*-Hybr.	10 cm	April/Mai
Bergenie	*Bergenia cordifolia*	30 cm	April/Mai
Katzenpfötchen	*Antennaria dioica* u. a.	bis 5 cm	Mai/Juni
Hornkraut	*Cerastium tomentosum*	10 cm	Mai/Juni
Silberwurz	*Dryas* × *suendermannii* u. a.	10 cm	Mai/Juni
Kugelblume	*Globularia cordifolia*	5 cm	Mai/Juni
Teppichphlox	*Phlox subulata*	10 cm	Mai/Juni
Sternmoos	*Sagina subulata*	bis 5 cm	Juni/Juli
Wolliger Ziest	*Stachys byzantina*	10 cm	Juni/Juli
Habichtskraut	*Hieracium* × *rubrum*	5 cm	Juni–Aug.
Knöterich	*Polygonum affine* 'Superbum'	20 cm	Juni–Okt.
Fetthenne	*Sedum hybridum* 'Immergrünchen'	10 cm	Juli/Aug.
Thymian	*Thymus serpyllum* u. a.	5 cm	Juli–Sept.

Sommergrüne Arten

Deutscher Name	Botanischer Name/Sorte	Höhe	Blütezeit
Edelraute	*Artemisia schmidtii* 'Nana'	20 cm	Juni/Juli
Storchschnabel	*Geranium dalmaticum* u. a.	10 cm	Juni/Juli
Mauerpfeffer	*Sedum acre*	bis 5 cm	Juni/Juli
Fetthenne	*Sedum floriferum* 'Weihenstephaner Gold'	10 cm	Juni/Juli
Fetthenne	*Sedum spurium*, versch. Sorten u. a. *Sedum*-Arten	10 cm	Juni/Juli

Bodendecker für Halbschatten bis Schatten

Immergrüne Arten

Deutscher Name	Botanischer Name/Sorte	Höhe	Blütezeit
Haselwurz	*Asarum europaeum*	10 cm	(unscheinbar)
Ysander	*Pachysandra terminalis*	25 cm	April
Gänsekresse	*Arabis procurrens*	15 cm	April/Mai
Bergenie	*Bergenia cordifolia* u. a.	30 cm	April/Mai
Moos-Steinbrech	*Saxifraga-Arendsii*-Hybr. u. a.	15 cm	April/Mai
Immergrün	*Vinca minor*	10 cm	April/Mai
Waldsteinie	*Waldsteinia ternata*	10 cm	April/Mai
Günsel	*Ajuga reptans* 'Purpurea'	10 cm	April–Juni
Goldnessel	*Galeobdolon luteum*	30 cm	April–Juni
Gefleckte Taubnessel	*Lamium maculatum* 'Argenteum'	20 cm	Mai
Pfennigkraut	*Lysimachia nummularia*	5 cm	Juni/Juli
Fiederpolster	*Cotula squalida* (auch für Sonne)	5 cm	(unscheinbar)

Tabellen

Sommergrüne Arten

Deutscher Name	Botanischer Name/Sorte	Höhe	Blütezeit
Frühlingsgedenkemein	*Omphalodes verna*	15 cm	April/Mai
Sauerklee	*Oxalis acetosella*	10 cm	April/Mai
Waldmeister	*Asperula odorata*	15 cm	Mai
Maiglöckchen	*Convallaria majalis*	20 cm	Mai
Schaumblüte	*Tiarella cordifolia*	20 cm	Mai
Schattenblümchen	*Majanthemum bifolium*	10 cm	Mai/Juni
Bingelkraut	*Mercurialis perennis*	30 cm	(unscheinbar)
Niedrige Astilbe	*Astilbe chinensis* 'Pumila'	10 cm	Aug./Sept.

Ton-in-Ton-Pflanzungen

Beetstaudenpflanzungen befriedigen nur, wenn die Höhen und Farben der Blumen zueinander passen. Klare Kontraste sind ebenso wirkungsvoll wie Ton-in-Ton-Zusammenstellungen. Wer das Nicht-Alltägliche, das Ästhetisch-Schöne liebt, der sollte es einmal mit Ton-in-Ton versuchen.

Weiße Farbtöne

Deutscher Name	Botanischer Name/Sorte	Höhe	Blütezeit
Tulpe	*Tulipa*, weiße Sorten	40–70 cm	April/Mai
Bergenie	*Bergenia*-Hybr. 'Schneeglocke'	40 cm	April/Mai
Tränendes Herz	*Dicentra spectabilis* 'Alba'	80 cm	Mai/Juni
Weiße Frühlingsmargerite	*Chrysanthemum leucanthemum* 'Maistern'	60 cm	Mai/Juni
Bauernpfingstrose	*Paeonia officinalis* 'Alba Plena' u. a.	80 cm	Mai (2. Hälfte)
Pfingstrose, Edelpaeonie	*Paeonia lactiflora* 'Festiva Maxima', 'Angelika Kaufmann' u. a.	80–100 cm	Mai/Juni
Hohe Bartiris	*Iris germanica* Barbata-Elatior-Gruppe 'New Snow', 'Cliffs of Dover' u. a.	70–100 cm	Mai/Juni
Sibirische Wieseniris	*Iris sibirica* 'Snow Crest', 'White Swirl'	80 cm	Juni
Lupine	*Lupinus-Polyphyllus*-Hybr. 'Fräulein'	80–100 cm	Juni/Juli
Türkischer Mohn	*Papaver orientale* 'Perry's White'	80 cm	Juni/Juli
Feinstrahl	*Erigeron*-Hybr. 'Sommerneuschnee'	60 cm	Juni/Juli
Rittersporn	*Delphinium* × *cultorum* 'Moerheimii', 'Galahad' u. a.	100–180 cm	Juni/Juli
Purpurglöckchen	*Heuchera*-Hybr. 'Schneewittchen', 'Silberregen'	50 cm	Juni/Juli
Prachspiere	*Astilbe* × *arendsii* 'Bergkristall', 'Brautschleier' u. a.	90 cm / 70 cm	Juni/Juli
Madonnenlilie	*Lilium candidum*	150–180 cm	Juni/Juli

Tabellen

Weiße Farbtöne

Deutscher Name	Botanischer Name/Sorte	Höhe	Blütezeit
Lilie	*Lilium,* viele Arten und Sorten	30–150 cm	Juni–Aug. (je nach Sorte)
Indianernessel	*Monarda*-Hybr. 'Schneewittchen'	100 cm	Juni–Aug.
Dreimasterblume	*Tradescantia* × *andersoniana* 'Alba major'	40 cm	Juni–Sept.
Skabiose	*Scabiosa caucasica* 'Miss Willmott'	80 cm	Juni–Okt.
Schleierkraut	*Gypsophila paniculata* 'Bristol Fairy', 'Schneeflocke' u. a.	80–100 cm	Juli/Aug.
Glockenblume	*Campanula persicifolia* 'Alba'	80 cm	Juli/Aug.
Weiße Sommermargerite	*Chrysanthemum maximum*	70–100 cm	Juli–Sept.
Sommerphlox	*Phlox paniculata* 'Pax', 'Nymphenburg' u. a.	80–120 cm	Juli–Sept. (je nach Sorte)
Kissenaster	*Aster-Dumosus*-Hybr. 'Schneekissen'	25 cm	Aug.
Herbstanemone	*Anemone japonica* u. a. 'Honorine Jobert', 'Wirbelwind'	80–120 cm	Sept./Okt.
Rauhblattaster	*Aster novae-angliae* 'Herbstschnee'	130 cm	Sept./Okt.
Glattblattaster	*Aster novi-belgii* 'Weißes Wunder'	120 cm	Sept./Okt.
Myrthenaster	*Aster ericoides* 'Schneetanne', 'Herbstmyrthe'	100 cm 90 cm	Sept./Okt.
Oktobermargerite	*Chrysanthemum serotinum*	150 cm	Sept./Okt.
Gartenchrysantheme	*Chrysanthemum* × *hortorum* 'White Bouquet', 'Schneesturm' u. a.	40–90 cm	Sept.–Nov. (je nach Sorte)

Blaue, lila und violette Farbtöne

Deutscher Name	Botanischer Name/Sorte	Höhe	Blütezeit
Kissenprimel	*Primula acaulis* u. a.	10 cm	April/Mai
Kugelprimel	*Primula denticulata*	30 cm	April/Mai
Kaukasus-Vergißmeinnicht	*Brunnera macrophylla*	50 cm	April/Mai
Hohe Bartiris	*Iris germanica* Barbata-Elatior-Gruppe, 'Jane Philipps', 'Night Owl' u. a.	70–100 cm	Mai/Juni
Sibirische Wieseniris	*Iris sibirica,* die meisten Sorten	80–120 cm	Juni
Lupine	*Lupinus-Polyphyllus*-Hybr. 'Blue Crest' u. a.	100 cm	Juni/Juli
Feinstrahl	*Erigeron*-Hybr., die meisten Sorten	60 cm	Juni/Juli
Rittersporn	*Delphinium* × *cultorum,* die meisten Sorten	100–180 cm	Juni/Juli
Nachtviole	*Hesperis matronalis* (2jährig)	70 cm	Juni–Juli
Indianernessel	*Monarda*-Hybr. 'Blaustrumpf'	100 cm	Juni–Aug.
Himmelsleiter	*Polemonium caeruleum* u. a.	100 cm	Juni–Aug.
Salbei	*Salvia nemorosa* u. a.	40–50 cm	Juni–Sept.
Dreimasterblume	*Tradescantia* × *andersoniana,* die meisten Sorten	40 cm	Juni–Sept.

Tabellen

Blaue, lila und violette Farbtöne

Deutscher Name	Botanischer Name/Sorte	Höhe	Blütezeit
Skabiose	*Scabiosa caucasica*, die meisten Sorten	60–80 cm	Juni–Okt.
Ballonblume	*Platycodon grandiflorum* 'Mariesii' u. a.	40 cm	Juli/Aug.
Eisenhut	*Aconitum napellus* u. a.	120 cm	Juli/Aug.
Ehrenpreis	*Veronica longifolia* u. a.	60–90 cm	Juli/Aug.
Glockenblume	*Campanula persicifolia*	80 cm	Juli/Aug.
Glockenblume	*Campanula lactiflora* 'Prichard'	50 cm	Juli/Aug.
Sommerphlox	*Phlox paniculata* 'Aida', 'Sternhimmel' u. a.	80–120 cm	Juli–Sept. (je nach Sorte)
Bergaster	*Aster amellus*, die meisten Sorten	40–70 cm	Juli–Sept. (je nach Sorte)
Kissenaster	*Aster-Dumosus*-Hybr., die meisten Sorten	20–50 cm	Aug./Sept.
Eisenhut	*Aconitum wilsonii*	150 cm	Aug.–Okt.
Rauhblattaster	*Aster novae-angliae* 'Barr's Blue', 'Treasure'	150 cm	Sept./Okt.
Glattblattaster	*Aster novi-belgii* 'Royal Blue', 'Dauerblau' u. a.	120 cm 150 cm	Sept./Okt.
Myrthenaster	*Aster ericoides* 'Ideal', 'Erlkönig'	100 cm 120 cm	Sept./Okt.

Rosa, rote und purpurne Farbtöne

Deutscher Name	Botanischer Name/Sorte	Höhe	Blütezeit
Tulpe	*Tulipa*, viele Arten und Sorten	40–70 cm	April/Mai
Kissenprimel	*Primula acaulis*	10 cm	April/Mai
Tränendes Herz	*Dicentra spectabilis*	80 cm	Mai/Juni
Bauernpfingstrose	*Paeonia officinalis*	50–80 cm	Mai (2. Hälfte)
Pfingstrose, Edelpaeonie	*Paeonia lactiflora*, viele Sorten	70–100 cm	E. Mai/Juni
Hohe Bartiris	*Iris germanica*, Barbata-Elatior-Gruppe, 'One Desire', 'Raspberry Ripples' u. a.	70–100 cm	Mai/Juni
Pechnelke	*Lychnis viscaria* 'Plena'	40 cm	Mai–Juli
Nelkenwurz	*Geum coccineum* 'Borisii', 'Feuermeer'	30–40 cm	Mai–Juli
Islandmohn	*Papaver nudicaule* (2jährig)	30 cm	Mai–Sept.
Lupine	*Lupinus-Polyphyllus*-Hybr. 'Schloßfrau', 'Mein Schloß'	80–100 cm	Juni/Juli
Bergenie	*Bergenia*-Hybr. 'Morgenröte', 'Abendglut' u. a.	30 cm	April/Mai
Bunte Frühlingsmargerite	*Chrysanthemum coccineum*	30–80 cm	Mai/Juni
Purpurglöckchen	*Heuchera*-Hybr., viele Sorten	50 cm	Juni/Juli

Tabellen

Rosa, rote und purpurne Farbtöne

Deutscher Name	Botanischer Name/Sorte	Höhe	Blütezeit
Etagenprimel	*Primula* × *bullesiana*, *Primula japonica* u. a.	40 cm	Juni/Juli
Feinstrahl	*Erigeron*-Hybr. 'Foersters Liebling', 'Rotes Meer' u. a.	60 cm	Juni/Juli
Türkischer Mohn	*Papaver orientale*, viele Sorten	70–100 cm	Juni/Juli
Schafgarbe	*Achillea millefolium* 'Kelwayi', 'Sammetriese'	50 cm 80 cm	Juni–Aug.
Indianernessel	*Monarda*-Hybr. 'Präriebrand' u. a.	120 cm	Juni–Aug.
Lilie	*Lilium*, viele Arten und Sorten	30–150 cm (je nach Sorte)	Juni–Aug.
Prachtspiere	*Astilbe* × *arendsii* u. a., die meisten Sorten	40–100 cm (je nach Sorte)	Juni–Sept.
Taglilie	*Hemerocallis*-Hybr. 'Pink Damast', 'Buzzy Bomb' u. a.	70–100 cm (je nach Sorte)	Juni–Sept.
Dreimasterblume	*Tradescantia* × *andersoniana* 'Karminglut'	40 cm	Juni–Sept.
Taglilie	*Hemerocallis fulva*	120 cm	Juli/Aug.
Schleierkraut	*Gypsophila*-Hybr. 'Rosenschleier', 'Pink Star'	40 cm	Juli/Aug.
Schleierkraut	*Gypsophila paniculata* 'Flamingo'	120 cm	Juli/Aug.
Malve, Stockrose	*Alcea rosea* (2jährig)	–200 cm	Juli–Sept.
Kokardenblume	*Gaillardia*-Hybr. 'Bremen', 'Burgunder' u. a.	50–70 cm	Juli–Sept.
Bartfaden	*Penstemon barbatus*	80–100 cm	Juli–Sept.
Purpur-Rudbeckie	*Echinacea purpurea*	80 cm	Juli–Sept.
Sonnenbraut	*Helenium*-Hybr. 'Moerheim Beauty', 'Baudirektor Linné'	80–100 cm (je nach Sorte)	Juli–Sept.
Sommerphlox	*Phlox paniculata*, viele Sorten	80–120 cm (je nach Sorte)	Juli–Sept.
Prachtscharte	*Liatris spicata*	80 cm	Juli–Okt.
Bergaster	*Aster amellus* 'Lady Hindlip' u. a.	60 cm	Aug./Sept.
Kissenaster	*Aster-Dumosus*-Hybr. 'Herbstgruß v. Bresserhof' u. a.	40 cm	Aug./Sept.
Herbstanemone	*Anemone japonica* u. a., mehrere Sorten	50–120 cm (je nach Sorte)	Aug.–Okt.
Rauhblattaster	*Aster novae-angliae* 'Alma Pötschke', 'Rudelsburg' u. a.	90/120 cm	Sept./Okt.
Glattblattaster	*Aster novi-belgii* 'Crimson Brocade', 'Fellowship' u. a.	90 cm	Sept./Okt.
Myrthenaster	*Aster ericoides* 'Lovely'	60 cm	Sept./Okt.
Gartenchrysantheme	*Chrysanthemum* × *hortorum* 'Anastasia', 'Fellbacher Wein' u. a.	50/70 cm (je nach Sorte)	Sept.–Nov.

Tabellen

Gelbe, orange bis bräunliche Farbtöne

Deutscher Name	Botanischer Name/Sorte	Höhe	Blütezeit
Tulpe	*Tulipa*, viele Arten und Sorten	40–70 cm	April/Mai
Gemswurz, Gelbe Frühlingsmargerite	*Doronicum orientale* u. a.	25–70 cm	April/Mai
Kissenprimel	*Primula acaulis*	10 cm	April/Mai
Pfingstrose	*Paeonia mlokosewitschii*	70 cm	Mai
Trollblume	*Trollius* × *cultorum* u. a.	50–80 cm	Mai/Juni
Hahnenfuß, gefüllt	*Ranunculus acris* 'Multiplex'	60 cm	Mai/Juni
Narzisse	*Narcissus* spec.	30–50 cm	April/Mai
Hohe Bartiris	*Iris germanica*, Barbata-Elatior-Gruppe, 'Goldfackel', 'Ola Kala' u. a.	70–100 cm	Mai/Juni
Taglilie	*Hemerocallis minor*	40 cm	Mai/Juni
Nelkenwurz	*Geum-Chiloense*-Hybr. 'Bernstein', 'Goldball' u. a.	50 cm	Mai–Juli
Islandmohn	*Papaver nudicaule* (2jährig)	30 cm	Mai–Sept.
Steppenkerze	*Eremurus bungei*	150 cm	Juni/Juli
Lupine	*Lupinus-Polyphyllus*-Hybr. 'Kronleuchter'	80–100 cm	Juni/Juli
Schafgarbe	*Achillea filipendulina* 'Parker', 'Coronation Gold'	70–120 cm	Juni–Aug.
Nachtkerze	*Oenothera tetragona*	60 cm	Juni–Aug.
Goldfelberich	*Lysimachia punctata*	80 cm	Juni/Aug.
Sumpfprimel	*Primula florindae* u. a.	–80 cm	Juni–Aug.
Lilie	*Lilium*, versch. Arten und Sorten	30–150 cm (je nach Sorte)	Juni–Aug.
Färberkamille	*Anthemis tinctoria* 'Grallagh Gold', 'Kelwayi'	50 cm 60 cm	Juni–Sept.
Taglilie	*Hemerocallis*-Hybr. 'Hyperion', 'Cartwheels' u. a.	70–100 cm (je nach Sorte)	Juni–Sept.
Taglilie	*Hemerocallis citrina*	100 cm	Juli/Aug.
Schafgarbe	*Achillea clypeolata*	60 cm	Juli–Aug.
Kokardenblume	*Gaillardia*-Hybr.	50–70 cm	Juli–Sept.
Mädchenauge	*Coreopsis verticillata*	50 cm	Juli–Sept.
Sonnenbraut	*Helenium*-Hybr.	80–130 cm (je nach Sorte)	Juli–Sept.
Sonnenauge	*Heliopsis scabra*	80–150 cm	Juli–Sept.
Goldrute	*Solidago*, spec.	60–80 cm	Juli–Sept.
Sonnenhut	*Rudbeckia*, spec.	50–200 cm (je nach Art)	Juli–Okt.
Sonnenblume	*Helianthus decapetalus*	120–150 cm	Aug./Sept.
Gartenchrysantheme	*Chrysanthemum* × *hortorum* 'Goldmarianne', 'Citrus' u. a.	50–90 cm (je nach Sorte)	Sept.–Nov.

Bezugsquellen

Die meisten der nachstehend genannten Staudengärtnereien versenden auf Anforderung einen Katalog, z. T. kostenlos. Einige dieser Kataloge enthalten neben dem Staudenangebot eine Fülle wertvoller Informationen; bekannt sind z. B. der hervorragend gestaltete Katalog der Ödenwälder Pflanzenkulturen Kayser & Seibert, 6101 Roßdorf b. Darmstadt 1, oder der handliche Katalog vom Staudengärtner Heinz Klose, Rosenstr. 10, 3503 Lohfelden b. Kassel.

Verschiedene Kataloge informieren auch über die Ergebnisse des »Arbeitskreises Staudensichtung«, der in langjähriger Arbeit an sieben über das Bundesgebiet verstreuten Stellen die Sichtung der umfangreichen Sortimente vorgenommen hat. Auf diese Weise fällt uns die Auswahl aus der kaum überschaubaren Fülle von Stauden leichter. Bei den züchterisch bearbeiteten Beetstauden (Prachtstauden) geschieht dies in Form von Sternchen.

*** = vorzügliche Sorte
** = sehr wertvolle Sorte
* = wertvolle Sorte

Bei Wildstauden bedeutet
W = sehr wertvolle Wildstaude
w = wertvolle Wildstaude

Wer sich intensiver mit dem Thema Stauden beschäftigen will oder Kontakte zu anderen Liebhabern sucht, kann sich an folgende Adresse wenden:

Gesellschaft der Staudenfreunde
Dörrenklingenweg 35
7114 Pfedelbach-Untersteinbach

Bezugsquellen

Staudengärtnereien, die das »Qualitätszeichen Stauden« führen:

Qualitätszeichen Stauden

Baden-Württemberg

Josef Denz Inh.: Hans Denz
Rottweiler Str. 137
D-7730 Villingen-Schwenningen

Fehrle Inh.: Jakob Hokema
Schwerzerallee 61
D-7070 Schwäbisch-Gmünd

Hans Götz
Schramberger Str. 65
D-7622 Schiltach

Eberhard Gropper
Schafäcker 1
D-7050 Waiblingen

Fritz Häussermann
Schützenhausweg 43–47
D-7000 Stuttgart-Weilimdorf

Emil Knecht KG
Rastatter Str. 18
D-7500 Karlsruhe 51

Manfred Leithold
Bruckmatten 12
D-7837 Eichstetten

Wolfgang Otto
Sigmaringer Str.
D-7440 Nürtingen

Hugo Raisch
Breslauer Str. 1
D-7302 Ostfildern 2

Rolf Schimmele
Mühlweg 5
D-7107 Neckarsulm

Schöllkopf
Inh.: R. Frank/R. Peter
Postfach 7137
D-7410 Reutlingen

Gräfin von Stein-Zeppelin
D-7811 Sulzburg-Laufen

Bayern

Andreas und Cornelia Augustin
Neunkirchener Str. 15
D-8521 Effeltrich

Wilhelm Demmel
Baumschulenstr. 3
D-8124 Seeshaupt

Dieter Denzer
Hadergasse 37
D-8726 Gochsheim

Erich Heim
Kalterer Str. 10
D-8900 Augsburg

Hermann Näpfel
Äußere Nürnberger Str. 99
D-8820 Gunzenhausen

Arno Panitz
Frauenwald 1
D-8303 Rottenburg/Laaber

Bezugsquellen

Rolf Peine
Mariabrunnerstr. 71
D-8000 München 60

Walter Radloff
Schnieglingerstr. 54
D-8500 Nürnberg 90

Walter Reuther
Gärtnerstr. 11
D-8077 Baar-Eberhausen

Eckhard Schimana
Waldstr. 21
D-8861 Deiningen b. Nördlingen

Berlin

Wolfgang Gericke
Schönefelder Str. 123
D-1000 Berlin 47

Bremen

Staudengärtnerei Hokema
Im Deichkamp 54
D-2800 Bremen 33

Hamburg

Pflanzen – Körner
Poppenbüttler Str. 92
D-2000 Hamburg 65

Niedersachsen

Christian Baltin
Mörserstr. 29
D-3180 Wolfsburg 13

Burkhard Früchtenicht
Lohhof 28
D-3079 Uchte

Günter Fuss
Postfach 42
D-3308 Königslutter

Hans Großmann-Junge
Seeangerweg 1
D-3250 Hameln 1

Heinrich Hagemann
Walsroder Str. 324
D-3012 Langenhagen 6

Stauden-Siebler KG
Am Toggraben 1
D-3033 Schwarmstedt

Willi Tangermann
Rauhe Wiese 17
D-3204 Nordstemmen

Günter Wauschkuhn
D-3510 Hann.-Münden 15

Nordrhein-Westfalen

Georg Arends
Inh.: U. Maubach-Arends
Monschaustr. 76
D-5600 Wuppertal 21 / Ronsdorf

Reinhard Behrens
Soerser Weg 27
D-5100 Aachen

Bernd Fourne
Weisweilerstr. 58–62
D-5163 Langerwehe-Heistern

Neis Staudenkulturen
Stooter Str. 100
D-4330 Mülheim-Selbeck

Erich und Maria Niederstadt
Riedweg 15
D-4902 Bad Salzuflen 5

Dr. Paula Rewald
Inh.: Maria Tewes
Schillerstr. 9
D-4710 Lüdinghausen

Karl-Heinz Schuster
Am Korstick 19
D-4300 Essen 16

Walter Schweiss
Rheinbacher Str. 167
D-5482 Grafschaft Bölingen

Helmut Stade
Beckenstrang 24
D-4280 Borken-Marbeck

Rheinland-Pfalz

Erhard Gärtner
D-6250 Limburg-Staffel

Johann I. Lintner
D-6313 Homberg/Ohm 3

Nikolaus Müller
Waldstr. 18
D-6901 Bammental

Kayser & Seibert
Inh.: Klaus Seibert
Wilhelm-Leuschner-Str. 85
D-6101 Roßdorf 1

Peter Volkmann
Schillerstr. 34
D-6301 Heuchelheim 1

Sachsen

Johannes Ihm
Meißnerstr. 6
O-8132 Cossebaude

Dr. Peter Lux Diplomgärtner
Breitscheidstr. 5
O-8045 Dresden

Siegfried Stübler
Zehnweg 19e
O-8101 Steinbach bei Moritzburg

Bezugsquellen

Darüber hinaus gibt es in den einzelnen Bundesländern noch weitere Staudengärtnereien. Auskünfte gibt der Bund deutscher Staudengärtner im Zentralverband Gartenbau e.V., Gießener Str. 47, 6310 Grünberg.

Hier noch einige Adressen von bekannten Firmen, die Spezialitäten anbieten:

Blumenzwiebeln

Küppers Mitteldeutsche Samen GmbH, Hessenring 22, Postfach 468, 3440 Eschwege (Je Sorte 100 Stück und mehr)

Albrecht Hoch, Pflanzenspezialitäten aus aller Welt, Potsdamer Str. 40, 1000 Berlin 37

Alpenpflanzen (Alpinum, Trockenmauer)

Botanischer Alpengarten F. Sündermann, Aeschacher Ufer 48, 8990 Lindau/B.

Alpengarten Pforzheim, Joachim Carl, Auf dem Berg, 7530 Pforzheim-Würm

Wildkräuter, Wiesenblumen, alpine u. a. Wildpflanzen

Dieter Köhler, Rainerstr. 4, 8201 Tuntenhausen

Nungesser KG, Postfach 110846, 6100 Darmstadt

Freilandorchideen u. a. Seltenheiten

Gerd Kohls, Gärtnermeister, Sylter Bogen 23, 2300 Kiel 1

Samen von Wildpflanzen

Conrad Appel GmbH, Bismarckstr. 59, 6100 Darmstadt

Exotische Sämereien,
Postfach 1348, 7400 Tübingen 1

Register

A
Achillea clypeolata 28
- filipendulina 24*, 28, **88**
- millefolium **28**, 88
- taygetea 28
- tomentosum 131, 133
Aconitum × arendsii 59
- napellus 59
- wilsonii 59
Actaea alba 53
- spicata 53
Adiantum pedatum 70
Adonisröschen 36
Adonis vernalis 36
Ageratum houstonianum 74
Ajuga reptans 68, **149**
Akelei 15, **52**, 112, 183
Alcea rosea 88
Alchemilla mollis 56
Alisma plantago-aquatica 151
Allium albopilosum 38
- christophii 38
- cirrhosum 39
- giganteum 38
- karataviense 38
- pulchellum 39
- stipitatum 39
Alpenveilchen 63
Alyssum saxatile 120
Amelanchier 30, 36
Anaphalis triplinervis 31*, **32**
Anemone blanda 45
- hupehensis 61 ff.
- Japonica-Hybr. 61 ff.
- nemorosa 45
- sylvestris 45
- tomentosa 61 ff.
- vitifolia 61
Anemonen
   Herbst- 61 ff.
   Wald- oder Frühlings- 44, **45**
Antennaria aprica 33
- dioica **33**, 108
- tomentosa 33
Anthemis biebersteiniana 32
Aquilegia-Caerulea- Hybr. 52
- vulgaris 52
Arabis caucasica 123
- procurrens 123
Armeria caespitosa 124
- maritima 42*, **124**
Artemisia abrotanum 24
- ludoviciana 33
- pontica 31*
- schmidtii **33**, 108
- stelleriana 108
Aruncus sylvester 55

Arundinaria pumila 170
Arundo donax 169
Asarum europaeum 65
Asperula odorata 67
- orientalis 2*, 74, 109
Aster alpinus 42*
- amellus **29, 93**
- cordifolius 100
- Dumosus-Hybr. 99
- ericoides 100
- × frikartii **29, 93**
- linosyris 41
- novae-angliae 97
- novi-belgii 99
- pyrenäus 186*
- sedifolius 32
- tongolensis 24*
Aster
   Alpen- 42*
   Berg- **29, 93**, 112
   Glattblatt- 74, **99**
   Gold- 41
   Herbst- 97 ff.
   Kissen- 72, **98**
   Myrthen- 100
   Rauhblatt- 72, 74, **97**
   Schleier- 100
   Wild-Zwerg- 32
   Winter- 100 ff.
Astilbe × arendsii 15, **56 ff.**
- chinensis 68
- japonica 56 ff.
- simplicifolia 56 ff.
- thunbergii 56 ff.
Astilboides tabularis 171
Athyrium filix-femina 70
Atlasschwingel 24*, 35, **161**
Aubrieta-Hybr. 121
Aufbinden (Stäben) 182, 183, 184
Aurikel 128
Aussaat **20**, 180
Avena sempervirens 162

B
Bärenfellschwingel 30, **161**, 180
Ballonblume **87**, 112
Bambus 157, **170**
Bartfaden 74, **105**
Bartnelken 72, 89, 183
Beetstauden 17, 43, **71 ff.**
Berberis thunbergii 24
Berberitze 24
Bergaster 13, **29, 93**, 112
Bergenia cordifolia 50
- Hybriden 50
Bienenfutterpflanzen 26, 38, 41, 84
Bergkamille 32

Blaugras 30
Blaukissen 121
Blauschwingel 30, 109, **161**, 180
Blausternchen 44, 182, 186
Blaustrahlhafer 24, 35, 72, 109, **162**
Blechnum spicant 69
Blumenbinse 151
Blumenzwiebeln 24, 36, 44, 71, 72,
   180, 182, 185
Blutweiderich 145
Bodenbearbeitung **11 ff.**, 180
Bodendecker 19, **33 ff., 41 ff.**, 44,
   65 ff., 69, 108, **148 ff.**
Bodenpflege 13, 180, 182, 186
Boltonia asterioides 112*
Botanische Namen 8
Brennende Liebe 24*, 25, **80**
Brunnera macrophylla 50
Buntlaubiges Wassersüßgras 165
Buschwindröschen 45
Butomus umbellatus 151

C
Calamagrostis acutiflora 163
Caltha palustris 137
- polypetala 137
Campanula carpatica 114, 115*, **126**
- lactiflora 84*
- medium 89
- persicifolia 56*, 182*
- portenschlagiana 131
Carex montana 158
- morrowii 158
- pendula 158
Centranthus ruber **26**, 27*, 109
Cerastium arvense 125
- biebersteinii 125
- tomentosum 125
Cheiranthus cheiri 89
Chinaschilf 24, **167**
Christophskraut 53
Christrose 64
Chrysanthemum arcticum 97
- coccineum 17, **104**
- × hortorum 100 ff.
- leucanthemum 104
- maximum **87**, 105
- multicaule 2*
- serotinum 97
Cimicifuga acerina 60
- cordifolia 60
- racemosa 60
- ramosa 60
- simplex 60
Convallaria majalis 68
Coreopsis grandiflora 71, 73*, **106**
- lanceolata 71, 73*, **106**

Fettgedruckte Seitenzahlen = Hauptverweis
Seitenzahl mit * Sternchen = Abbildung

Register

Coreopsis
– *verticillata* 27, **84**, 92*, 112*
Cortaderia selloana 166
Corydalis lutea 130
Cosmos sulphureus 74
Cotoneaster divaricatus 36
Cotula dioica 149
– *squalida* 149
Crambe cordifolia 178
Cyclamen coum 63
– *europaeum* 63
– *hederifolium* 63
– *neapolitanum* 63
– *purpurascens* 63
Cypripedium calceolus 118
– *macranthum* 118
– *parviflorum* 118
– *pubescens* 118
– *reginae* 117*, **118**

D
Dahlien 74, 181
Dalmatiner Glockenblume 131
Daphne cneorum 32
Dauerunkräuter 12, 14, 181, 185
Delphinium × *belladonna* 2*, **78 ff**.
– × *cultorum* 78 ff.
– Hybriden 78 ff.
Deschampsia caespitosa 159
Dianthus barbatus 89
– *deltoides* 42
– *gratianopolitanus* **25**, 125
– *plumarius* **25**, 125
Dicentra spectabilis 52
Dictamnus albus 55
Digitalis grandiflora 2*
– *lutea* 55
– × *mertonensis* 55
– *purpurea* 2*, **54**
Diptam 55
Dorniges Steinkraut 128
Doronicum caucasicum 51
– *orientale* 51
– *plantagineum* 51
Dreiblatt 49
Dreimasterblume 112, **144**
Dryas octopetala 128
– × *suendermannii* 128
Dryopteris filix-mas 70
Düngung **12**, **14**, **15**, 180, 181, 182, 184
Duftsteinrich 109

E
Echinacea purpurea 106
Echinops bannaticus 29
– *exaltatus* 29
– *niveus* 29
– *ritro* 29
Edeldistel 28
Edelraute 24, **33**, 108
Ehrenpreis **42**, 131
Einjahrsblumen 2*, 7, **72/73**, 108, 109
Eisenhut 15, **59**, 112

Elfenblume 49
Epimedium pinnatum 49
– × *rubrum* 49
– × *versicolor* 49
Eremurus 25, **39**
– *bungei* 40
– *himalaicus* 40
– × *isabellinus* 40
– *robustus* 40
Erica carnea 31
Erigeron-Hybr. 24*, **78**
Eryngium alpinum 29
– *giganteum* 29
– *planum* 29
– × *zabelii* 29
Eschscholzia californica 74, 109
Essigbaum 114
Etagenprimeln 48
Euonymus planipes 36
Eupatorium purpureum 176
Euphorbia amygdaloides 64
– *myrsinites* 130
– *polychroma* 36

F
Fackellilie 13, **143**, 187
Färberkamille 17, **27**
Farne 13, **68 ff**.
Federgras 35, 109, **163**
Federmohn 174
Federnelke **25**, 125
Feinhalm-Miscanthus 169
Feinstrahl 17, 24*, **72**, 74, **78**
Felberich 80
Felsenbirne 30, 36
Felsenteller 134
Festuca glauca 161
– *mairei* 24*, **161**
– *ovina* 31*
– *scoparia* 161
Fetthenne 31*, **34**, 108, 115*
Feuerpfeil 143
Fiederpolster 149
Filipendula purpurea 146
– *rubra* 146
Fingerhut 2*, **54**, 183
Frauenmantel 56
Frauenschuh **117/118**
Fritillaria meleagris 44
Froschlöffel 151
Frostkeimer 20
Frostschutz 14, 18, 179, 186
Frühlingsgedenkemein 66
Frühlingsplatterbse 49
Fünffingerstrauch 24, 30
Funkie 60

G
Gänsekresse 123
Gaillardia-Hybr. 105
Gamander 18
Galeobdolon luteum 68
Gartenaurikel 128
Gartenchrysantheme 13, 74, **100 ff**.

Garten-Sandrohr 163
Gauklerblume 144
Gedenkemein 66
Gelbe Frühlingsmargerite **51**, 72
Gelbe Sumpfschwertlilie 148*, **150**
Gelenkblume 146
Gemswurz **51**, 72
Geranium grandiflorum 58
– × *magnificum* 58
– *meeboldii* 58
– *platypetalum* hort. 58
*Geum-Chiloense-*Hybr. 54
– *coccineum* **53**, 54*
– *rivale* 54
Gießen 14, 182
Gletscherschwingel 109
Glockenblume
  Dalmatiner- 131
  Karpaten- **126**, 134*
  Marien- 89
  Pfirsichblättrige 56*, 112, 182
  Dolden- 84*
Glyceria maxima 165
Golderdbeere 66
Goldfelberich 80
Goldgarbe 24*, **28**, **88**
Goldkamille 13, **17**
Goldlack 89, 183, 185
Goldleistengras 164
Goldmohn 74, 109
Goldrute **33**, 72, **94**
Gräser 13, 24, 35, 44, 74, 112, **157 ff**., 180, 186*
Grasnelke 42*, **124**
Günsel 68, **149**
Gypsophila cerastioides 129
– *paniculata* 87
– *repens* 128/129

H
Habichtskraut **34**, 42
Hainanemone 44
Hainkraut 133
Hainsimse 44, **159**
Halbstauden 17, 183
Haselwurz 65
Hauswurz 19, 133
Hecke 18, 71
Heiligenpflanze 18, 24
Helenium bigelovii 85
– Hybr. 18, **84 ff**.
Helianthemum-Hybr. 126
Helianthus decapetalus 97
– *rigidus* 97
– *salicifolius* 177
– *tuberosus* 97
Helictotrichon sempervirens 162
Heliopsis scabra 92
Helleborus foetidus 65
– Hybr. 65
– *niger* 65
– *purpurascens* 65
Hemerocallis citrina 140
– *flava* 140

200

Register

Hemerocallis
- *fulva* 140
- Hybr. **111 ff.**, 140
- *minor* 140

Hepatica nobilis 45
Heracleum mantegazzianum 172
Herbstanemonen 13, 15, 44, **61 ff.**, 187
Herbstastern 18, **97 ff.**, 186*
Herbstmargerite 97
Herkulesstaude 172
Herzlilie 60
Heuchera × *brizoides* 56
- Hybr. 56
- *sanguinea* 56
Hieracium × *rubrum* **34**, 42
Hippuris vulgaris 151
Hirse 35, 72
Hornkraut 125
Hornveilchen 125
Hosta albo-marginata 61
- *elata* 61
- *fortunei* 61
- *lancifolia* 60
- *sieboldiana* 60
- *sieboldii* 61
- *undulata* 60
Hybride 8
Hyssopus officinalis 24

I

Iberis sempervirens 121
Immergrün 66
Immergrüner Schirmbambus 170
Indianernessel 81
Iris Barbata-Elatior 107 ff.
- Barbata-Media 109
- Bardata-Nana **37**, 109, 121
- Hollandica-Hybr. 109
- *keampferi* 141
- *laevigata* 141
- *pseudacorus* 148*, **150**
- *sibirica* 112, **140**, 148*
- *spuria* 112
- *xiphioides* 109
Iris (Schwertlilie)
  Hohe Bart- 19, **107 ff.**, 184
  Mittelhohe Bart- 109
  Niedrige Bart- **37**, 109, 121
  Holländische 109
  Japanische 141/142
  Gelbe Sumpf- 148*, **150**
  Sibirische Wiesen- 112, **140**, 148*
  Steppen- 112
  Zwiebel- 109
Islandmohn **129**, 183

J

Japanische Anemone 61
Juniperus communis 30

K

Kaiserkronen 184
Kamille
  Berg- 32

Kamille
  Färber- 17, **27**
Karpatenglockenblume 126
Karthäusernelke 182*
Katzenminze 17, **25**, 27*, 109, 127
Katzenpfötchen **33**, 108
Kaukasus-Vergißmeinnicht 50
Kniphofia-Hybriden 143
Knöterich 112*, 130, 148*, **149**
Koeleria glauca 160
Königskerze 13, 14*, **40, 172**
Kokardenblume 17, **105**, 183
Kompost 12, 14, 15, 181
Kosmee 74, 185*
Krankheiten 16
Kreuzkraut 38
Kriechender Zwergbambus 170
Krokus 44, 186
Küchenschelle 36
Kugeldistel 29
Kugelwolfsmilch 36

L

Lamium maculatum 68
- *galeobdolon* 68
Lampenputzergras 24, 30, 35, 72, **162**, 186*
Lathyrus vernus 49
Lauch
  Blauzungen- 38
  Riesen- 38
  Roter Hänge- 39
  Sternkugel- 38
  Stiel- 39
Lavandula angustifolia 24, 114* **127**
Lavendel 18, 24, 114*, **127**
Leberbalsam 74
Leberblümchen 45
Lein 109, **132**
Lerchensporn 130
Liatris spicata 41
Lichtnelke 2*, 17
Ligularia clivorum 145
- *dendata* 145
- × *hessei* 145
- × *palmatiloba* 145
- *przewalskii* 145
Lilien **114 ff.**, 179, 181, 186
Lilienschweif 25, **39**
Lilium auratum 115
- *candidum* 114*
- *speciosum* 114, 116*
Linum flavum 132
- *narbonense* 132
- *perenne* 132
Lobularia maritima 109
Lonas annua 74
Lungenkraut 65
Lupine 13, 17, **76**, 182
Lupinus-Polyphyllus-Hybr. 76
Luzula nivea 159
- *sylvatica* 159
Lychnis arkwrightii 2*
- *chalcedonica* 24*, 25, **80**

Lychnis
- *viscaria* 105
Lysichitum americanum 137
- *camtschatcense* 138
Lysimachia nummularia 149
- *punctata* 80
Lythrum salicaria 145
- *virgatum* 146

M

Macleaya cordata 174
Madonnenlilie 114*, 184
Mädchenauge 17, **27**, 71, 73*, **84**, 92*, **106**, 112*
Mädchenhaargras 163
Mädchenkiefer 30
Mädesüß 146
Maiapfel 51
Maiglöckchen 68
Malve 17, **88**, 183, 185
Margerite
  Bunte Frühlings- 17, **104**
  Gelbe Frühlings- **51**, 72
  Herbst- 97
  Weiße Frühlings- 17, 88, **104**
  Weiße Sommer- 17, **87**, 105, 183*
Maßliebchen 183, 185
Marienglockenblume 89, 183
Matteuccia struthiopteris 70
Miere 133
Mimulus luteus 144
Minuartia laricifolia 133
Miscanthus floridulus 167
- *japonicus* 167
- *sacchariflorus* 165
- *sinensis* 167/168
Mohn **77, 129**, 130*
Molinia arundinacea 169
- *altissima* 169
Moltkia petraea 129
Monarda-Hybr. 81
Moos-Steinbrech 123/124
Mulchen **14**, 181
Myosotis 89

N

Nachtkerze **84, 132**
Nachtviole 17, 183
Natalgras 74
Nelke
  Feder- **25**, 125
  Heide- 42
  Karthäuser- 182*
  Pfingst- 25, 125
Nelkenwurz **53**, 54*
Nepeta × *faassenii* **25, 27***, **127**
- *grandiflora* 26
Nieswurz 64
Nymphaea 152 ff.
- *alba* 156
- *odorata* 156
- *pygmaea* 156
- *tuberosa* 156

Register

O
Oenothera missouriensis 132
– *tetragona* 84
Omphalodes verna 66
Orchideen (Freiland) 117ff.
Orientalischer Waldmeister 2*, 74, 109
Osmunda regalis 70

P
Pachysandra terminalis 65
Paeonia lactiflora 75
– *officinalis* 75
– *tenuifolia* 37
Palmlilie 174
Pampasgras 35, **166**, 187
Panicum virgatum 165
Papaver nudicaule **129**, 130*
– *orientale* 77
Pechnelke 105
Peltiphyllum peltatum 139
Pennisetum compressum 162
– *orientale* 74
– *setaceum* 74
Penstemon barbatus 74, **105**
Perlkörbchen 31*, **32**
Perovskia abrotanoides 18, 30
Pfaffenhütchen 36
Pfahlrohr 169
Pfeifengras 35
Pfeilkraut 150
Pfennigkraut 149
Pfingstnelke **25**, 125
Pfingstrose 19, 37, 72, **75**, 184
Pfirsichblättrige Glockenblume 56*, 112, 182*
Pflanzabstände 9
Pflanzenschutz 16
Pflanzung **9ff.**, 180, 181, 185
Phalaris arundinacea 164
Phlox-Maculata-Hybr. 89*, **92**
– *paniculata* 89ff.
– *subulata* 122
Phyllitis scolopendrium 69
Physostegia virginiana 146
Pinus parviflora 30
– *strobus* 30
Plattährengras 169
Platycodon grandiflorum 87
Pleione limprichtii 119
Podophyllum hexandrum 51
Polarmargerite 72, **97**
(= Herbstmargerite)
Polsterphlox 122
Polsterstauden **120ff.**, 183
Polygonatum multiflorum 53
Polygonum affine 130, 148*, **149**
– *campanulatum* 112*
Polystichum lonchitis 70
– *setiferum* 70
Potentilla fruticosa 24, 30
Prachtscharte 41
Prachtspiere **56**, **68**
Prachtstauden 14, 15, 17, 43, **71ff.**

Primel 46ff.
Etagen- 48
Kissen- 47, 179*
Kugel- 47
Rosen- 46
Siebold's- 48
Sumpf- 142
Teppich- **47**, **48**
Primula acaulis 47
– *auricula* 128
– *beesiana* 48
– × *bullesiana* 48
– *bulleyana* 48
– *denticulata* 47
– *florindae* 142
– *japonica* 48, **142**
– *juliae* 47
– × *polyantha* 47
– × *pruhoniciana* 48
– × *pubescens* 128
– *pulverulenta* 48
– *rosea* 46
– *sieboldii* 48
– *sikkimensis* 142
Ptilotrichum spinosum 128
Pulmonaria angustifolia **65/66**
– *rubra* 66
– *saccharata* 66
Pulsatilla vulgaris 36
Purpurdost 176
Purpurglöckchen 56
Purpur-Rudbeckie 106

R
Ramonda myconi 134
Rasenschmiele 44, **159**
Reiher-Federgras 163
Rhus typhina 114
Rhynchelytrum repens 74
Riesenchinaschilf 167
Riesenkatzenpfötchen 32
Riesenlauch **38**, 109
Riesenpfeifengras 169
Riesenschleierkraut 178
Rißlinge 23
Rittersporn 2*, 15, 17, 72, 74, **78ff.**, 182, 183*, 184
Rodgersia aesculifolia 171
– *pinnata* 171
– *sambucifolia* 171
– *tabularis* 171
Rosa nitida 30
Rosen 30, 74
Rohrkolben **151/152**
Rosmarinseidelbast 32
Rudbeckia deamii 95*, 96, 106
– *laciniata* 96
– *maxima* 96*, **175**
– *nitida* 96
– *purpurea* 106
– *speciosa* 106
– *sullivantii* 96
Rückschnitt s. Schnitt
Rutenhirse 165

S
Säulenwacholder 30
Sagina subulata 131
Sagittaria sagittifolia 150
Salbei
Muskateller- 28
Sommer- 17, **27**
Wiesen- 27
Salomonssiegel 53
Salvia
– *haematodes* 27
– *nemorosa* 17, **27**, 72
– *patens* 74, 185*
– *pratensis* 27
– *sclarea* 28
Sandrohr 35, **163**
Santolina chamaecyparissus 18, 24
Saponaria ocymoides 131
Sasa pumila 170
Saxifraga-Arendsii-Hybr. **123/124**
– × *urbium* 134
(= *S. umbrosa* hort.)
– *longifolia* **132/133**
Scabiosa caucasica 95
Schachbrettblume 44, 186
Schädlinge 16, 184
Schafgarbe 24*, **28**, **88**
Schafschwingel 31*
Schattenstauden 43ff.
Schaublatt 44, **171**
Schaumblüte 67
Scheinaster 112*
Scheincalla 137
Schildblatt 139
Schillergras 109, **160**
Schleierkraut 87
Kriechendes- 128
Schleifenblume 18, **121**
Schlüsselblume 47
Schneeglöckchen 44, 182, 186
Schneeheide 18, **31**
Schneerose 64
Schnitt **17ff.**, 183, 184, 185, 186
Schnittstauden 104ff.
Schwertlilien s. Iris
Schwingel 160
Bärenfell- 30, **161**
Blau- 30, 109, **161**
Atlas- 24*, 35, 161
Schaf- 31*
Scilla hispanica 44, 139*
Scirpus lacustris 150
– *tabernaemontani* 151
Sedum floriferum **34**, 115*
– *spectabile* 31*, **34**
– *spurium* 34
– *telephium* 34
Seerosen **152ff.**, 182, 187
Segge
Berg- 158
Japan- 158
Riesen- 158
Seifenkraut 131
Sempervivum 19, 133

Register

Senecio adonidifolius 38
Sesleria 30
Sibirische Wieseniris **140,** 148*
Silberfahnengras 35, **165**
Silberkerze 44, **59/60**
Silberwurz 128
Simse 150
Sinarundinaria murielae 170
Skabiose 13, 17, **95**
Solidago caesia 33
– Hybr. 94
Sommerblumen 2*, 7, **72/73,** 108, 109
Sommerphlox 18, 72, **89**
Sonnenauge 17, 72, 74, **92**
Sonnenblume **96/97,** 185*
    Weidenblättrige 177
Sonnenbraut 17, 18, 72, 74, **84ff.**
Sonnenhut 72, 74, **95/96, 175**
Sonnenröschen 18, **126**
Spartina michauxiana 164
Spornblume 17, **26,** 27*, 109
Stachelschweingras 167
Stachys byzantina **34,** 41
    (= *Stachys lanata*)
Stallmist 12
Staudengärtnereien 11, 194
Stecklinge 22
Steinbrech
    Moos- **123/124**
    Pyrenäen- 132
Steingarten 18, **120ff.,** 187
Steinkraut 120
    Dorniges 128
Steinrich 128
Steppenkerze, Steppenlilie 25, **39,** 183*, 187
Sternmoos 131
Stiefmütterchen 89, 183, 185
Stipa barbata 163
– *pennata* 163
– *ucrainica* 163
Stockrose 88
Storchschnabel **58,** 112
Strauchmispel 36
Studentenblume 74
Sumpfdotterblume 137
Sumpfprimel 142
syn. 8

T
Tagetes patula 74
Taglilie **111ff., 140**

Tannenwedel 151
Taubnessel 68
Teilung **19,** 180
Teucrium 18
Teppichphlox 122
Thalictrum aquilegifolium 54
– *dipterocarpum* 54
Thymian 18, **42,** 108
Thymus × *citriodorus* **42,** 108
– *rotundifolius* 42
– *serpyllum* 42
Tiarella cordifolia 67
– *wherryi* 67
Torf u. ä. **12,** 14, 181
Torfmischdünger 15, 181
Tradescantia × *andersoniana* 144
Tränendes Herz **52,** 179, 181
Traubenhyazinthe 44, 186
Trauerglocke 53
Trillium grandiflorum 49
– *sessile* 49
Trockenmauer 18, **127ff.,** 183
Trollblume **138/139**
Trollius chinensis 139
– × *cultorum* **138/139**
– *ledebourii* 139
Türkenbund 44
Türkischer Mohn 77
Tulipa acuminata 36
– *marjolettii* 36
– *sylvestris* 36
– *whittalli* 36
Typha angustifolia 152
– *latifolia* 151
– *minima* 152

U
Uniola latifolia 169
Unkrautbekämpfung 12, 14, 179, 180, 186
Uvularia grandiflora 53

V
Veilchen **44,** 179*
Verbascum bombyciferum 172
– *chaixii* 24*
– Hybr. **41, 172**
– *nigrum* 24*
– *olympicum* 172
Verbena bonariensis 74
– *rigida* 74, 184*

Vergißmeinnicht 72, 89, 183, 185
Vermehrung 19ff.
Veronica incana **42,** 131
Vinca major 67
– *minor* 66
Viola cornuta 125
– *odorata* 44
– *Wittrockiana*-Hybr. 89
Viruskrankheiten 16

W
Waldanemonen 45
Waldgeißbart 44, **55**
Waldmeister 67
    Orientalischer 2*, 74, 109
Waldsegge 44
Waldsimse 159
Waldsteinia geoides 66
– *ternata* 66
Walzen-Wolfsmilch 130
Wasserbecken 135
Wasserpflanzen **150ff.,** 182, 187
Weidenblättrige Sonnenblume 177
Weiderich 145
Weiße Frühlingsmargerite 72, **104**
Weiße Sommermargerite 13, **87**
Weißgrünes Glanzgras 164
Weymouthkiefer 30
Wiesenraute 54
Wildstauden 14, 18, 43, 72, 112, 181
Winteraster 100ff.
Winterschutz 14, 18, 179, 187
Wolfsmilch **36, 64,** 112, **130**
Wolliger Ziest 17, **34,** 41
Wurzelschnittlinge **23,** 180

Y
Ysander 65
Ysop 24
Yucca filamentosa 174
– *glauca* 174

Z
Zierlauch 38
Ziest 17, **34,** 41
Zweijahresblumen 17, 183, 185
Zwerg-Iris 37
Zwiebelpflanzen 24, 36, 44, 71, 72, 180, 182, 185

203

Verwirklichen Sie Ihren Wunschgarten

Martin Stangl
Martin Stangl's großer Garten-Ratgeber
Alle Themen rund um den Garten – praxisgerecht aufbereitet und leicht verständlich beschrieben: Planung, Anlage, Geräte, Blumen, Gehölze, Gemüse, Düngung, Pflanzenschutz und vieles mehr.
Mit Arbeitskalender.

Christiane Widmayr-Falconi
Bezaubernde Gärten
Faszinierender Bildband mit Ideen und Anregungen aus Cottage- und Landhaus-Gärten zum Nachgestalten: Planung, Gestaltungsvorschläge mit Material- und Bepflanzungstips, romantische Gartenideen mit detaillierten Plänen.

Michael Lohmann
Das Naturgartenbuch
Grundlagen und praktische Anleitungen
Klima, Wetter, Biologie von Pflanzen und Tieren; Planung, Obst- und Gemüsegarten, Hecken, Gehölze, Blumenwiese, Gartenteich, Steine, Felsen, Mauern; Wetterbeobachtung, Bodenanalyse, Pflanzenkunde.

BLV Gartenberater
Christiane Widmayr
Bauerngärten neu entdeckt
Geschichte, Gestaltungsmerkmale und typische Pflanzen des Bauerngartens, Pfegeansprüche, Verwendungsmöglichkeiten, Gestaltung im städtischen Bereich.

BLV Gartenberater
Kurt Henseler
Der Pflanzendoktor für den Hausgarten
Obst, Gemüse und Zierpflanzen richtig behandeln Allgemeine Pflanzenschutzmaßnahmen, aktuelles Pflanzenschutzgesetz, Schnelldiagnose durch Tabellen mit vielen Fotos; chemische, biologische und mechanische Behandlungsmethoden.

Handbuch Garten
Das umfassende Standardwerk, verfaßt von 16 anerkannten Experten: kompetente Kompakt-Informationen über die besten Verfahren in allen Gartenbereichen sowie viele tausend Anregungen und Praxistips.

In unserem Verlagsprogramm finden Sie Bücher zu folgenden Sachgebieten:

Garten und Zimmerpflanzen • Natur • Heimtiere • Angeln • Jagd • Reise • Sport und Fitness • Wandern, Bergsteigen, Alpinismus • Pferde und Reiten • Auto und Motorrad • Gesundheit, Wohlbefinden, Medizin • Essen und Trinken

Wünschen Sie Informationen, so schreiben Sie bitte an:
BLV Verlagsgesellschaft mbH • Postfach 40 03 20 • 8000 München 40
Telefon 089/12705-0 • Telefax 089/12705-547